AF229143

SUITE

DE LA COPIE

DES PIÈCES

Saisies dans le local que BABŒUF *occupoit lors de son arrestation.*

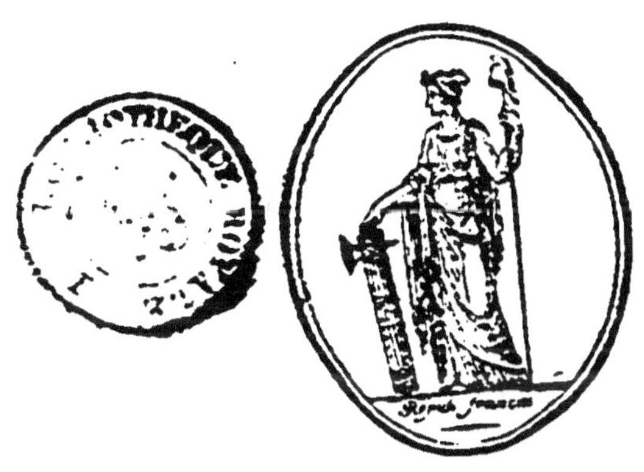

A PARIS,

DE L'IMPRIMERIE NATIONALE.

2ᵈ volume. Nivôse, an V.

SUITE
DE LA COPIE
DES PIÈCES

Saisies dans le local que Baboeuf *occupoit lors de son arrestation.*

QUINZIÈME LIASSE.

Contenant cent deux pièces.

Première pièce.

La première pièce n'est autre chose que la liste des abonnés du journal de Babœuf.

Deuxième pièce.

Le 10 thermidor, ou la mort de Robespierre.

Air : *Pauvre Jacques.*

Ah ! pauvre peuple, adieu le siècle d'or,
    N'attends plus que peine & misère :
Il est passé dès le dix thermidor,
    Jour qu'on immola Robespierre.
Quand il vivait, il allégeait nos maux,
    Il avait toute notre estime :
Les décemvirs, pour perdre ce héros,
    L'accusent de leur propre crime.
Ah ! pauvre peuple, &c.

A 2

Deuxième.

Brave Saint-Just, trop sensible Couthon ;
  Vous deviez être aussi victimes :
De Scœvola, de Socrate & Caton,
  Vous eûtes les vertus sublimes ;
Et les tyrans qui, sous le siècle d'or,
  Avaient tout leur empire,
Pour le reprendre au jour de thermidor,
  Décrétèrent de vous détruire.

Troisième.

Et vous, Lebas, Robespierre second (1),
  Vous aviez à défendre un frère ;
La mort ne fit point pâlir votre front,
  Et vous fûtes des Robespierres.
Peuple, il n'est plus cet heureux siècle d'or
  Où tu n'avais pas de misère :
Tu n'es plus rien. — Dès le dix thermidor,
  Tu manques de tout sur la terre.

Quatrième.

Commune, aussi tu fus de leur complot,
  Avec eux tu brisas le trône ;
Pour t'en punir, tu meurs sur l'échafaud,
  Et c'est le sénat qui l'ordonne.
Il nous ravit cet heureux siècle d'or,
  Et nous plonge dans la misère,
En égorgeant, aux jours de thermidor,
  Nos magistrats & Robespierre.

Cinquième.

Vous périssez, citoyens & soldats,
  Animés d'un zèle civique ;

---

(1) Robespierre jeune. (*Note faisant partie de la pièce.*)

Mais votre mort peut entraîner.... hélas !
  La chûte de la République.
O généreux martyrs de thermidor,
  Amis de la démocratie,
Nous n'aurions pas, si vous viviez encore,
  De rois, ni d'aristocratie !

Sixième.

Républicains qui, dans ces jours d'horreur,
  Sûtes échapper au carnage,
Rallions-nous, &, d'une même ardeur,
  Jurons de venger tant d'outrages.
Reconquérons notre heureux siècle d'or,
  Exécrons celui de misère ;
Vengeons la France, & du dix thermidor,
  Et de la mort des Robespierre.

Troisième pièce.

AIR : *Du vieillard républicain.*

Défenseurs de la liberté,
  Arrivant des frontières,
Venez-vous en cette cité,
  Pour enchaîner vos frères ?
On nous assure que vos bras,
  Armés pour nous défendre,
Si nous ne nous soumettrons pas,
  Nous réduiront en cendre.

On dit que nous voulons un roi :
  C'est un mensonge insigne ;
Nous ne réclamons que nos droits,
  Et voilà notre crime.
Nous demandons la liberté,
  C'est notre vœu unique :

Bonheur commun, égalité;
  C'eſt notre République.

On dit que nous ne voulons pas
  De gouvernement ſtable;
Ho! c'eſt bien vous ſeuls, magiſtrats,
  Qui en êtes coupables.
Vous nous privez de tous nos droits,
  De notre indépendance;
Vous avez vendu mille fois
  Le ſalut de la France.

Prononcez donc, Républicains,
  Héros couverts de gloire!
Verra-t-on les armes en vos mains
  Souiller tant de victoires?
Frapperez-vous des mêmes coups
  Et les fils & les pères?
Nos neveux verront-ils en vous
  L'aſſaſſin de leurs mères?

Ce tableau eſt trop déchirant,
  Pour qu'il ſoit votre ouvrage;
Certes, un tigre altéré de ſang
  N'en fait pas davantage.
Du brave Saint-Juſt expirant
  J'entends la voix qui crie:
Courageux ſoldats, il eſt temps
  De ſauver la patrie.

Quatrième pièce.

Un code infame a trop long-temps
Aſſervi les hommes aux hommes:

Tombe le règne des brigands !
Sachons enfin où nous en sommes.
Reveillez - vous à notre voix
Et sortez de la nuit profonde,
Peuple ! ressaisissez vos droits,
Le soleil luit pour tout le monde.

} *refrain général.*

Tu nous créas pour être égaux ;
Nature, ô bienfaisante mère !
Pourquoi des biens & des travaux
L'inégalité meurtrière ? — Réveillez, &c.

Pourquoi mille esclaves rampans
Autour de quatre à cinq despotes ?
Pourquoi des petits & des grands ?
Levez - vous, braves sans - culottes. — Réveillez, &c.

Dans l'enfance du genre humain
On ne vit point d'or, point de guerre,
Point de rang, point de souverain,
Point de luxe, point de misère !
La sainte & douce égalité
Remplit la terre & la féconde :
Dans ces jours de félicité,
Le soleil luit pour tout le monde.

Tous s'aimoient, tous vivoient heureux,
Goûtant une commune aisance ;
Les regrets, les débats honteux,
N'y troubloient point l'indépendance. — Rév., &c.

Hélas ! bientôt l'ambition,
En s'appuyant sur l'imposture,
Osa de l'usurpation
Méditer le plan & l'injure. — Réveillez, &c.

On vit des princes, des sujets,
Des opulens, des miserables;
On vit des maîtres, des valets,
La veille tous étoient semblables. — Réveillez, &c.

____

Du nom de lois & d'instituts
On revêt l'affreux brigandage;
On nomme crimes les vertus,
Et la nécessité pillage. — Réveillez, &c.

____

Hélas! vos généreux desseins,
Fils immortels de Cornélie,
Contre le fer des assassins
Ne peuvent sauver votre vie. — Réveillez, &c.

____

Et vous, Lycurgues des Français,
O Marat! Saint-Just! Robespierre!
Déja de vos sages projets
Nous sentions l'effet salutaire;
Déja le riche & ses autels,
Replongés dans la nuit profonde,
Faisoient répéter aux mortels:
Le soléil luit pour tout le monde.

____

Déja vos sublimes travaux
Nous ramenoient à la nature:
Quel est leur prix? les échafauds,
Les assassinats, la torture. — Réveillez, &c.

____

L'or de Pitt & la voix de d'Anglas
Ont ouvert un nouvel abîme:
Rampez ou soyez scélérats,
Choisissez la mort ou le crime. — Réveillez, &c.

____

D'un trop léthargique sommeil,
Peuples, rompez l'antique charme:

Par le plus terrible réveil,
Au crime heureux portez l'alarme.
Prêtez l'oreille à notre voix,
Et sortez, &c.

5ᵉ, 6ᵉ, 7ᵉ, 8ᵉ, 9ᵉ, 10ᵉ, 11ᵉ, 12ᵉ, 13ᵉ *pièces.*

(*Minute qui paroît de la main de Babœuf.*)

Gracchus Babœuf au journal *des Hommes libres*, en réponse à l'article signé *Antonelle*, inséré dans le n°. 144.

Paris, 4 germinal.

Je ne connois Antonelle que par ses œuvres. Je partage cet avantage avec une bonne partie de la France qui les lit. Je ne suis pas flatteur, on le sait ; mais je dirai qu'il est celui des publicistes qui a acquis presque exclusivement le droit de m'intéresser. De tous ses lecteurs, je défie qu'il en soit un qui, plus que moi, se complaise à admirer son ame franche, sa logique profonde, pure & droite, ses formes délicates & hardies, son allure fière & énergique, indépendante, libre, à quoi il n'est peut-être donné qu'à lui de savoir allier l'urbanité, les graces du langage & ce talent heureux de frapper avec tant d'art, que le blessé est presque mis dans l'impossibilité de se plaindre. Je rends, par dessus tout, justice à son vif amour de l'humanité, à ce patriotisme devenu une ardente passion, à cette philanthropie qui se prouve elle-même capable de tous les dévouemens, à ce démocratisme parfait qui ne se contente pas du passable, mais qui veut le mieux en matiere d'organisation sociale.

Mais, pour la seconde fois, le citoyen Antonelle me force à l'attaquer quand je le vois, j'ose presque dire en contradiction avec lui-même, dans la discussion d'un important sujet qui est devenu mon domaine spécial.

Du moins s'il n'est pas contraire à lui-même, je le trouve fort au-dessous des vraies conséquences à déduire des grands principes qu'il fait très-avantageusement ressortir, & qu'il reconnoît incontestables.

Antonelle, la lettre que tu viens d'insérer dans le journal des Hommes-Libres est la confirmation de celle que tu as mise, il y a plus de trois mois, dans le n°. 9 de l'Orateur plébéien. En reconnoissant, dans la première, la justice irrécusable de ma doctrine, de *l'égalité réelle*, tu me disputes la possibilité de son établissement parmi nous : j'ai consacré en entier mon n°. 37 *du Tribun* pour répondre aux raisons que tu donnes pour étayer cette opinion. Tu ne m'as pas contre-réfuté. J'en avois conclu que j'avois été assez heureux pour te convaincre.

Je me suis trompé, puisque tu reproduis aujourd'hui & la même affirmation sur la justice totale & même exclusive du système, & les mêmes doutes sur les moyens de nous l'appliquer.

Avant d'ouvrir une thèse comme celle que je soutiens, je l'avois beaucoup réfléchie. J'ai promis, dès en débutant, tu le sais, de la défendre envers & contre tous. Je serois coupable envers les hommes, si, après avoir agité une telle question, j'en laissois attaquer sans résistance la conséquence la plus essentielle, lorsque je crois avoir tous les moyens de la rendre triomphante.

Ce n'est pas ici une petite affaire, puisqu'il s'agit de décider si j'ai présenté à l'univers le *nec plus ultrà* facilement abordable du bonheur social, ou si je ne lui ai présenté qu'une belle illusion.

Il y a au moins plus de plaisir à plaider cette cause au tribunal des sages qui écoutent, examinent & raisonnnent, qu'au tribunal des inquisiteurs & des *censeurs*, qui d'abord condamnent, calomnient & proscrivent. Aussi le jugement de l'opinion persuadée a-t-il bien plus de pouvoir que celui de la force. Le torrent de la philosophie entraîne les nations & les siècles ; l'influence des baïonnettes & des scènes effleure à peine des instans & des localités.

J'ai dit qu'Antonelle n'avoit fait que reproduire dans le n°. 144 du journal des Hommes-Libres la démonstration donnée dans le n°. 9 de l'Orateur plébéien de la justice exclusivement incontestable du système social de *l'égalité parfaite.* J'ai ajouté que dans l'un & dans l'autre écrit, il avoit conclu pour l'impossibilité de son introduction parmi nous ; que j'avois, par des raisons, combattu celles dont il s'est servi pour appuyer son opinion ; mais qu'il ne m'a pas contre-réfuté. Je vais rapprocher les assertions des deux écrits, & reproduire à mon tour mes premières preuves : car les mêmes raisons doivent être toujours bonnes jusqu'à ce qu'on les ait détruites.

« *Le droit de propriété est la plus déplorable création de nos*
» *fantaisies...... Je suis convaincu que l'état de communauté*
» *est le seul juste , le seul bon , le seul conforme aux purs*
» *sentimens de la nature ; que , hors de-là , il ne peut exister*
» *de sociétés paisibles & vraiment heureuses .* » Antonelle dans l'Orateur plébéien , n°. 9.

« *Le nombre est infini de ceux qui adoptent l'opinion que les*
» *hommes réunis en société ne peuvent trouver le bonheur que*
» *dans la communauté des biens. C'est un des points......... sur*
» *lesquels les poètes & les philosophes , les cœurs sensibles &*
» *les moralistes austères , les imaginations vives & les logiciens*
» *exacts , les esprits exercés & les esprits simples , furent &*
» *seront toujours unanimes dans leur sentiment comme dans*
» *leur pensée.* » Antonelle , n°. 144 du journal des Hommes-Libres.

Fort bien, nous sommes jusqu'ici d'accord.

« *Mais (Babeuf & moi) nous parûmes un peu tard au*
» *monde l'un & l'autre , si nous y vînmes avec la mission de*
» *désabuser les hommes sur le droit de propriété. Les racines*
» *de cette fatale institution sont trop profondes & tiennent à*

» *tout : elles sont désormais inextirpables chez les grands &*
» *vieux peuples* ». Antonelle, n°. 9 du Plébéien.

   » *Cela ne veut pas dire assurément qu'il faille aujourd'hui*
» *voter l'abolition effective de la propriété & la conquête de*
» *la communauté des biens : car, évidemment, on ne pourroit*
» *y marcher que par le brigandage & les horreurs de la guerre*
» *civile, qui seroient d'abord d'affreux moyens, uniquement*
» *propres, d'ailleurs, à détruire la première sans pouvoir*
» *jamais nous donner l'autre. Où retrouver en effet des vertus*
» *& cette simplicité nécessaires pour rentrer & se maintenir*
» *dans un ordre de choses naturel & pur dont il ne nous*
» *seroit plus donné d'apprécier les douceurs ?...... Ce chancre*
» *invétéré est devenu inextirpable* ». Antonelle, n°. 144 des
Hommes Libres.

Voici ma réponse : « Je conteste l'opinion qu'il nous eût
été plus avantageux d'être venus moins tard au monde pour
accomplir la mission de désabuser les hommes par rapport
au prétendu droit de propriété. Qui me désabusera, moi,
de l'idée que l'époque actuelle est précisément la plus favorable; qu'elle l'est infiniment plus que ne l'eût été celle d'il
y a mille ans? Ce n'est pas d'ordinaire avant que le mal
d'un abus se fasse sentir qu'on songe à le détruire. Or, les
hommes, toujours imprévoyans, n'ont pas pressenti, lorsqu'ils ont laissé introduire le droit de propriété particulière,
tous les inconvéniens qui alloient en résulter. Leurs lumières
d'alors, leur inexpérience, ne pouvoient guère leur permettre
ce calcul. Et lors même qu'on leur eût crié : *Vous êtes perdus*
si vous oubliez que les fruits sont à tous & la terre à per-
sonne, je doute qu'ils eussent rien écouté, ou bien ils ne
l'auroient pas voulu croire. Les résultats funestes ayant été
long - temps sans devenir très-sensib'es, on n'auroit pas
eu meilleur compte, au bout de quelques centaines d'années, de venir proposer la réforme. Ensuite, lorsque le
mal s'est bien fait sentir, il s'étoit glissé imperceptiblement
& très à la longue; on en étoit arrivé à devoir le juger
tout naturel; on ne savoit plus trop d'où il venoit : il résul-

toit de toutes circonstances, qu'un long usage avoit accoutumé à voir & que l'on prenoit en conséquence pour l'ordre immuable & fatal : l'ignorance, la superstition & l'autorité, s'étoient liguées pour empêcher qu'on n'en démêlât la vraie cause, ou qu'on ne se mît en puissance de l'attaquer. Mais aujourd'hui, quand la gangrène a étendu ses ravages au point qu'il ne lui reste plus rien à dévorer ; quand le peuple entier a été réduit d'abord à deux onces de pain par jour, en suite à le payer soixante francs la livre ; quand la masse, le plus grand nombre, a été contraint à vendre ses dernières guenilles pour s'en procurer, à s'en passer tout-à-fait quand tout a été vendu ; quand ce peuple est éclairé, capable d'entendre, & disposé, par toutes les circonstances de sa position, à saisir avec avidité cette vérité précieuse : *Les fruits sont à tous, la terre à personne* ; & quand Antonelle se trouve là, & lui dit encore : *L'état de communauté est le seul juste, le seul bon ; hors de cet état il ne peut exister de sociétés paisibles & vraiment heureuses* : je ne vois pas pourquoi ce peuple qui veut nécessairement son bien, qui veut par conséquent tout ce qui est juste & bon, ne pourroit pas être amené à prononcer solemnellement son vœu pour vouloir vivre dans le seul état de *société paisible & vraiment heureuse*. Loin qu'on puisse dire à l'époque où l'excès de l'abus du droit de propriété est porté au dernier période, loin qu'on puisse dire alors que cette fatale institution a des racines trop profondes, il me semble, au contraire, qu'elle perd le plus grand nombre de ses filamens, qui, ne liant plus ensemble les soutiens principaux, exposent l'arbre au plus facile ébranlement. Faites beaucoup d'impropriétaires ; abandonnez - les à la dévorante cupidité d'une poignée d'envahisseurs, *les racines de la fatale institution de la propriété ne sont plus inextirpables*. Bientôt les dépouillés sont portés à réfléchir d'eux-mêmes & à reconnoître, d'après ceux qui ont réfléchi avant eux, que *les fruits sont à tous & la terre à personne* ; que nous ne sommes perdus que pour l'avoir *oublié* ; que c'est une bien folle duperie de la part de la majorité des citoyens de rester l'esclave & la victime de l'oppression de la minorité ; qu'il est plus que ridicule de ne point s'affranchir d'un tel joug & de ne point embrasser l'état d'association *seul juste, seul bon, seul conforme aux purs sentimens de la nature*; l'état hors duquel *il ne peut exister de sociétés paisibles & vraiment heureuses.* La révolution française nous a donné preuves sur preuves que des abus pour être anciens ne sont point indéracinables ; qu'au contraire ce fut leur excès & la lassitude de leur longue existence qui en a sollicité plus impérativement la destruction. La révolution nous a donné preuves sur preuves que le peuple français, pour être *un grand & vieux peuple*, n'est point pour cela incapable d'adopter les plus grands changemens dans ses institutions, de consentir aux plus grands sacrifices pour les améliorer. N'a - t - il pas tout changé depuis 89, excepté cette seule institution de la propriété ? Pourquoi cette unique exception, si positivement on reconnoît qu'elle tombe sur ce qu'il y a de plus abusif, *sur la plus déplorable création de nos fantaisies* ? L'ancienneté de l'abus arrêtera-t elle ici plus que la même circonstance n'a pu faire pour tous les autres abus qui ont été renversés ? La gravité, l'importance de celui-ci seront-elles des motifs pour le faire respecter davantage ? L'observation suivante qui n'a point paru frapper Antonelle dans une première lecture, pourra-t-elle ne pas lui faire d'impression en la lui reproduisant (1) ? *Il est des époques où les derniers résultats des meurtrières règles sociales sont, que l'universalité des richesses de tous se trouve engloutie sous la main de quelques-uns. La paix naturelle, quand tous sont heureux, devient nécessairement troublée alors. La masse ne pouvant plus exister, trouvant tout hors de sa possession, ne rencontrant que des cœurs impitoyables dans la caste qui a tout accaparé, ces effets déterminent l'époque de ces grandes révolutions, fixent ces*

---

périodes mémorables prédites dans les livres du temps, où un bouleversement général dans le système des propriétés est inévitable, où la révolte des pauvres contre les riches est d'une nécessité que rien ne peut vaincre. Tribun du peuple, n°. 37.

Dans l'Orateur plébéien, Antonelle avoit dit :

« *La possibilité éventuelle du retour à cet ordre de choses si* » *simple & si doux* (l'état de communauté) *n'est qu'une* » *rêverie* PEUT-ÊTRE..........

Je lui avois répondu :

« Si j'ai prouvé que le bouleversement du système des propriétés est réellement inévitable, je ne vois point que *la possibilité éventuelle du retour à l'état de communauté* puisse *n'être qu'une rêverie* : il est bien vrai que, peu semblable à tous ces hommes tranchans qui n'hésitent jamais pour prononcer des jugemens définitifs, tu ne te permets pas de décider tout-à-fait affirmativement sur cette opinion de *rêverie*. Tu la tempères par un PEUT-ÊTRE. Je trouve ce *peut-être* d'autant plus précieux & bien ménagé, qu'il me semble que, pour changer la *rêverie* en chose effective, il ne s'agiroit que de CONVAINCRE le peuple, aussi bien que tu parois être CONVAINCU, que l'état de communauté est le *seul juste*, le *seul bon*, le *seul conforme aux purs sentimens de la nature* ... & celui *hors duquel il ne peut exister de sociétés paisibles & vraiment heureuses*. Réfléchis bien si de cette conviction seule ne dépendroit pas la possibilité. En t'exhortant à cette réflexion, je suis sûr de t'engager à une chose qui t'est agréable. Tu penses que la réalisation du plan social dont nous parlons est *le vœu constant des ames pures, la plus naturelle pensée des esprits droits* ..... que ce seroit *un bonheur d'y réussir*, &c. » Tribun du peuple, n°. 37.

Il me semble que c'est à l'égard de ces dernières citations que tu n'es plus tout-à-fait semblable à toi-même dans le n°. 144 des Hommes Libres; tu n'y subordonnes plus à un PEUT-ÊTRE la possibilité du retour à la *parfaite égalité*; tu finis par trancher la question. *Évidemment*, *dis-tu*, *on ne pourroit marcher à l'abolition effective de la propriété & à la conquête de la communauté des biens que par le* BRIGANDAGE *&* LES HORREURS DE LA GUERRE CIVILE, *qui seroient d'abord d'affreux moyens, uniquement propres, d'ailleurs, à détruire la première, sans pouvoir jamais nous donner l'autre. Où retrouver, en effet, ces vertus & cette simplicité nécessaires pour rentrer & se maintenir dans un ordre de choses naturel & pur, dont il ne nous seroit plus donné d'apprécier les douceurs ?*

Qu'entends-tu qu'on ne pourroit marcher à la conquête de *l'égalité réelle* que par le BRIGANDAGE ? Seroit-ce bien Antonelle qui définiroit le *brigandage*, à la manière du patriciat ? mais dans le sens où s'entendent les hommes justes & les enfans de la nature, qu'est-ce que le *brigandage* ? Ce sont les cent mille moyens par lesquels nos lois ouvrent la porte à l'inégalité & autorisent le dépouillement du grand nombre par une petite portion. Tout mouvement, toute opération qui effectueroit déja, ne fût-ce que partiellement, le dégorgement de ceux qui ont *trop*, au profit de ceux qui n'ont plus *assez*, ne seroit point, ce me semble, un *brigandage* : ce seroit un commencement de retour à la justice & un véritable bon ordre.

Tu ajoutes que cette marche vers la conquête de la *parfaite égalité* ne pourroit encore s'opérer que par *les horreurs de la* GUERRE CIVILE. *La guerre civile !* Je te demanderois s'il en est une plus horrible que celle qui existe perpétuellement depuis l'établissement de la *propriété*, par le moyen de laquelle chaque famille est une republique à part, qui, par la crainte d'être dépouillée, & l'inquiétude constante de manquer elle ou les siens, conspire sans cesse pour dépouiller les autres ? Diderot, que tu te complais à citer, dit précisément dans son ouvrage du *Code de la nature*, dont l'analyse remplit presque en entier ta lettre ; Diderot dit que « l'esprit de propriété & d'intérêt

» dispose

» difpofe chaque individu à immoler à fon bonheur l'efpèce
» entière......la propriété eft la caufe générale & per-
» manente de toutes les difcordes »........Je copie moi-
même ce que tu as copié : « *Par elle*, les chofes fe trou-
» vent malheureufement arrangées, ou plutôt bouleverfées,
» de façon qu'en une infinité de circonftances il faut qu'il
» naiffe DE VIOLENTES ET FOUGUEUSES SECOUSSES.........
» En privant la moitié des hommes des biens de la nature,
» ces prétendus fages, que notre imbécillité admire, ont
» ouvert la porte à TOUS LES CRIMES.......... Ils ont
» ALLUMÉ L'INCENDIE d'une grande cupidité : ils ont
» *excité la faim, la voracité d'une avarice infatiable*; leurs
» folles conftitutions ont expofé l'homme au rifque con-
» tinuel de *manquer de tout* : eft-il étonnant que pour re-
» pouffer ces dangers les paffions fe foient *embrafées juf-
» qu'à la fureur* ? Pouvoient-ils mieux s'y prendre pour
» faire que cet animal DÉVORÂT SA PROPRE ESPÈCE ?........
» Il a fallu, à force de règles, de maximes, reboucher
» les ruptures continuelles d'une digue imprudemment op-
» pofée au cours paifible d'un ruiffeau gonflé par cet obf-
» tacle, & devenu par fes débordemens une mer ORA-
» GEUSE. » — Tout cela me paroît prouver bien clairement
qu'il n'y a point à craindre, en marchant à *l'égalité*, de
guerre civile, comparable aux guerres d'homme à homme,
& de peuple à peuple, qu'entretient fans interruption notre
état préfent. Eh, nature ! puifqu'on n'a pas héfité devant
les guerres fans nombre & continuelles qui ont été ouvertes
pour maintenir la violation de tes lois, comment pourroit-
on balancer devant la guerre fainte & vénérable qui auroit
pour objet leur rétabliffement ? Encore eft-il bien certain
qu'il y aura une guerre au moment où nous ferons affez
fages pour vouloir inftituer *l'égalité* ? Je n'en crois rien, &
perfonne ne le croira plus que moi, fi l'on trouve incon-
teftable ma démonftration de la page 201 du n°. 39 du
Tribun du peuple, où j'établis qu'il y a en France quatre-

vingt-dix-neuf individus qui n'ont point *affez* contre un centième qui a *trop*.

En continuant, tu foutiens qu'on ne parviendroit qu'à *détruire la propriété, fans pouvoir jamais organifer la communauté des biens.* Je ne conçois pas encore parfaitement ce que tu veux dire ici. Tu entends probablement par la deftruction feule poffible de la propriété, que fi les 99 ex-propriés, en livrant la guerre au centième qui a accaparé leur portion, parvenoient à le faire dégorger, il n'en réfulteroit qu'une fimple mutation de propriétés, un changement de poffeffeurs, qui, à la vérité, feroit toujours falutaire, puifqu'il ôteroit à la petite portion, qui a beaucoup plus qu'il ne lui faut, pour tranfporter à la grande maffe qui a beaucoup moins qu'il ne lui eft néceffaire ; mais qu'il ne pourroit jamais s'enfuivre cette grande régénération de l'adminiftration commune que tu conviens être feule capable de fonder une félicité parfaite & durable.

Voici les motifs que tu en donnes

« Où retrouver, en effet, ces *vertus* & cette *fimplicité*
» néceffaires pour rentrer & fe maintenir dans un ordre de
» chofes naturel & pur, *dont il ne nous feroit plus donné*
» *d'apprécier les douceurs ?* »

Diderot étoit un peu plus confolant que toi : « Il ne
» s'agiroit, dit-il, que de parvenir à FAIRE BIEN ENTENDRE
» à la majorité léfée, que cet ordre entretiendroit parmi
» nous une réciprocité de fecours fi parfaite, *que JAMAIS*
» *aucun ne pourroit manquer, non-feulement du NÉCES-*
» *SAIRE & de l'UTILE, mais même de l'AGRÉABLE.* »

Ce qui fe rencontre pofitivement avec ce que j'ai dit : qu'il ne faudroit que pouvoir CONVAINCRE la maffe dépouillée, comme tu parois être CONVAINCU toi même, que *l'état de communauté eft le feul bon, le feul jufte, le feul conforme aux purs fentimens de la nature. . . . . . . celui*

hors duquel il ne peut exister de sociétés paisibles & vraiment
heureuses.

Je le dis encore une fois, je me persuade qu'il ne faut
que cette *conviction* pour garantir la *possibilité* : & je ne
vois pas qu'il faille avoir *des VERTUS extraordinaires*
pour adopter un ordre de choses démontré être exclusivement celui où l'on trouve le *MIEUX ÊTRE*, le *nec plus
ultrà* du BONHEUR. Il ne faut avoir que la vertu de s'aimer
soi-même, d'aimer son repos, sa tranquillité durable &
entière, sous tous les rapports; d'aimer la plus grande
somme possible de jouissances personnelles; & cette vertu,
la nature a eu très-grand soin de l'implanter dans le cœur
de tous les hommes; c'est parce qu'elle y tient par un attach-
ement extrême que l'aveuglement de la passion a conduit
dans une fausse route, l'amour de soi a porté chacun à travailler pour grossir démesurément son avoir : on a pu croire
que c'étoit là la seule manière de faire arriver le plus
grand nombre à un état heureux. Montrez qu'on s'est trompé; persuadez bien chacun qu'il est un autre moyen de
faire atteindre la majorité au faîte du bonheur : vous verrez
que la masse, sans avoir besoin d'autre *vertu* que celle de
l'amour de soi-même, ne se fera guère prier pour adopter
votre moyen.

C'étoit encore le sentiment de Diderot que cette per-
suasion feroit tout. « J'indique, disoit-il, le coup qu'il faut
» porter à la racine de tous les maux. *De plus habiles que
» moi réussiront peut-être à persuader* ». Tu vois donc qu'il
ne désespéroit de rien.

Il désespéroit si peu, il comptoit si fort sur le grand
moyen de la CONVICTION, qu'il disoit, quelques lignes
plus loin : « Mortels faits pour régir les nations...... voulez-
» vous bien mériter du genre humain en établissant le plus
» heureux & le plus parfait des gouvernemens?...... *commencez
» par laisser pleine liberté aux vrais sages d'attaquer les
» erreurs & les préjugés qui soutiennent l'esprit de propriété...*

» bientôt *il ne vous sera plus difficile de faire adopter à* » *vos peuples des* LOIS A-PEU-PRÈS PAREILLES A CELLES *que* » *j'ai recueillies d'après ce qu'il m'a paru que la raison peut* » *suggérer de mieux aux hommes.* »

Ce que je viens de dire par rapport à ton objection sur le mot *vertu*, s'applique également à celui de *simplicité morale*. Il n'est encore besoin que de la *simplicité de l'égoïsme* pour porter les quatre-vingt-dix-neuf centièmes qui n'ont point ce qu'il leur faut, à vouloir jouir de l'état d'aisance où, selon Diderot, *jamais aucun d'eux ne pourroit manquer non-seulement du* NÉCESSAIRE & *de* L'UTILE, *mais même* DE L'AGRÉABLE. Je te demande encore si tu as dit bien juste lorsque tu as posé qu'*il ne nous seroit plus donné d'apprécier les douceurs de cet ordre de choses.* Quoi ! cela ne seroit point donné à nos quatre - vingt - dix - neuf centièmes d'hommes souffrans & manquant de tout !

Il ne me reste qu'à voir le parti que tu prends, après avoir reconnu : 1°. que *l'état de communauté est le seul juste, le seul bon, le seul conforme aux purs sentimens de la nature, celui hors duquel il ne peut exister de sociétés paisibles & vraiment heureuses* ; 2°. mais que cela ne veut cependant pas dire *qu'il faille aujourd'hui voter l'abolition effective de la propriété & la conquête de la communauté des biens*.....

« *Tout ce qu'on pourroit espérer d'atteindre , ce seroit* » *un degré supportable d'inégalité dans les fortunes*..... » Antonelle, Orateur plébéien , n° 9.

« *Cela veut dire que toutes nos lois doivent être dirigées* » *contre l'ambition & l'avarice , constantes causes de tous* » *nos maux, produites elles-mêmes & sans cesse fomentées par* » *les mauvais esprits & par les détestables mœurs que fit ger-* » *mer & enraciner chaque jour en nous le système de propriété* » *indéfinie & individuelle.* — *Que ce système , indestructible* » *si l'on veut , soit en outre irréformable, c'est de quoi l'on* » *me permettra de douter*..... *De ce que ce chancre invétéré* » *est devenu inextirpable , il ne s'ensuit pas qu'il faille le*

» laisser s'accroître & tout dévorer. Il sait, au contraire, qu'il
» faut le cerner de toutes parts, &, si l'on ne peut encore le
» repousser & le circonscrire dans de plus étroites bornes, lui
» opposer au moins des calmans qui arrêtent ses ravages. »
Antonelle, dans les Hommes Libres, n°. 144.

Quoi ! citoyen, des palliatifs ! ..... Tu me permettras
d'en révoquer l'efficacité en doute. Je te somme de commencer par répondre à ce que j'ai déja exposé à cet égard
dans le numéro 37 du Tribun : « Quel est, te disois-je, ce
» *degré supportable d'inégalité dans les fortunes* dont tu te
» contentes ? » Pense donc encore s'il ne seroit pas plus difficile à fonder & à maintenir que la *très-rigoureuse égalité* ?
Que le grand jour du peuple arrive, qu'on le fasse transi-
ger avec les scélérats, que le peuple ne leur demande
qu'une demi-justice, le peuple est presque sûr de ne point
l'obtenir. La caste friponne du million le marchandera ; elle
temporisera, & elle tâchera de ne rien finir. Qu'au contraire le peuple exige une justice entière, il est obligé alors
d'exprimer majestueusement sa volonté souveraine, de se
montrer dans sa toute-puissance ; & au ton dont il se prononce, aux formes qu'il déploie, tout cède nécessairement ;
rien ne lui résiste ; il obtient tout ce qu'il veut & tout ce
qu'il doit avoir. Les lois populaires partielles, les demi-
moyens régénérateurs, ces simples *adoucissemens* auxquels
paroissent se borner ces vœux, sont toujours sans solidité.
La loi *Licinia* à Rome, celle du *maximum* en France,
durèrent peu, & furent aisément éludées. Les lois de Lycurgue durèrent davantage, parce qu'elles présentoient un
intérêt majeur, journalier, continuel, pour chaque citoyen,
& que tous se sentoient engagés à veiller à leur conservation.

Mais allons chercher une autorité & des raisons qui,
sans doute, valent mieux que les miennes.

« Loin d'abolir des usages vicieux & les préjugés qui
» les autorisoient, loin de chercher les moyens de rappro-

» cher & faire revivre les premières constitutions de la
» nature, prenant, pour avoir plutôt fait, les choses &
» les personnes telles qu'ils les trouvoient, *des réforma-*
» *teurs*, des fondateurs de Républiques n'ont fait qu'ap-
» pliquer çà & là quelque CONTRE-POIDS, quelque ÉTANÇON
» qui pût TELLEMENT QUELLEMENT soutenir la sociabilité
» prête à se dissoudre. — Ainsi comme, en remontant à
» l'origine & aux causes physiques de l'affoiblissement des
» sentimens de consanguinité, j'ai découvert la naissance
» de tout désordre ; de même, en remontant à *l'origine de*
» *toute société*, c'est-à-dire aux établissemens qui leur ont
» donné quelque forme, on trouvera que les loi qui n'ont
» apporté que des remèdes palliatifs aux maux de l'huma-
» nité, peuvent être regardées comme causes premières des
» suites fâcheuses de leur mauvaise cure ; on peut aussi les
» accuser d'être causes secondes des maux que leur impru-
» dence a fomentés ou manqué de prévenir. Souvent ceux
» qui les ont faites, ont adopté comme bons de véritables
» abus, & ont travaillé, pour ainsi dire, à PERFECTIONNER,
» à RÉGLER L'IMPERFECTION ELLE-MÊME & les choses les plus
» répugnantes au bon ordre. »

C'est encore Diderot qui dit cela.

Non, non, Antonelle, ce n'est point à la fin du dix-huitième siècle, ce n'est pas lorsque nous sommes investis de toutes les lumières de l'expérience & de la philosophie que nous devons chercher à ÉTANÇONNER, à appuyer de foibles *contre-poids*, à soutenir *tellement quellement* ce vieil édifice de la propriété individuelle qui a servi, durant tant de siècles, d'antre dévorant où alloit s'engloutir la subs-tance du plus grand nombre, qui, réceptacle exclusif des monstres qui en gardoient soigneusement la clef, ne nour-rissoit qu'eux & les esclaves dont ils avoient un indispen-sable besoin pour le service de la caverne, hors de laquelle il n'étoit permis de vivre qu'à ceux qui échappoient aux atteintes dévastatrices de cette race féroce. Aujourd'hui par ses ruses, son astuce, elle est parvenue à attirer dans l'autre la totalité des productions nourricières : les mortels errans au dehors de ce gouffre ne trouvent plus rien à glaner, & ils frappent l'air de vains gémissemens ; la faim les dispose à faire plus ; ils veulent attaquer le bâtiment-colosse où l'abondance encombrée l'écrase lui-même sous son propre poids. C'est cet état que Diderot appelle celui de la *sociabilité prête à se dissoudre.* Laisse, Antonelle, laisse les malheureux jetés hors de la société par les monstres de la caverne ; laisse les faciliter son prompt écroulement ; ne viens pas avec tes *étançons*, tes *contre-poids* ; ne viens pas aussi pour RÉGLER, PERFECTIONNER L'IMPERFECTION. Laisse 24 millions d'Erostrates renverser à tes yeux le temple infâme où l'on sacrifie au démon de la misère & de l'assassinat de presque tous les hommes.

Que feront-ils après ce renversement ? vas-tu dire : seront-ils capables alors d'édifier le temple auguste de *l'Égalité* ? Oui, je t'en réponds. Ils iront encore lire dans le *Code de la nature* de Diderot : « Que c'est très-peu de chose que
» les difficultés de détail qu'ils doivent rencontrer dans les
» applications particulières des lois pour les distributions
» des principales occupations, les moyens de pourvoir
» suffisamment aux besoins publics & particuliers, & ceux
» de faire également subsister sans confusion, sans dis-
» corde, une multitude de citoyens . . . . . ; que tout
» cela n'est qu'une simple affaire de dénombrement de
» *choses* & de *personnes*, une simple opération de calcul
» & de combinaisons, & par conséquent susceptible d'un
» très-bel ordre ; que nos faiseurs de projets, anciens &
» modernes, ont conçu & exécuté des desseins incompa-
» rablement plus difficiles, puisqu'outre les accidens im-
» prévus, ils avoient contre eux les accidens de la nature,
» & les obstacles sans nombre qui naissent de l'erreur &
» dont elle s'embarrasse elle-même ; que si l'on doit
» s'étonner, c'est que ces imprudens aient réussi en quel-
» que chose ».

Et j'imagine que ces paroles rassureront beaucoup nos sages Erostrates.

En outre, ne leur ai-je pas déja promis moi, par mon dernier numéro, que j'allois travailler au plan d'exécution que de tous côtés on me demande ? j'y travaille effectivement ; je sais que d'autres autant & plus capables que moi y travaillent de leur côté ; & notre sage, notre principal précurseur, notre Diderot enfin, nous a très-avantageusement applani la route, par le projet dont tu as transcrit le premier titre. Tu dois convenir qu'on ne pourra pas être en défaut pour pouvoir substituer *l'ultimatum* de l'ordre au plus exécrable désordre.

J'espère que le parti des hommes de bonne foi trouvera que nous en mettons un peu, toi & moi, dans notre manière de discuter ; mais je désespère que nos réfutateurs ordinaires, c'est-à-dire, MM. les journalistes chouans & ministériels, se convertissent par notre exemple, & qu'en venant se mêler à la traverse dans cette nouvelle arène, ils renoncent à leur coutume indécente & perfide de donner, en place de réponse, des injures, &, en place d'objections solides, des fureurs & des absurdités ; ils vont encore tronquer, dénaturer & mentir. Salut fraternel.

GRACCHUS BABŒUF.

Quatorzième pièce.

La quatorzième pièce est une chanson, la même que la pièce quatrième.

Quinzième pièce.

Paris, ce 25 nivôse, an 4.

GRACCHUS BABŒUF AU PLEBÉIEN SIMON.

Je t'écris, mon cher égal, afin de stimuler tes pinceaux, dont tu nous as déja prouvé la vigueur & la hardiesse ;

viens en brave auxiliaire combattre avec nous; nous avons besoin d'être aidés; nous avons besoin de montrer à l'ennemi plus d'un chef courageux & intrépide de la sainte ligue de l'égalité & du bonheur commun.

Je crois bien que tu as su, par Darthé, par qui & comment étoit rédigé le journal de l'Ami du Peuple ; un coquin, nommé Pithou, ex-abbé, le confident & l'ame damnée de Mercier le 73e, fut constamment le faiseur de cette production, depuis qu'elle est échappée des mains de Châles. Je ne connois & n'ai jamais ouï parler de scélérat plus immoral que ce Pithou, & je n'ai jamais connu de scélératesse plus révoltante que la rédaction de l'Ami du Peuple par lui ; tu vas être au fait. Pithou, après le 9 thermidor, rédigea le *Tableau de Paris en vaudevilles*, feuille périodique, que tu as dû connoître, & qui étoit le *nec plus ultra* de la furocratie. Il n'avoit point encore fini ce travail qu'il entreprit en même temps la rédaction de *l'Ami du Peuple.* Ce croquant a quelque facilité. Quand le Tableau de Paris n'eut plus lieu, il travailla à une autre feuille aristo-thermidorienne, qu'il ne cessa d'écrire chaque jour pour deux partis opposés. Des renseignemens certains nous ont appris que le Timon d'Athènes, ouvrage royaliste, qui a paru il y a à-peu-près un an sous le nom de Mercier, & qui faisoit pendant au Spectateur de Delacroix, étoit réellement de la composition de Pithou; & Pithou fit, dans son Ami du Peuple, afin de bien dérouter les espions, l'analyse critique du Timon d'Athènes. Pithou, dans le même journal, faisoit l'apologie des journées de septembre, à l'époque précise de l'exaspération la plus outrée de la jeunesse Fréronnienne, dans le but évident de porter à son comble l'aigreur des esprits & d'inspirer les plus féroces vengeances aux hécatombistes; & Pithou, depuis la contre-réaction de vendémiaire, dans la même feuille de l'Ami du Peuple, réchauffa la querelle de septembre, & fit au contraire le procès à cette époque révolutionnaire.

Pithou fit paroître sur les journées de vendémiaire un

petit écrit intitulé : « Les crimes de la Convention envers le peuple, & les crimes du peuple envers la Convention, » ouvrage qui conclut en faveur des rebelles vendémiairistes. Et Pithou, dans l'Ami du peuple, ne se gêne pas encore pour faire la critique de cet ouvrage.

On voit déjà que ce vil Protée s'est constamment fait un jeu de l'apostolat du patriotisme, & que le journal de Lebois ne fut que l'égout des superfétations sacrilèges de cet infâme roué. Pourquoi donc les patriotes s'engouèrent-ils jusqu'à certain point de ces Carlinades bâtardes qui n'avoient que l'enveloppe extérieure de la véhémence? Ah ! combien ils étoient dupes ! Si, comme quelqu'un que je connois, ils avoient pu tous approcher le caméléon vénal, ils l'auroient constamment entendu s'écrier avant de se mettre à la besogne sur le journal populaire : Eh ! qu'il faut être malheureux d'être obligé, pour manger, d'écrire ce que l'on ne pense pas, de parler pour ces scélérats de républicain ! Allons, puisqu'il faut dîner, faisons encore une toise de démagogie. Aussi quelle étoit au fond la valeur de ces prétendues Philippiques ! Un mauvais ton de fade satyre, qui n'étoit nullement celui de la véritable indignation républicaine, qu'il convient d'employer contre les Appius & les tyrans. L'effet de ces froids sarcasmes, de ces tristes quolibets, étoit de satisfaire la foule bestiale qui rit de tout, & l'on étoit vengé quand on avoit entendu une cynique épigramme contre un grand criminel & un grand crime. Encore faut-il savoir de plus que ces pasquinades étoient soumises par Pithou à la censure de son ami Mercier, & qu'il recevoit de lui & de sa clique telle latitude de mordant qu'on jugeoit convenable de fixer. En dernière analyse, voici le fin mot du secret, c'étoient la Gironde & les 73 qui dictoient l'esprit & le ton de l'Ami du peuple. On laissa subsister ce journal autant qu'on le crut à propos, pour qu'il restât un simulacre de la liberté de la presse. Quand on voulut le supprimer, on y fit mettre ce qu'on voulut pour motiver l'arrestation de Lebois, & ce pauvre prêtre, nom fut persévéramment la dupe de tout le manège. Sa bonhommie est telle, qu'il retomba dans les mêmes filets après son déshabillement à l'époque de vendémiaire.

Mais pourquoi racontons-nous tout cela au citoyen Simon? Nous le lui dirons. D'abord il voit que le journal Lebois n'a jamais été ce qu'il devoit être. Il n'avoit de bon que les trois mots du titre. Il n'étoit qu'un hochet dont une faction scélérate tenoit le suspensoir, & dont elle amusa tant qu'on voulut une foule crédule & simple.

Le Pithou, impatienté d'un rôle où il est tant obligé de se contrefaire, vient d'abandonner tout-à-fait la rédaction de l'Ami du peuple. Lebois jusqu'ici paroît n'avoir personne pour le remplacer, ses deux derniers numéros sont faits avec du remplissage.

Quel est ce remplissage? des lettres, des déclamations déja répétées mille fois contre quelques individus. Je dis que voilà toujours un journal qui remplit mal son but & son titre.

Ne semble-t-il pas que le salut du peuple ne dépende que de la punition de quelques scélérats, & qu'il ne faille que parler d'eux exclusivement? N'y a-t-il que cela qui intéresse le peuple? Et les persécutions de quelques patriotes, & la perte des places de quelques autres, & leur non-réintégration, & ce qu'ils ont souffert de thermidor en vendémiaire, tout cela devroit-il passer avant, tout cela devroit-il faire oublier l'oppression universelle du peuple par la famine & le système de spoliation perpétuelle, & par l'établissement des monstrueuses & plébicides institutions?

On dit: Il faut appitoyer sur les victimes, il faut exaspérer contre les immolateurs; il faut, pour obtenir les mêmes succès, imiter précisément la conduite des réacteurs thermidoriens. Mais je dirai aux patriotes: Pauvres gens, vous ne voulez donc être que de misérables copistes? croyez-vous donc qu'en révolution on réussisse bien deux fois pour

la même marche ? En le suppofant, tâchez d'être au moins
des finges paffables. J'apperçois que vous en êtes de très-
mauvais. Vos harangues font infipides, narcotiques &
point irritantes. Vous copiez dans vos journaux des lettres
verbeufes & pleines de petits détails. Ce n'eft pas là ce que
faifoit Fréron. Prenez modele fur fon Orateur : vous trouverez chez lui une chaleur foutenue, de la véhémence,
du mouvement, des faits & des raifonnemens fervant
d'appuis, des difcuffions foignées, une logique fauffe mais
adroite, des differtations fur tous les points qui touchoient
à l'intérêt de la cafte dont il s'étoit rendu l'avocat, des
homélies larmoyantes fur tout ce qu'elle avoit perdu de
cher, des exhortations pathétiques, des plans de marche
& de conduite pour fon peuple doré. Vous avez bien plus
beau champ de faire la même chofe, pour le fans-culot-
tifme, vous qui vous mêlez d'écrire en fa faveur. Faites-
le donc.

Voici enfin ma conclufion : je dis à Simon le plébéien
qu'il lui appartient de s'emparer en bonne partie de la rédaction du journal de Lebois, & de l'empêcher de tomber
encore dans de mauvaifes mains. Ce feroit prévenir un
grand malheur, & y fubftituer un bonheur proportionné.
Il lui appartient de donner à ce journal la couleur qu'il
doit avoir, d'y parler beaucoup du bonheur commun de
la vraie égalité, des véritables inftitutions plébéiennes, de
la démocratie telle qu'on ne l'a point encore connue, des
charmes de cet ordre de chofes, & de fon exclufive légi-
timité, des moyens d'y parvenir, &c.

Faites donc des articles, force articles, & nous tâcherons,
par nos intrigues, de gagner fur notre vieux Lebois la
faveur de l'infertion : nous tâcherons de t'encrer à-peu-près
dans ce pofte de rédacteur en chef *honorifique*; & je ne
regarde pas cela comme un petit avantage pour ces pauvres
vingt quatre millions auxquels le vingt-cinquième fait tant
de mal : tu fais que nous avons déja fu placer à la rédaction du Courier des armées un affez bon populacier, qui a dit

dans fon avis ou profpectus qu'il partoit de cette bafe : *La révolution eft le bonheur du grand nombre.* Tâchons de groffir encore le collège des millionnaires de cette doctrine, ce n'eft qu'ainfi qu'elle pourr. profperer. Dans un premier entretien, écrit ou verbal, je te dirai, pour t'engager à la foutenir, combien elle a déja de fectateurs.

Salut fraternel.

Salut en l'égalité , G. Babœuf.

Au citoyen Simon.

Seizième piéce.

La feizième piéce eft une feuille périodique intitulée : *l'Ami du Peuple par Lebois ,* n°. 10.

Dix-feptiéme piéce.

Matériaux du n°. 141.

Dix-huitiéme piéce.

Un autre mot de rappel à l'ordre, pour René-François Lebois. — Rev.

Dix-neuvième pièce.

La dix-neuvième pièce est une feuille périodique intitulée, *l'Ami du Peuple par Lebois*, n°. 1er.

***

Vingtième pièce.

Démenti donné à Lebois par un panthéoniste de l'article intitulé : Plaintes des patriotes sur la fermeture de la réunion du Panthéon.

On lit dans la feuille n°. 1er. du 2 germinal l'an 4, un article portant pour titre : *Plaintes des patriotes sur la fermeture de la réunion du Panthéon* : il est du devoir de tout patriote sincère, membre de cette réunion, d'en désavouer le contenu : ses auteurs seuls doivent en supporter le ridicule, je puis même dire l'opprobre.

Toi qui te dis l'ami du peuple, je dois penser que de vils intrigans, de plats valets du *Directoire*, t'ont induit en erreur : j'en appelle à tous les vrais panthéonistes, à tous ces hommes qui, dédaignant les belles promesses des corrupteurs tout-puissans, les menaces tant répétées & les poignards de leurs sicaires, élevèrent courageusement la voix en faveur de l'*égalité*, provoquèrent avec une vigoureuse énergie le retour désiré de son auguste règne, & déja parvenoient à arracher le peuple à l'inertie, à la torpeur où l'avoit si profondément plongé la faction atroce thermidorienne . . . . Oui, j'en appelle à ces braves . . ., en est-il un seul qui se démente ? & servilement prosterné aux pieds d'un trône que l'iniquité, la perfidie, ont seules élevé, qu'un souffle donc suffira pour détruire, en est-il un seul qui, courbant son front républicain, son front qui, caractérisé de toutes les vertus, imprime la terreur aux plus audacieux pervers ; en est-il un seul qui prononce, dans une morne componction, ce fatras indigeste & dégoûtant de doléances ? en est-il un seul ? & toi tu as pu l'imprimer ! un seul qui demande à l'autorité usurpatrice : *Qui avez-vous frappé en nous ? qu'avions-nous fait ? & qui êtes-vous ?*

Interrogat absurde ! · . . . .

Ils sont d'effrontés liberticides, de coupables affameurs... l'état, la souffrance du peuple, répondent invinciblement pour eux.

Nous travaillions à rétablir la démocratie, à venger l'humanité méconnue, avilie pendant seize mois.

Ils ont frappé des démocrates, dont les rigides mœurs forment un tableau trop effroyablement disparate de leur faste, de leur affreux brigandage.

En est-il un seul en qui l'arbitraire & l'injustice de ces envahisseurs effrénés du pouvoir aient porté la *consternation ?* . . . . . *Des républicains consternés !* . . . . . Scévola surpris un poignard à la main dans la tente de Porsenna, traduit devant son juge, à la vue du brasier ardent, à la vue de ses bourreaux, éprouva-t-il quelque effroi ? Et de nos jours, ce Williams Weldon, cet immortel *defender* (les *defenders* sont en Ecosse, en Irlande & en Angleterre, ce qu'étoient, ce que sont en France les *panthéonistes*, des zélateurs fervens de l'égalité, des défenseurs austères des droits des nations, la terreur des rois & des grands), Williams Weldon, un de ces hommes précieux & chers à l'humanité, vient d'être mis à mort, & son corps en lambeaux, par le gouvernement anglais. Les journaux que le Directoire soudoie se sont apitoyés sur le sort de cette infortunée victime de la barbarie de Georges, & le lendemain, les perfides ! ils ont applaudi à l'acte non moins atroce du Directoire envers les *defenders français*. (AH ! Louvet, Réal, Méhée, que vous êtes fourbes & mal adroits !) l'a-t-on vu pâlir & balbutier des excuses au tribunal de Georges ? Certes, l'intrépidité de ces deux héros croissant à l'aspect du danger qui les presse, ils expriment fermement toute l'horreur dont ils sont pénétrés pour le despotiſme, voient le ſalut de leurs généreux compagnons, celui de la liberté publique, & , du ſein même des ſouffrances, plongent la conſternation meurtrière juſqu'au fond de l'ame de leurs aſſaſſins, des tyrans de leur pays. Ah! ces traits ſublimes ne ſont pas perdus pour les francs républicains, pour les vrais panthéoniſtes : livrés en proie à la perſécution la plus féroce, à la veille de voir s'élever ſur leur patrie malheureuſe le comble infamant de la ſcéléráteſſe patricienne, à la vue des forfaits énormes, innombrables, dont les gouvernans donnent l'éveil & l'exemple, leurs ames cuiraſſées de ſtoïciſme ſont inébranlables, impaſſibles, & conſument à méditer une vengeance éclatante & ſalutaire, le temps précieux que d'autres perdent à murmurer & à ſe plaindre.

Si le Directoire étoit moins généralement connu, qu'il eût l'art de pallier ſes atrocités; ſi l'on pouvoit ne pas être auſſi fortement convaincu qu'on eſt forcé de l'être qu'il ne veut, qu'il n'opère que la calamité publique, l'anéantiſſement abſolu de la *liberté* & de l'*égalité*; ſi même, ſans paſſer pour ſon complice ou ſon inſtrument, on pouvoit attribuer à l'erreur tout ce qu'il a commis d'odieux, c'eſt-à-dire la ſérie de tous ſes actes depuis le jour de ſa funeſte inſtallation, j'excuſerois (l'effort ſeroit grand & pénible, je l'avoue), j'excuſerois une démarche auprès de lui, mais qui ne fût pas, comme celle des ſoi-diſant patriotes qui ſe plaignent ou plutôt ſe lamentent dans ta feuille, l'œuvre de la lâcheté, ſi ce n'eſt de la déraiſon. Je conſentirois à adopter un inſtant cette prétendue politique qui ſubſtitue la fourberie à la franchiſe, & que ces mêmes ſoi-diſant patriotes ſoutiennent d'après leur patron, le tant fameux *Fouché, de Nantes*, expertiſſime diplomate de 1789, pouvoir & devoir ſeule ſauver eux d'abord, enſuite la choſe publique. Mais quand tous les Français, hors ceux qu'une craſſe ſtupidité aveugle ou qu'une inſigne mauvaiſe foi régit ; quand tous ne voient le Directoire que comme l'égout, le cloaque, la ſentine de tous les vices, dont la peſtilentielle

tielle fétidité corrompt & tue au loin qui peut, qui ose l'opprocher. . . . . Ah! si c'étoit avec la verge imposante du peuple pour le fustiger, mais avec de lamentables oraisons, de piteuses suppliques ! . . . . O ignominie ineffaçable! . . . . . . Mais qu'ai-je dit ? *L'œuvre de la lâcheté, si ce n'est de la déraison.* Combien de phrases de cette œuvre infâme portent un tout autre type ! La noire calomnie, l'intrigue hideuse, l'esprit impur de la contre-révolution, s'y manifestent.

Quels sont les hommes qu'on y accuse d'avoir été *exaspérés, peut-être instigués* ? Ce n'est pas les Feru & consorts ; le style plat & servile de cette accusation atteste qu'elle est d'eux : ils n'ont pu s'accuser eux - mêmes. Ah ! je n'en doute pas, les hommes sur lesquels on veut attirer tout le ressentiment, toute la fureur des dominans ; les hommes qu'on dévoueroit bien volontiers en holocaustes expiatoires à leur rage dévoratrice ; les hommes dont on dit impudemment que *la masse* a retenu, *comprimé* la colère, sont les inflexibles amis de la vérité, qui chaque jour plaidoient avec chaleur les intérêts du peuple, ceux de ses défenseurs, & faisoient passer dans tous les cœurs de la *masse* leur indignation contre le Directoire & ses affidés.

Tu le sais, tu les a entendus ; plus d'une fois tu as mêlé tes applaudissemens à ceux *de la* masse. Ils s'écrioient dans les brûlans transports de leur enthousiasme républicain : « Depuis seize mois la famine & l'assassinat sont
» complétement organisés dans notre patrie désolée : ceux
» qui gouvernent, que font-ils pour arrêter leurs terribles
» effets ? La *liberté*, *l'égalité*, la *justice*, en sont inhumai-
» nement exilées : ceux qui gouvernent, que font-ils pour
» les y rappeler ? Elle est la proie d'une horde de bri-
» gands, d'un troupeau de vampires ; ceux qui gouvernent,
» que font-ils pour en arracher les tristes lambeaux à l'in-
» satiable voracité ? Ses amis, ses soutiens, ses défenseurs
» gémissent accablés de la plus affligeante détresse : ceux qui
» gouvernent, que font-ils pour les soulager ? Le riche,

2.ª volume. *Copie des pièces de Babœuf.* C

» l'égoïste, trafiquent avec l'étranger de notre dernier souffle,
» & veulent nous ravir l'unique consolation qui nous reste
» de l'émettre, ce dernier souffle, sous l'ombre d'une ré-
» publique : ceux qui gouvernent, que font-ils pour arrêter
» ces honteuses négociations, pour frapper les traîtres? Rien,
» rien, rien. »

Ceux qui, chaque séance, par ce langage austère, im-
portunoient le Directoire, dévoiloient ses trahisons ou du
moins son apathie, son indifférence protectrice des crimes,
ont-ils articulé cette péroraison, bien digne de l'exorde ?
*Vous pouvez, Directoire, disposer du reste de notre exis-
tence. . . . . .* Offre liberticide ! augure sinistre ! qui
suggères au gouvernement l'idée de tout ce qu'il peut oser
& à la patrie de tout ce qu'elle doit craindre, tu es l'ouvrage des esclaves, des stipendiés de la tyrannie constitutionnelle ; d'Anglas seul, tu nous indiques les auteurs &
l'affreux projet qu'ils ont conçu d'immoler, d'anéantir jusqu'au dernier de ces généreux citoyens dont je viens de
signaler le caractère, de ces braves qui jamais ne transige-
ront avec des monstres dont le moindre forfait est d'avoir
usurpé sur le peuple un despotique empire ; & je le demande à l'homme probe, quelque spécieux que soit le prétexte de cette immolation, de cet anéantissement, est-ce
autre chose que la contre-révolution ? Osez, osez, hommes
qui vous prétendez érudits, sans doute parce que vous êtes
à la solde des éminens du jour, osez autrement appeler la
défaite & la mort des Républicains *exaspérés,* c'est-à-
dire, énergiques & bouillans.

Mais qu'entends-je !

*Tant qu'il nous restera une étincelle d'existence, elle sera
consacrée à défendre en vous la République. . . . . .*

S'ils n'avoient atteint, les déhontés usurpateurs, le plus
haut apogée de la scélératesse, après une telle assurance que
devroient-ils attendre pour y parvenir ? O blasphème ! sacri-
lège ! ô violation de tout ce qu'il y a de plus beau, de plus

grand, de plus saint ! République conquise par quatre années de travaux, de fatigues & de sacrifices ; République fondée sur des monceaux de cadavres ; République consolidée par des flots du plus pur sang ; République garantie à la postérité par tout un lustre de victoires : République défendue par quatre millions de bras armés & aguerris, tu n'es plus qu'un fantôme que se crée notre imagination délirante, tu n'es plus qu'une ombre vaine, tu n'es plus rien, si ton salut, si ta durée sont liés aux destinées de nos cinq régnans ! Quels êtres exécrables ont pu innover cette atroce maxime, que du règne du crime dépend celui de la vertu, & qu'on doit pour garantir celle-ci défendre celui-là ?.... O perversité inouie !. . . . . . O foudre vengeresse qui reste suspendue & ne punit pas ces profanes outrages ! Ah ! la plume échappe à ma main : quel excès de corruption & d'iniquités !

Lebois, as-tu pu méconnoître à ce point ton titre & l'illustre martyr qui le premier & si justement s'en décora ? O Marat ! vertueux Marat ! ton ombre s'indigne & frémit ; le coup est bien plus cruel, bien plus douloureux, que celui que te porta, le 13 juillet, la main dirigée par les Buzot, les Pétion, les Lanjuinais. Appaise-toi, Marat, appaise-toi.... Si la surprise ou l'aveuglement égarèrent un instant celui qui se prétend ton disciple, ton successeur, de la voie que tu lui traças, nous veillons, nous l'y ramenerons bientôt. Si l'or, si les menaces l'en ont arraché, Marat ! tu seras vengé. Les vrais panthéonistes en arrêtent les immortels principes dont tu te montras l'apôtre si zélé, l'adorateur si fervent ; tu seras vengé.

Un membre du Panthéon.

(Ici est un paraphe semblable à celui qui accompagne les signatures de Charles Germain.)

Vingt - deuxième piéce.

Paris, 28 ventôse.

CITOYEN,

Je t'adresse une lettre *infiniment modérée* que je te prie de lire tout de suite en la présence du porteur, & de lui dire si tu l'inséreras demain dans ton journal. En faisant cette lecture, tu verras que tu me dois ce que je te demande; mais si toutefois quelque chose pouvoit t'arrêter, le citoyen qui te remet la lettre me la rapporteroit, & je la mettrois dans *l'Eclaireur du Peuple.* Salut & fraternité.

Gracchus Babœuf.

(*La piéce paroît être minute de sa main.*)

23e, 24e & 25e piéces.

(*Minute qui paroît de Babœuf.*)

Aux rédacteurs du journal des Hommes libres.

Paris, 28 ventôse, l'an 4 de la République.

Votre journal, citoyens, est rédigé par *plusieurs écrivains patriotes.* Quand le titre de chaque numéro ne l'annonceroit pas, pour le peu que je m'y connoisse, j'en serois intimement convaincu. En général j'applaudis, avec tous les hommes purs, au choix de cette réunion de collaborateurs. L'identité de leurs sévères principes républicains, leur constance égale à les défendre, leur accord parfait sur tous les points de sa doctrine, justifient assurément l'hommage de toute la classe des Français vertueux & justes dont se compose la liste de vos lecteurs. Il m'est probable qu'aucun d'eux n'a à se plaindre de vos feuilles : c’est, sans doute, une singularité qui me met, moi personnellement, dans un cas contraire.

Je préviens votre objection : le motif qui me fait réclamer n’est pas cependant si exclusivement individuel, que ma lettre n’ait quelque droit à occuper sa place dans un journal voué à l’intérêt public : vous en jugerez bientôt.

Ne perdons pas de vue mon texte : il base sur le fait de la pluralité des rédacteurs du journal des *Hommes libres*. J’en remarque jusqu’à quatre au moins qui s’y sont diversement exprimés sur mon compte, qui, chacun, ont donné de moi à la France une opinion différente.

Il est pourtant vrai qu’aucune de ces opinions n’a de ressemblance avec celles que proclament journellement les porte-nouvelles du patriciat & du royalisme ; mais c’est précisément parce que les uns & les autres ne se ressemblent pas, & que presque toutes me paroissent inexactes, que, comme homme qui figure aujourd’hui bruyamment sur la scène polémique, je ne crois pas indifférent de tenter à rendre à ces mêmes opinions quelque rectitude.

Cela est vrai : les journaux royaux, patriciens, ministériels, ne retentissent que de mon nom ; mais ils ne donnent pas une idée claire de ma personne. Je suis, selon eux, un forcené royaliste. Ils sont réduits, pour le prouver, à employer l’assertion toute nue, parce qu’il leur est impraticable, à eux & à tout le monde, d’en trouver le moindre indice dans mes ouvrages ; mais il est tout aussi impossible que nulle ame les croie, parce qu’il est évident qu’ils ne s’irriteroient pas si fort si j’étois ce qu’ils disent : or, il résulte que toute la France, qui entend parler de moi, ignore absolument ce que je suis, d’après ces feuilles de la chouannerie & du royalisme. Si, pour l’apprendre, elle veut consulter les feuilles patriotiques, je ne vois guère dans cette classe que le journal des *Hommes libres*, dont la circulation n’est pas trop entravée jusqu’à ce jour, & qui, par conséquent, reste à sa disposition. Le journal des *Hommes libres* a plus d’une fois affirmé l'abſurdité bien groſſière de l'imputation de royaliſme ; mais je n'explique pas pourquoi il a preſque toujours laiſſé ſubſiſter, dans ce qu'il a dit de moi, je ne ſais quel louche & quel vague qui ne donne encore de ma perſonne & de mes principes aucune idée nette.

Autrefois Cagliostro étoit l'homme indéfinissable ; tout le monde en parloit comme d'un homme merveilleux, & nul ne pouvoit dire au juſte ce qu'il étoit ; l'oiſive curioſité du temps cherchoit avec beaucoup d'intérêt à pouvoir l'ana-lyſer ; c'étoit à qui s'évertueroit ſur cela avec plus d'ému-lation : ſi par haſard l'intérêt de me définir étoit aujourd'hui égal à celui que les badauds conçurent pour trouver la juſte ſolution de cet empirique, je voudrois épargner à bien des eſprits la torture, je voudrois faciliter moi-même à la Ré-publique l'explication de ce qui eſt encore pour beaucoup de ſes membres une difficile énigme : *Quel homme ſuis-je ?*

L'un de vous, citoyens, a écrit dans votre numéro d'hier 27 ventôſe, ce paragraphe que je crois devoir copier en entier.

« Les dernières lettres du miniſtre de la police offrent
» une affectation bien caractériſée pour faire pourſuivre
» *des écrivains à qui l'on reproche des erreurs*, mais que l'on
» ne peut, avec quelque apparence de bon ſens, confondre
» avec les *royaliſtes* ; & tandis que l'on invoquoit la ſé-
» vérité de la police contre *Babœuf*, on ſembloit reſpecter
» Richer-Seriſy : eſt-il donc un ſyſtème de perſécutions
» excluſives contre les patriotes ? »

Il eſt clair qu'à tous ceux qui ont lu ailleurs que je ſuis un fameux royaliſte, ce paſſage dit que c'eſt une énorme impoſture ; il leur affirme de plus que je ſuis un des *pa-triotes* contre qui il paroît exiſter un ſyſtème de perſécu-tions excluſives ; mais il leur apprend en même temps que je ſuis un *de ces écrivains à qui L'ON reproche des erreurs*. Quel eſt ce ON qui reproche ces erreurs ? Sont-elles fondées ?

C'est ce que le Journal des Hommes Libres laisse en équivoque.

Je préjuge cependant bien quelques raisons qui vous portent à ne point me rendre toute la justice que j'ai l'opinion que vous aimeriez à m'accorder ; mais au moins je crois que, forts de la garantie de ma signature, vous n'hésiterez pas de dire toute la vérité sur mon compte ; en rectifiant tout ce que j'accorde que la difficulté de votre position vous a pu forcer d'y mettre de restrictions ; cependant il me semble que vous eussiez pu & que vous pouvez éviter dorénavant tout sujet d'interprétations capable de donner lieu à fortifier le jugement des mal intentionnés contre un homme dont la réputation n'est peut-être pas tout-à-fait indifférente à la cause que vous servez si bien ; vous pouvez nuire beaucoup à cette réputation en me livrant pour un *patriote à erreurs* ; vous m'eussiez fait beaucoup de plaisir en motivant ce reproche, au lieu que vous avez ressemblé en cela à mes acharnés persécuteurs, qui ne me battent qu'avec des épithètes. Ils ont encore quelquefois le malheur de me citer, & ils se sont confondus eux-mêmes, à cause de ma manière de ne jamais coucher une phrase qui ne porte avec elle son motif basé sur d'incontestables principes. Si, plus adroits qu'eux, vous aviez pu m'en surprendre une qui n'eût pas été subordonnée à cette méthode, & que vous l'eussiez indiquée, j'aurois volontiers & de bonne foi passé condamnation.

J'ai dit en commençant que je remarquois jusqu'à quatre collaborateurs de votre journal, qui avoient parlé de moi diversement : je justifie cette allégation. Par exemple, Antonelle & Felix Lepeletier ont été loin de me présenter comme un *patriote écrivant des erreurs*, lorsque l'un, dans le n°. 9 de l'Orateur Plébéien, sanctionnoit avec des raisonnemens si convaincans ma doctrine du *bonheur commun*, & que l'autre, en défendant si généreusement ma femme, prononçoit avec non moins de courage que les principes du mari ne pouvoient être condamnés sans condamner à la fois les livres de Rousseau, de Mably & d'Helvétius. Un autre auparavant avoit traité, dans votre même journal, mes premières pages, après vendémiaire, de pages imprudentes & inexplicablement folles ; mais il est vrai, je crois, que celui-là qui a fait pour jamais ses preuves ailleurs, n'a depuis plus écrit chez vous. Enfin, un quatrième, dans le n°. du 10 ventôse, a défiguré Feru & moi, en arrangeant à celui-là une défense qui l'empêche de paroître, *lui*, & en m'indiquant encore comme un homme à *erreurs* & même comme un peintre de *calomnies*. Vous conviendrez, citoyens, que tous ces tableaux ne se ressemblent pas & ne sont même point conséquens entre eux.

J'espère qu'à tous ceux qui ne sont pas à portée de lire le *Tribun du Peuple*, cette lettre, insérée dans votre numéro, suffira avec celle que vous y avez déjà mise & que j'adressois au moine Gallais ; ces lettres suffiront, dis-je, pour préciser ce que je suis, pour débrouiller ce maudit logogryphe à la Cagliostro, & pour réhabiliter un peu ma pauvre renommée rendue si méconnoissable par les chouans. Je ne supplie pas pour obtenir de vous l'insertion de ma lettre ; vous ne pouvez la refuser, parce que ma réputation, la réputation d'un révolutionnaire, ne vous appartient pas, ni à moi non plus ; elle appartient à la patrie. Nous ne sommes qu'un trop petit nombre de défenseurs des vrais principes ; ne nous affoiblissons pas encore en laissant des incertitudes sur le caractère de chacun de nous. Salut & fraternité.

GRACCHUS BABŒUF.

Vingt-sixième pièce.

Air : *Degnair m'épargnez le reste.*

1er.

La dite nous de bonne foix
Mais fieur les tirans de la France
Jusqu'à quand ferez vous la loi
Quand verron nous tourner la chance
Naise pas asse gouverner
Plus longtemps vous serait funeste
Capet aussi voulu régner.   *bis.*
Comme nous vous savez le reste.   *bis.*

2me.

Soyez-en sûr le peuple est las,
La faim l'agite & le réveille,
Il veut du pain non des débats,
Ventre affamé n'a point d'oreille ;
Grassement il vous entretiens,
Et que lui donnez-vous un zeste ;
S'il se lève, pensez-y bien,   *bis.*
On ne vous répond pas du reste.   *bis.*

Vingt-septième, vingt-huitième & vingt-neuvième pièces.

(*Minute qui paroît de Babœuf.*)

Sur le bruit d'un nouveau 31 mai & d'un nouveau 13 vendémiaire.

L'arrêté sur la fermeture des réunions patriotiques & des repaires des Chouans cause plus d'un genre de fermentation. Les *honnêtes gens*, sur qui en effet la correction tombe d'une manière moins-sanglante que sur les partisans & les défenseurs de la classe opprimée, dissimulent leur mécontentement, parce qu'il se trouve tempéré par la satisfaction que l'on éprouve de voir châtier ce qu'on appelle les jacobins & leurs amis. Le chouanisme dissimule, avons-nous dit; & fermant les yeux sur le petit échec qu'il partage, il feint de ne voir qu'une victoire à son profit dans l'anéantissement du Panthéon. Serpent lâche & toujours souple, on le voit se replier & tenter de vouloir faire déja de ceci le prétexte d'une nouvelle réaction. Si quelque chose pouvoir surprendre dans l'impudeur de ses échos, l'on seroit étonné de voir dans le Journal des lois, n.° 127, la proposition pure & simple d'exempter de la réquisition la jeunesse dorée, sur le fondement que *cette jeunesse, qui a sauvé la Convention en prairial*, pourroit *encore s'opposer au nouveau 31 mai que projettent messieurs les jacobins.* Qui n'admirera pas ici le zèle de MM. de prairial ? Mais qui ne sait pas que MM. de prairial sont aussi MM. de vendémiaire ? Qui ne sait pas encore que de leur côté MM. les jacobins accusent MM. les royalistes de préparer un nouveau vendémiaire ? quoi faut-il croire de préférence ? Est-ce au 13 vendémiaire, ou au 31 mai ? Il seroit au moins bon de le savoir, pour qu'on se dispose à opposer le peuple aux messieurs, comme en vendémiaire; ou les messieurs aux sans-culottes, comme au premier prairial. Il est trop certain que tous les partis paroissent agités, & que la position de chacun d'eux est si extrême, qu'il ne seroit pas impossible que de chaque côté l'on desirât secrétement d'en venir aux mains. Le peuple est si malheureux, que sans doute il ne rejetteroit pas l'occasion de se mesurer contre la caste pressurante & agiotante à laquelle il attribue tout ce qu'il souffre. L'ordre des riches sent à quel point il est détesté par la multitude dont il est l'oppresseur : cette pensée l'entraîne à desirer une circonstance qui altère, comprime & épouvante à jamais la sans-culotterie, afin qu'en la jugulant, elle n'inquiète plus : on voudroit du même coup, s'il étoit possible, réédifier ce trône chéri à l'ombre duquel on espère que l'on parviendroit bien mieux à consolider le doux régime des maîtres & des serviteurs. Si le gouvernement avoit voulu marcher de concert avec les hommes du peuple pour assurer à celui-ci ses droits, aucune agression de la part de la faction vendémiairiste n'eût été à craindre pour lui : mais si une telle agression avoit lieu, pouvons-nous taire que le souvenir tout récent de ce que le peuple a cru être une dernière entreprise sur ses droits, ne pût refroidir beaucoup sa ferveur & exposer la patrie à de plus grands dangers que ceux qu'elle a courus à la fin de la session de la Convention ? Dans le cas contraire & très-invraisemblable du 31 mai nouveau dont il plaît à la chouanerie seule de créer le projet, la situation du gouvernement ne seroit pas plus heureuse. Croit-on bien que, conformément à ses promesses dans le Journal des lois, *la jeunesse qui a sauvé la Convention en prairial*, s'empresseroit si fort de défendre le gouvernement dont elle a voulu assassiner tous les membres il y a cinq mois? Oh! il y a bien apparence qu'elle laisseroit faire le 31 mai, & que, si elle s'en mêloit, ce seroit pour le terminer en mouvement de vendémiaire, si elle entrevoyoit la possibilité de l'amener à un dénouement plus heureux que la dernière fois.

Dans l'un comme dans l'autre cas, il est donc prouvé que le moindre risque auquel s'exposeroit le gouvernement, seroit de rester isolé & absolument en proie au parti qui l'attaqueroit? Il a donc infiniment mal fait; il s'est conduit très-impolitiquement, en mécontentant les patriotes qui l'auroient soutenu contre le parti qui, au fond, le menace le plus réellement. Il y a vraiment à gémir sur le degré auquel il paroît s'être aliéné l'esprit des vrais républicains & sur la crainte des suites que son isolement d'eux peut produire. Il en résulte que le Directoire est réduit à ce propos : *Nous avons nos soldats.* Mais en sommes-nous déja au point d'être régis par le gouvernement militaire, & le gouvernement militaire pourra-t-il bien s'introduire facilement parmi nous?

Les foldats font auffi du peuple , ils communiquent avec lui , leurs intérêts font les mêmes. Le peuple tranfmettra tout ce qu'il fent, tout ce qu'il penfe, aux militaires, & l'efprit du peuple & celui de l'armée deviendront le même : il eft déja fenfible qu'une lutte de captation s'établit à l'égard des foldats entre le peuple & le gouvernement. Quel malheur qu'on en foit-là! qu'eft-ce auffi que cela nous préfage? pourquoi le peuple cajole-t-il l'armée ? pourquoi l'armée eft-elle careffée par le gouvernement? eft-ce que le gouvernement & le peuple veulent s'en fervir l'un contre l'autre? Ces apparences ne font que trop fenfibles , & la vérité ne nous permet pas de dire que le réfultat de cette lutte paroiffe pencher à l'avantage du gouvernement. Les preuves de cela fe manifeftent par le fingulier effet qu'a paru produire un écrit placardé dans Paris, fous ce titre : *foldat, arrête & lis.* Vouloir taire que cet écrit émane des Panthéoniftes expulfés , ce feroit difputer contre l'évidence ; mais c'eft précifément parce que cela paroît très-évident que c'eft une circonftance qui n'eft point à méprifer. L'avidité avec laquelle ont été faifis , & les expreffions d'exceffif mécontentement de la mefure du Directoire , & le parallèle des deux efpèces d'intérêt que prennent aux défenfeurs de la patrie les prétendus Jacobins & les membres du gouvernement; l'avidité , difons-nous, avec laquelle ces objets ont été faifis , n'a nullement laiffé à douter que l'opinion la plus avantageufe eft en faveur de la religion de ceux qui ont fait l'écrit. Sur les deux natures d'intérêt dont nous avons parlé, on a fur-tout fenti & marqué la différence de celui qui confifte dans la follicitude pour l'exécution des lois folemnelles qui garantiffent les fecours accordés à nos défenfeurs & à leurs familles, d'avec la follicitude qui fe borne à quelques largeffes pécuniaires & à des diftributions d'eau-de-vie, de liqueurs, &c. Il ne tiendroit peut-être encore qu'au gouvernement de fe réconcilier avec tous ceux par qui & pour qui il exifte, & d'arrêter le cours d'une fuite de mécontenetemens dont il pourroit être auffi affligeant que peu facile de calculer les conféquences.

G. BABŒUF.

Nota. Ma fignature n'eft que pour la garantie particulière des Rédacteurs du Journal.

Trentième pièce.

Béthune, le 27 pluviôfe, 4ᵉ. année Républicaine.

Le commiffaire du Directoire exécutif près l'adminiftration municipale de la commune de Béthune,

A l'adminiftration municipale de la commune.

Ce n'eft pas fans indignation & fans fe rappeler des fouvenirs déchirans, que le commiffaire du Directoire exécutif près l'adminiftration municipale de la commune de Béthune a vu fe reproduire à fes yeux des écrits fortis des mains de l'impofture & de la fcéléreteffe ; des écrits où le patriotifme, traîné dans la boue, accufé par les amis des rois, étoit dépeint avec des couleurs qui appartiennent aux êtres imputs qui les avoient créés, qui méditoient la ruine de la République, & qui favoient bien ne pouvoir y parvenir qu'en affaillant ou faifant affaffiner moralement ceux qui, depuis le commencement de la révolution, avoient été fes plus fermes appuis. La révolution du 9 thermidor commençoit à peine à faire fentir fes funeftes effets, que déja toutes les preffes étoient employées pour multiplier les calomnies que la malveillance fe plaifoit à répandre contre ceux qui avoient été patriotes. L'énergie, comme l'infouciance, étoient attaquées par elle ; tout tomboit fous fes coups : de là les défiances, les craintes, la pufillanimité, les haines & la réaction. Un gouvernement qui marchoit vers la contre-révolution, n'eut aucune peine d'attacher à fon char tous ceux qui, sous le gouvernement révolutionnaire, n'avoient eu du patriotisme que le masque : on divisa les patriotes, on intimida les uns par des menaces d'incarcération, & trop souvent la peine suivoit la menace, & des intérêts particuliers égarèrent les autres : c'est alors qu'on mit en usage cette maxime des tyrans, & consacrée dans la politique de Machiavel, *diviser pour régner*. Chaque patriote se croyoit en sûreté en s'isolant de son frère ; on les prit tous séparément, & tous succombèrent ; des écrits mensongers & fallacieux inondèrent le public ; le public, toujours avide & souvent méchant, se rassasia de ces rapsodies. Bientôt la fausseté eut les apparences de la vérité, & les véritables amis du peuple ne furent plus que des anthropophages, des voleurs, des dilapidateurs de la fortune publique, qu'il falloit éloigner de la société, & livrer au glaive de la loi.

Plusieurs de ces écrits lui sont tombés dans les mains, & entre autres ceux qui ont pour titre : *Cri des habitans de Béthune ; Atrocités commises à Arras ; & la Censure Républicaine, par Guffroy.*

Considérant que ces écrits ne peuvent que continuer à tenir le peuple égaré sur le compte de ceux qui ont chaudement soutenu la République & qui la cimenteroient encore de leur sang, à faire regarder comme hommes de sang les martyrs de la liberté, à perpétuer les divisions entre les citoyens, & à empêcher une réunion sincère entre tous les habitans de cette commune :

Requiert l'administration municipale de la commune de Béthune de les faire brûler, afin que le souvenir de semblables ouvrages soit pour toujours effacé, & qu'il ne puisse désormais apporter aucun obstacle à ce que l'on soit tous & à jamais réunis.

Signé, D u j a r d i n.

Sur le réquisitoire ci-dessus, l'administration municipale, considérant que tous ces écrits ne tendent qu'à perpétuer la haine & la division parmi les citoyens de cette commune, qui devroient se réunir & ne former qu'un peuple de frères, arrête que les écrits dont s'agit feront brûlés publiquement au devant du perron de la maison commune, le 2 ventôse prochain, deux heures de relevée après-midi.

En séance, le premier ventôse, an 4 de la république.

Signé, CARPENTIER, président, &c.

Pour copie, HULLEN, secrétaire-adjoint.

Trente-unième pièce.

La trente-unième pièce est un écrit imprimé, intitulé *Réclamation des vainqueurs de la Bastille contre l'emprunt forcé, adressée au Corps législatif.*

Trente-deuxième pièce.

La trente-deuxième pièce est un imprimé ayant pour titre *la paix perpétuelle avec les rois.*

Trente-troisième pièce.

Les cinq grs. de la Grève, propos répétés de bouche en bouche (*quatre mots rayés*). Les myriagrammes. Les épithètes patriciennes. C'est un patricien ; c'est un auto-égal.

(*Ces mots sont écrits sur un chiffon de papier, & paroissent de la main de Babœuf.*)

Trente-quatrième pièce.

(*Huit mots rayés.*) Collecte du Panthéon. Mon registre. Serviette à reporter & linge. Collections de Robespierre &c!

ouvrage de Garat. (*trois petites lignes rayées*) Metz; Omer.
(Au dos de cette pièce, qui est écrite de la main de Babœuf,
sont les mots suivans écrits de la même main :) les fédérés
des départemens.

(*Cette note informe paroît écrite aussi de la main de Babœuf*).

Trente - cinquième piéce.

La trente-cinquième pièce est un placard intitulé, *Message
du Directoire exécutif en date du 9 ventôse , l'an 4 , au
Conseil des Cinq - cents* , au bas duquel est un arrêté du
Directoire en date du 8 ventôse ordonnant la fermeture de
plusieurs réunions de citoyens , & entre autres d'une , connue
sous le nom de Société du Panthéon.

Trente - sixiéme piéce.

Gracchus
Babœuf,
premier
tribun.

Trente-sept , trente-huit , trente-neuf , quarante , quarante-une & quarante-deuxiéme piéces.

Les trente-sept, trente-huit, trente-neuf, quarante, quarante-une & quarante-deuxième pièces sont la minute du
nº. 5 de *l'Eclaireur du peuple , ou le défenseur de vingt-quatre
millions d'opprimés.* (Ces pièces paroissent écrites de la main
de Babœuf.)

Quarante-troisiéme

Quarante-troisième pièce.

Écrit à Léandre Lebon, à Arras, le 6 ventôse, adresse chez Pommond.

A M. Barthe (*trois mots rayés*) Clery, à Arras le 7, adresse chez Duplay.

A la société d'Arras le 8, à l'adresse de Duplay.

(*Cette note paroît être de la main de Babœuf*).

Quarante-quatrième pièce.

Paris, le 26 pluviôse l'an 4 de la République.

Je n'ai donné ma lettre pour te la remettre, que le 30 pluviôse.

C ITOYEN,

L'inquiétude où je suis ne me permet pas de garder plus long-temps le silence. Donne-moi des nouvelles de ton épouse, si tu le peux. J'ai passé chez plusieurs patriotes pour savoir si on s'occupoit de sa sortie; les uns m'ont dit que Lebois l'avoit obtenue du Directoire, les autres m'ont dit le contraire; je suis rentrée avec beaucoup d'humeur contre tous les imbécilles du siècle, sans oublier les méchans.

Le citoyen qui m'a appris son arrestation, m'avoit promis qu'il passeroit chez moi, & qu'il m'instruiroit de ce qui en résulteroit. Voilà six à sept jours que j'attends, mais inutilement: je te prie de me l'envoyer; je prie, lui, d'avoir cette complaisance, si je ne suis pas chez moi. Il est écrit sur ma porte, les voisins chez lesquels je serois ; tu lui remettras mon sac dans lequel je t'ai fait passer les numéros cachetés, tu y joindras un morceau de grosse mousseline que je lui ai prêté pour emporter les derniers papiers. Tu peux être tranquille sur ce qui me reste, cela est en ordre. Salut & fraternité. POTHEAU.

(Au dos sont différentes notes illisibles en partie raturées.)

Quarante-cinquième pièce.

Tu nous créas pour être égaux,
Nature, ô bienfaisante mère :
Pourquoi des biens & des travaux
L'inégalité meurtrière ?
Pourquoi mille esclaves rampans
Au pied d'un seul que tout seconde ?
Pourquoi des petits & des grands ?
Le soleil luit, le soleil luit, le soleil luit pour tout le monde.
Le soleil luit, le soleil luit, le soleil luit pour tout le monde.

(Cette pièce est mise en musique.)

Quarante-sixième pièce.

moi. J. CAVRIER.

Bon jour, brave Babeuf. Les égaux t'embrassent ainsi que

ÉGALITÉ.   LIBERTÉ.

N°. 168 &   A Arras le 16 ventôse, an 4 de la
630.   République française, une & indivisible.

Léandre Lebon à Gracchus Babeuf.

J'ai reçu, mon cher ami, hier ta lettre en date du 6 de ce mois, qui m'a fait beaucoup de plaisir.

Je me suis acquitté aujourd'hui de la commission que tu m'as chargé ; tu me demandes si j'ai reçu tes derniers numéros. Voici tous ceux que j'ai : Numéros 34, 38 & 39 ; il ne me manque plus pour compléter les numéros 36, 37, 40 & 41, que tu m'enverras quand tu pourras ; mais ne te gêne pas.

Je n'ai pas reçu ta lettre par laquelle tu me mandes l'adresse de ma belle-sœur, femme de Joseph : la voici. A Elisabeth Regnier Lebon, chez la citoyenne veuve Regnier sa mere, aubergiste au fauxbourg d'Hesdin, à Saint-Pol.

Tu me parles du linge que tu as, il ne faut pas te gêner ; quand tu pourras venir nous voir, tu rapporteras le linge. Sur-tout ne mets rien à la diligence.

Salut, fraternité & amitié,

LÉANDRE LEBON.

Mes complimens au citoyen Babeuf, ainsi qu'à son épouse & ses chers enfans. *Eugénie Regnier.*

La femme de Léandre salue le citoyen Babeuf, comme elle a fait dans la derniere lettre (*un mot illisible.*) Les grandes occupations lui ont empêché d'y faire attention. ANGÉLIQUE REGNIER LEBON.

P. S. Je te recommande toujours Alexandre Boucher, qui est toujours dans la prison d'Arras.

Bien des choses de ma part, je te prie, à ta chere épouse, ainsi qu'à tes enfans, que je n'ai pas encore le bonheur de connoître. (*Au dos est écrit :* Au citoyen Babœuf à Paris.)

Quarante-septième piéce.

La quarante-septième pièce sont les numéros 14 & 15 d'un imprimé ayant pour titre : *l'Accusateur public.*

Quarante-huitiéme piéce.

9 ventôse l'an 4.

(Cette pièce paroît être une minute de la main de Babœuf.)

Je suis bien aise, mon ami, que tu me parles avec autant de franchise que tu le fais dans ta lettre d'hier. J'en emploierai tout autant à te répondre, & je ne regretterai pas un moment que j'emploierai pour justifier en quelque sorte, aux yeux d'un homme comme toi, certaine nuance de conduite dans ma marche, dont je ne suis pas surpris que tu sois étonné. Mon opinion n'a jamais changé sur les principes ; mais elle a changé sur quelques hommes. Je confesse aujourd'hui de bonne foi que je m'en veux d'avoir autrefois vu en noir, & le gouvernement révolutionnaire, & Robespierre, Saint-Just, &c. Je crois que ces hommes valoient mieux à eux seuls que tous les révolutionnaires ensemble, & que leur gouvernement dictatorial étoit diablement bien imaginé. Tout ce qui s'est passé depuis, que ni les hommes ni le gouvernement ne sont plus, justifie peut-être assez bien l'assertion. Je ne suis du tout d'accord avec toi qu'ils ont commis de grands crimes & bien fait périr des républicains. Pas tant, je crois : c'est la réaction thermidorienne qui en a fait périr beaucoup. Je n'entre pas dans l'examen si Hebert & Chaumette étoient innocens. Quand cela seroit, je justifie encore Robespierre. Ce dernier pouvoit avoir à bon droit l'orgueil d'être le seul capable de conduire à son *vrai but* le char de la révolution. Des brouillons, des hommes à demi-moyens, selon lui, & peut-être aussi selon la réalité; de tels hommes, dis je, avides de gloire & remplis de présomption, tels qu'un Chaumette, peuvent avoir été apperçus par notre Robespierre avec la volonté de lui disputer la direction du char. Alors celui qui avoit l'initiative, celui qui avoit le sentiment de sa capacité exclusive, a dû voir que tous ces ridicules rivaux, même avec de bonnes intentions, entraveroient, gâteroient tout. Je suppose qu'il eût dit: Jettons sous l'éteignoir ces farfadets importuns & leurs bonnes intentions. Mon opinion est qu'il fit bien. Le salut de 25 millions d'hommes ne doit point être balancé contre le ménagement de quelques individus équivoques. Un régénérateur doit voir en grand. Il doit faucher tout ce qui le gêne, tout ce qui obstrue son passage, tout ce qui peut nuire à sa prompte arrivée au terme qu'il s'est prescrit. Fripons, ou imbécilles, ou présomptueux & ambitieux de gloire, c'est égal, tant pis pour eux. Pourquoi s'y trouvent-ils? Robespierre savoit tout cela, & c'est en partie ce qui me le fait admirer. C'est ce qui me fait voir en lui le génie où résidoient de véritables idées régénératrices. Il est vrai que ces idées-là pouvoient entraîner toi & moi. Qu'est-ce que cela faisoit si le bonheur commun fût venu au bout?

Je ne sais pas, mon ami, si avec ces explications-là il peut encore être permis aux hommes de bonne foi comme toi de rester hebertistes.

L'hébertisme est une affection étroite dans cette classe d'hommes. Elle ne leur fait voir que le souvenir de quelques individus, & le point essentiel des grandes destinées de la République leur échappe.

Je ne crois pas encore avec toi impolitique ni superflu

d'évoquer la cendre & les principes de Robespierre & de Saint-Just pour étayer notre doctrine. D'abord, nous ne faisons que rendre hommage à une grande vérité, sans laquelle nous serions trop au-dessous d'une équitable modestie. Cette vérité là est que nous ne sommes que les seconds Gracques de la révolution française. N'est-il pas encore utile de montrer que nous n'innovons rien, que nous ne faisons que succéder à de premiers généreux défenseurs du peuple qui, avant nous, avoient marqué le même but de justice & de bonheur auquel le peuple doit atteindre ? & en second lieu réveiller Robespierre, c'est réveiller tous les patriotes énergiques de la République, & avec eux le peuple, qui autrefois n'écoutoit & ne suivoit qu'eux. Ils sont nuls & impuissans, pour ainsi dire morts, ces patriotes énergiques, ces disciples de celui qu'on peut dire qui fonda chez nous la liberté. Ils sont, dis-je, nuls & impuissans depuis que la mémoire de ce fondateur est couverte d'une injuste diffamation. Rendez-lui son premier lustre légitime, tous les disciples se relèvent, & bientôt ils triomphent. Le robespierrisme atterre de nouveau toutes les factions; le robespierrisme ne ressemble à aucune d'elles, il n'est point factice ni limité. L'hébertisme, par exemple, n'est qu'à Paris & dans une petite portion d'hommes, & encore ne se soutient-il qu'avec des lisières. Le robespierrisme est dans toute la République, dans toute la classe judicieuse & clairvoyante, & naturellement dans tout le peuple. La raison en est simple, c'est que le robespierrisme est la démocratie, & ces deux mots sont parfaitement identiques : donc en relevant le robespierrisme, vous êtes sûrs de relever la démocratie.

Envoie-moi tes notes, je suis certain qu'elles me seront utiles : nous avons tant rebattu ensemble autrefois la grande matière qu'aujourd'hui je mets à l'ordre du jour, que je suis hors de tout doute, que ton esprit juste aura là-dessus enfanté quelque chose de précieux.

Salut d'égal.

G. BABŒUF.

P. S. Attendu que j'ai fait, fans y penfer, une differtation qui me femble contenir quelques apperçus lumineux & intéreffans peut-être à faire connoître, je ne fais que te prêter ma lettre pour la lire feulement. Renvoie-moi la tout de fuite afin que je puiffe en employer la première partie dans mon N°. Il eft inutile que je te dife que je n'y déclarerai point que c'eft à toi qu'elle fut écrite ; fans doute que le facrifice t'en coûtera peu, parce que probablement tu ne l'euffes pas confervée, fi je ne te la redemandois pas.

(*Au dos eft écrit :*) Au citoyen Jofeph Bodfon, rue du Battoir-Saint-André, n°.

Quarante-neuviéme piéce.

Du 12 ventôfe.

Pardon, mon ami, fi je ne t'ai point fait paffer ta lettre après l'avoir lue ; la crainte de faire attendre trop long-temps ton homme, a fait que je n'avois point lu le poft-fcriptum. Je fais le facrifice de te la renvoyer. Quoique tu croies que ce n'en foit pas un, crois que je faurai toujours conferver religieufement tout ce qui pourra m'éclairer fur la marche de la révolution, en évitant toutefois de conferver ce qui pourroit compromettre imprudemment & inutilement ceux qui ont fait de fi généreux efforts pour fon affermiffement ; je crois que telle eft ta façon de penfer : ainfi je crois, une fois pour toutes, qu'il eft inutile de rien nous recommander à cet égard.

Quant à l'opinion que tu as de trouver utile d'appuyer ton fyftéme de celle des hommes, & de l'état des chofes exiftantes avant le 9 thermidor, je perfifte à croire que tu pourrois être dans l'erreur. Pardonne......, je m'explique.

Vouloir faire croire qu'il feroit utile de ramener un état de chofes à-peu-près femblable au gouvernement révolutionnaire, je penfe que cette idée augmenteroit prodigieu-

fément le nombre de tes ennemis ; que le peuple lui-même
pourroit y être contraire en ce qu'il est fatigué de la révolution ; qu'il ne peut aspirer . & qu'il n'aspire en effet
qu'après un gouvernement stable qui assure son indepen-
dance & son bonheur : d'ailleurs, nous ne devons point
oublier que si sous le gouvernement révolutionnaire le peuple
étoit plus heureux, toujours est-il vrai qu'il fut dépouillé de
toute sa souveraineté, en ne pouvant pas même nommer
directement un commissaire de bienfaisance, en voyant desti-
tuer les hommes qu'il s'étoit choisis, & qui avoient encore
sa confiance, quoiqu'à l'époque où fut installé ce gouvernement, le peuple donnât la plus haute idée de ce que pouvoient faire sur lui les institutions démocratiques par les vertus
& les actes de civisme qui commençoient à se propager & à
germer dans tous les cœurs. Ainsi les plus grands crimes que
l'on pourroit reprocher à ceux que tu veux préconiser, est
cette démoralisation, cette insouciance du peuple sur le
choix de ses magistrats, cette espèce de joie barbare qu'on
le força plusieurs fois de témoigner à la vue de leurs sup-
plices, & ce par des récits aussi atrocieusement perfides que
mensongers. Non, les hommes qui se servoient de tous ces
moyens pour conserver plus long-temps un pouvoir sans
bornes, ne me paroîtront jamais dignes d'être les régula-
teurs d'un système qu'ils auroient fondé, ou du moins qu'ils
auroient donné des marques plus irrécusables que quelques
phrases soufflées d'un discours, qu'ils avoient la volonté bien dé-
terminée de l'établir. Quant au parti du robespierrisme ou la
masse des patriotes que tu ranges sous cette dénomination, je
ne pense pas non plus que tu puisses en attendre un aussi
grand avantage que tu sembles t'en promettre. Convenant
avec toi que l'engouement, l'enticherie & l'adulation, furent
en partie les principales causes qui entravèrent la révolution,
qui montra jamais plus à quel point on en peut porter l'excès
que la célébrité monstrueuse de Robespierre ? Combien
d'hommes dont le dévouement, les vues & les talens, l'ont
au moins égalé, sur lesquels on a à peine jeté les yeux !

Ceux sur lesquels tu comptes, & qui ont pu ainsi se dégrader aux yeux de la raison, en attachant le sort d'une révolution aussi importante que la nôtre à la destinée d'un homme, sont des instrumens bien frêles pour travailler à la confection de l'édifice dont le programme est dans les cœurs de tous les ardens amis de l'humanité, mais dont tu as jeté des fondemens plus impérissables que la gloire de ceux que je verrois avec plus de plaisir au Panthéon qu'au comité de salut public. Crois que l'autorité de Lycurgue, Rousseau, Mably, vaut bien celle de nos légistes modernes; crois aussi que ceux qui ne virent pas le renversement de la liberté par la violation de tous les principes, qui acceptèrent des places que le peuple seul a droit de donner, sont les mêmes qui les ont acceptées, les accepteront & préconiseront le gouvernement actuel, s'il veut leur en donner. Pour moi, quoique tu me ranges sous une dénomination particulière, je te déclare que les hommes dont tu me crois le plus chaud partisan, ne sont pas à mes yeux plus exempts de reproches que ceux que tu veux & que je ne puis préconiser. Je me rallie aux principes de la sainte égalité ; pour leur propagation, les plus pénibles privations me seroient des délices : comme tu as prouvé & que tu prouves que tu partages fortement & d'une manière exemplaire ces sentimens, je ne puis que me glorifier de me trouver parfaitement d'accord avec toi sur le but de la révolution, sur le besoin bien prononcé de la voir consolidée pour le bonheur de tous. Tu ne trouveras pas mauvais que je te fasse quelques objections sur les moyens d'y parvenir. Je pense & je suis convaincu que, suivant l'impulsion de ton cœur, la véhémence de tes sentimens, tu y réussiras plus facilement que de suivre les traces d'hommes que tu dois avoir le noble orgueil (quels que soient les services qu'ils ont pu rendre à la patrie) de dépasser ; ne regarde point en arrière, ne vois que le bonheur du peuple, la reconnoissance de la postérité.

J. B.

(*Lettres initiales du nom de Joseph Bodson.*)

Cinquantiéme piéce.

18 ventôse.

Mon ami, j'ai reçu ce que tu m'as envoyé : tu verras, par la note que je te fais passer, que les reproches que tu me fais ne sont pas fondés : compte toujours que je ferai mon possible pour te faire le plus de fond possible. Je ferai aussi quelques notes : tu ne me reprocheras pas, j'espère, qu'elles ne sont pas à la hauteur ; tes principes sont tellement les miens, que nous ne pouvons différer que sur les moyens. L'écrit que je t'ai fait passer étoit fait il y a plus de cinq mois ; autre temps, autres mœurs : je voudrois que nous puissions converser ensemble, nous pourrions développer quelques idées, nous diviserions le travail : si je pouvois partager tes travaux & les alléger, je m'estimerois infiniment heureux : au reste, je m'en rapporte entièrement à ta prudence. —J. B.

Cinquante-uniéme piéce.

Arras, 25 pluviôse, an 4 de la République.

Les égaux d'Arras à leur tribun.

FRÈRE,

Nous sommes instruits des besoins que tu éprouves, ainsi que ta famille : c'est pourquoi nous avons résolu *unanimement* de faire parmi nous une collecte patriotique, & de t'en adresser le montant ; tu trouveras en conséquence ci-joint 1,265 liv., reçois-les de tes frères. Tous nos Sans-culottes y ont contribué avec joie, ne leur donne pas le désespoir d'un refus ! . . . . . Continue à dévoiler les atroces projets du patriciat, à mériter sa haine, elle ne peut que t'assurer de plus en plus l'estime & la reconnoissance des nombreux & infortunés plébéiens.

Salut démocratique. J. Cres.

Nous n'avons point reçu ton n°. 39 ; mais nous l'avons lu ! du courage, mon ami . . . , & la patrie & la liberté sont encore une fois sauvées.

Cinquante-deuxième piéce.

29 ventôse.

Elle ne m'est arrivée que le 27 au soir, mon ami, ta lettre du 26 : j'ai passé tout le 28 à faire, d'après elle, un travail dont je te parlerai plus amplement un peu plus loin. Cet exorde annonceroit que j'ai envie de te répondre avec beaucoup de méthode, ne t'y attends pas : je suis au contraire dans la position de ne savoir par quel bout.

(Minute qui paroît être de la main de Babœuf.)

Cinquante-troisième piéce.

Première page.

Paris, le 26 ventôse, an 4.

Ch. Germain, à G . . . . Babœuf.

Ami. . . , & moi aussi j'ai l'honneur de la proscription ; & moi aussi je suis signalé, poursuivi par les gouverneurs & leurs infames agens. Ah ! je n'ai pas besoin de ce nouveau motif à les exécrer, à les combattre, à travailler fortement pour leur ruine. Babœuf, mon compagnon d'infortune, sait bien quels furent toujours mes sentimens sur les hommes, & à quelle valeur je les estimois lors même qu'ils n'étoient que conventionnels, & doit juger ce que je puis en penser & leur vouloir aujourd'hui qu'ils sont rois & souverains, qui plus est. Une lettre signée *Megrain*, t'a instruit de mon affaire. Depuis le jour qu'elle te fut remise, le 16, je crois, il n'y a rien de changé dans ma position, seulement que certains membres du Directoire ont eu l'impudeur d'avancer qu'on avoit tort, & grand tort, de s'intéresser à moi; qu'ils n'avoient rien lancé contre moi: de sorte que si je n'avois vu de mes yeux propres leur ordre de m'arrêter, ou plutôt si je n'etois convaincu qu'ils possèdent tous les genres de perfidie, tous les moyens de scélératesse, je croirois tout bonnement qu'en vérité ils n'ont pas pensé à moi chétif. Tranchons là-dessus, & passons à autre chose: tout aussi bien nous aurions beau parler de ces gens-là, rien au monde ne pourroit nous aigrer contre eux plus que nous ne le sommes.

Je crois que nous touchons à un moment bien critique: sera-t-il décisif pour la démocratie? le sera-t-il pour le crime qui gouverne? l'un & l'autre travaille à s'en donner l'avantage. Les mesures que prend le gouvernement, la sombre inquiétude qui se peint sur le moindre de ses actes, dans la moindre de ses démarches, l'or & la corruption qu'il étale & prodigue aujourd'hui plus qu'il ne l'a fait encore, tout nous démontre qu'il veut s'en attribuer le succès. D'un autre côté, la lassitude des patriotes démocrates, les mouvemens qu'ils se donnent, plus forts que toutes les autres considérations, la faim, la sainte faim, font croire que ceux-ci doivent agir & opérer pour le triomphe. Je suis sûr aussi qu'ils agissent, qu'ils opèrent comme collaborateurs: je connois une de leurs coteries, n'importe le terme; je sais, & tu ne l'ignore pas, que ceux-là veulent le bonheur commun sans restriction aucune & l'application pure & simple des principes que tu prêches. Plus d'un de tes amis, de décidés égaux en sont membres. C'est la presque certitude de nos succès, si nous n'étions barrés que par le gouvernement: mais voici une entrave qui s'offre & sur laquelle je réclame ton avis de toi à moi. J'en ai déja touché quelques mots au brave sans-culotte qui te remet la présente; mais comme il n'a pour lui que le zèle & le plus pur civisme, & qu'il faut pour me répondre sur tel objet encore quelque chose, je m'adresse à toi. Tous les patriotes, généralement parlant, ceux mêmes qui dans les premiers jours du gouvernement actuel étoient, je ne sais pas trop pourquoi, les plus fidèles zélateurs, tous enfin sentent la nécessité d'abattre la domination constitutionnelle d'aujourd'hui pour lui en substituer une plus conforme à leur opinion, & dans quelques-uns à leurs intérêts, de sorte que les uns veulent purement les lois de 93, d'autres désirent une refonte de 93 & 95 en un seul code ; ceux-ci en veulent de toutes particulières : ceux-là, & c'est le plus grand nombre, une nouvelle Convention avec un autre gouvernement provisoire, & tout ce qui s'ensuit ; chacune de ces parties travaille, &, j'en suis sûr, forme des plans de soulèvement, d'insurrection contre l'ordre présent des choses. Combien peut devenir dangereuse cette confusion, cette diversité de langues & de projets ! D'abord, en s'isolant de ceux qui tentent au vrai but, le bonheur commun, toutes les corporations leur deviennent encore plus dangereuses, parce qu'elles présentent contre eux des fronts d'opposition, peut-être même de résistance, dans le cas où ceux-ci se trouveroient assez en mesure pour arborer les premiers la bannière insurrectionnelle ; ensuite parce que les hommes qui les composent en grande majorité, sans être à la hauteur de nos principes, ne peuvent ou du moins croient ne pouvoir être cependant regardés que comme républicains. Je ne sais si je me suis rendu intelligible : chaque jour, dans tous les lieux, on prêche qu'il y a à se méfier d'un mouvement, qu'il ne pourra être suscité que par les intéressés à trouver en défaut les hommes énergiques qu'ils détestent, & l'occasion de sévir impitoyablement contre eux. Cette opinion s'accrédite, chacun la répète, se l'inculque, & voilà que des plus chaleureux déjà sont frappés de torpeur, & sous le vain prétexte de surveillance, de prudence, de se retrancher seulement pour la défensive, ils ne font pas ce que leur commande l'intérêt de la patrie. J'ai un fort foupçon que c'eft le machiavélifme du gouvernement qui a femé ce bruit infidieux, a excité fous main la formation, l'ouverture de divers projets pour rendre, avec tous les autres, nul celui des francs démocrates, & dont l'exiftence, qui lui eft dévoilée par les écrits, ceux de l'Eclaireur & autres, l'inquiète prodigieufement. Comment déjouer cette rufe de cabinet ? Comment impofer filence à tous les intrigailleurs, rallier à un centre commun & diriger vers le même but tous les partis divergens, dont un feul, celui de 93, peut ê re bien intentionné dans ce cas encore que fon premier fuccès lui ferviroit d'acheminement à de plus grands, à de plus dignes de l'homme ? Tu t'es déclaré le tribun du peuple : certes, ce titre, cette qualité dont jufqu'à ce jour tu t'es montré fi méritant, t'impofe l'obligation de tracer au peuple ou du moins à ceux qui font en pofition d'être les intermédiaires de toi au peuple, le plan, le projet d'attaque ; je dis plus, tu ne dois t'en repofer fur cela qu'à toi. Les plans, les projets de tout autre, pouvant, s'ils ne s'étoient communiqués, & je ne fache pas qu'on l'ait fait jufqu'à ce jour, se trouver en contradictionavec toi-même, légèrement peut-être ; mais la moindre déviation en partant du but nous donne des lieues de diftance en arrivant au terme : de là des diffentions, des guerres, & au milieu de tout cela quelquefois la ruine des principes & de ceux qui les foutiennent.

Le parti qui veut le règne de la pure égalité, ne fût-il qu'une faction, tu t'en es déclaré le chef ; tu dois comme tel en être le moteur, & bien des égaux croiroient, comme moi, que rien ne feroit bien opéré pour le fuccès de l'entreprife s'il n'avoit ta fanction. Je t'ai déja dit que je t'écrivois de toi à moi, je puis donc m'expliquer fans équivoque : oui, tu es le chef actuel des démocrates qui veulent, à ta voix, fonder l'égalité ; tu es le chef reconnu par eux : c'eft donc toi qui dois, qui peux feul leur indiquer la voie ou leur défigner celui qui la leur indiquera.

Ch. GERMAIN.

Cinquante-quatrième pièce.

Cinquième page   du 26 ventôse   an 4.

Ch. Germain à G. Babœuf.

Je suis long. Mais que faire ? peut-être le temps que j'ai employé ne sera-t-il pas perdu pour la chose. Si j'étois moins connu par toi que je le suis, certes, je craindrois par tout ce que je t'ai dit, par les inquiétudes que je t'ai témoignées, inquiétudes que très-sincèrement j'ai en moi, je craindrois, dis-je, que tu ne me regardas comme un sot alarmiste, un lâche terrorifié. Si tu me connoissois moins aussi, à ce que je réclame de toi, tu pourrois appréhender de trouver en moi un indiscret au moins ; mais je suis dégagé, comme tu l'es toi-même, je n'en doute pas, de toute idée pareille, & je reviens à mes moutons. Explique-moi comme il faut faire pour qu'un grand jour, qui n'est peut-être pas si éloigné que bien des gens l'imaginent, l'isolement causé par cette infinité de partis & de subdivisions de partis ne laisse voir au gouvernement que très peu de formidabilité de notre part, & qu'aucun de ces partis, &c. n'use plus que le nôtre de l'avantage que nous rechercherions. Chacun d'eux a ses missionnaires, ses écrivains, ses petits moyens en jeu : chacun d'eux paroît être à la piste ou à l'écoute d'un mouvement pour en profiter, s'il peut. Mais, certes, ce qu'il y a de bien vrai, c'est qu'aucun de ces partis ne songe que tous les citoyens en général, tous appartiennent à quelque coterie aujourd'hui, à cette heure en rumeur, qu'aucun de ces partis ne prêtera ses bras à celui qui agira le premier, à moins, & nous sommes forcés de le soupçonner, que ce soit le gouvernement qui fasse remuer sous un prétexte vague dans le fond, mais en apparence plausible & attrayant. Dans ce cas, les chefs de prétendus partis qui ne seroient que des intrigans masqués, qui auroient le mot de leurs maîtres, dirigeroient leurs forces & leurs moyens contre le parti ifolé qui s'offriroit en révolte.

Je ne dis pas que peut-être la fublimité de nos principes, la faintété de notre morale, les grands & incomparables avantages que leur triomphe & l'établiffement de notre doctrine, de notre fyftème, affureroient au peuple, ne le déterminaffent en notre faveur; je ne dis pas que, reconnoiffant l'erreur & le fol efpoir dans lefquels ils auroient été bercés, bien des citoyens n'abandonnaffent les faux prophètes, les anté-chrifts politiques : je fuis même fondé à croire que cela finira de la forte; mais auffi fongeon au grand nombre de mécontens parmi ces hommes qui s'idolâtrent tout-à coup pour les chefs de leur parti, fans examiner s'il eft un intrigant ou un homme probe, & fongeons que la plupart de ces hommes font, comme je l'ai déja dit, républicains, & ne péchent que parce qu'ils croient fervir cette caufe; on pourroit les ramener en s'y prenant à temps, diriger même vers le but falutaire leurs bras que la perfidie en détourne. J'efpère que tu me répondras là-deffus. Je ne te propoferai pas d'aller te voir pour recevoir de vive voix & ta réponfe & des inftructions qui pourroient m'être bien précieufes, bien effentielles : je ne me diffimule pas combien pourroit t'expofer cette marche de la part d'un homme qui, profcrit lui-même, & peut-être fuivi à la pifte, & qu'on n'arrête pas dans l'opinion peut-être qu'on le verra s'accoller à tel ou tel qui eft déja fufpect au gouvernement, & contre lequel il n'attend que la preuve de fon affinité aux vrais égaux pour l'accabler, l'affaillir auffi. Je compte donc fur ta réponfe & offre, fi cela te convient, de renouer notre correfpondance d'Arras, qui ne fera pas tant inutile qu'alors.

Salut & l'égalité.

Ch. Germain   égal.

(*Au dos eft écrit.*) A Gracchus Babœuf, Tribun du peuple, à Paris.

Cinquante-cinquième

Cinquante-cinquiéme piéce.

(Minute qui paroît être de la main de Babœuf.)

Le frère de l'invincible Merlin de Thionville, dit l'invincible, commandant du dépôt de la légion de Versailles, a reçu à Versailles, une volée de la légion de police.

Réal-iser l'espoir des émigrés.

Bientôt je commencerai à défendre l'enchanteur Merlin, pour que tout le monde lui tombe dessus.

(Au dos est écrit d'une main inconnue :) Houdiare commandans de batalions que son numerot sainprime chaist Vachot son frerre & generale.

Cinquante-sixiéme piéce.

(Minute qui paroît être de la main de Babœuf.)

Le mouchard Feru :

Les patriotes m'obligeront beaucoup, & ils s'obligeront eux-mèmes (*un mot rayé*) si par-tout (*deux mots rayés*) où il osera se montrer en public, ils le chassent à coups de pied dans le derrière.

Le journal des Hommes libres s'est montré le journal des cinq esclaves, en insérant sa lettre. Il devroit savoir un peu mieux discerner son monde.

Feru ne parle pas de la profession de foi qu'il a fait passer ; & lui reste, si ce n'est pas lui, ce sont ses affidés.

Ce q'a dit sur Robespierre du 9 thermidor au nommé Boudray, assez détenvirs.

Cinquante-ſeptième pièce.

(Minute qui paroît être de la main de Babœuf.)

Société du Panthéon, tous tes pas ſont comptés, des obſervateurs ſuivent tous tes actes : ils les donnent à apprécier à la poſtérité, &c. Mais courage, tu commences à aller bien.

Fermer la ſociété du Panthéon ; ſuivant la conſtitution en a-t-on le droit ?

————————

Cinquante-huitième pièce.

A Gracchus-Babœuf, rédacteur du Tribun du peuple.

Bravo, ami, bravo ! encore quelques efforts, encore quelques numéros auſſi ſolidement tapés que tes derniers, & l'atroce ſequelle des honnêtes gens, des ſpoliateurs, des quatre-vingt-dix-neuf centièmes des hommes, va jouer un triſte rôle. Ton 40e No ſur-tout, ah ! qu'il eſt bon ! Comme mes camarades, après en avoir écouté la lecture avec un religieux ſilence, ont applaudi aux principes, aux vérités qu'il contient ! Si tu les avois entendu comme les uns aux autres ils s'en répétoient les traits les plus ſaillans en les aſſaiſonnant de ces réflexions que le jargon vandale & groſſier des camps rend ſi piquantes, & de ces apoſtrophes vives qui partent du cœur & annoncent une indignation profondément ſentie, tu aurois paſſé un bien délicieux moment.

Je leur ai conté que, pour prêcher une morale auſſi belle, auſſi ſainte, tu étois en butte aux plus inouies perſécutions, forcé de t'enterrer vivant, pour te ſouſtraire aux recherches des gouvernans, que le code infame de la commiſſion des onze a rendus les premiers miniſtres de la criminelle fureur des gens riches. Eh bien ! m'ont-ils dit, il faut qu'il ſache qu'il y a aux armées de bons B..... Mande-lui de ſuite

qu'il nous fasse passer son écrit toutefois & quand qu'il lui
sera possible de le faire sortir. Nous nous chargeons, nous,
ont-ils ajouté, de le communiquer de tente en tente à nos
frères & amis. Il seroit bien dommage f..... que nous
tous, qui ne sommes venus ici que pour gagner l'égalité &
la procurer à notre patrie, ne fussions pas instruits de ce
que font pour la détruire à jamais les brigands qui sou-
mettent nos pères & mères à des lois aussi scélérates que
celles dont nous célébrions en 92 la destruction ; que nous
ne fussions pas instruits non plus des beaux moyens que
ce tribun nous indique pour être autant heureux que nous
le méritons.

J'ai soudain mis la main à l'œuvre & m'empresse de te
faire passer ces lignes, persuadé que tu trouveras dans l'estime & la touchante cordialité de mes camarades défenseurs
de la vraie République un dédommagement des maux dont
t'accable la puissance meurtrière que le plus inespéré revers
a assis sur les débris de notre liberté : rends publique cette
lettre dans ton 41ᵉ Nᵒ par *P. S.* ou par supplément, si
le cadre de ton journal est rempli ; car il n'est peut-être
pas indifférent que les *myriagrammistes* sachent quel esprit
dirige bon nombre de nos soldats & ce qu'ils doivent redouter du ressentiment terrible de ces braves qu'on a si
cruellement & si outrageusement trompés en faisant servir
à l'établissement d'un régime d'une monstrueuse férocité
leur sang précieux qui ne coula que pour la démocratie &
l'égalité parfaite.

Je ne t'invite pas au courage : peut-on en manquer,
lorsqu'on a entrepris de plaider la cause sublime de l'humanité toute entière ? la vertu peut-elle en manquer, en
combattant le crime ? Laisse, laisse crier autour du lâche
patriciat les oies du Capitole, elles s'égosilleront avant de
réveiller un Manlius (*deux mots rayés*) ; d'ailleurs on voit
peu d'hommes qui veuillent comme Pichegru perdre en un
seul jour (& pour le bon plaisir de quelques brigands) le

fruit de quatre ans de triomphe & convertir leurs lauriers en chardons.

Salut, égalité.

Ch. G . . . . . . Egal.

(Lettres initiales de Charles Germain; & la pièce est de son écriture comme la cinquante-neuvième.)

Cinquante-neuvième pièce.

Ch. G., au Tribun du peuple.

Veuille annoncer dans ton prochain N°. & suivant, mon cher Gracchus; qu'il va paroître incessamment une feuille quotidienne, intitulée : *Peuple, lis-tu? veux-tu du pain? en voilà.*

Comme les principes sacrés, les vérités fortes que j'y consignerai sont merveilleusement sentis par toi, que tu me connois (& un peu mieux certes que le *sot*, le *saltimbanque*, l'*ignare*, le *servile* Feru, grand courtier & agioteur de places, comme il s'en vante lui-même dans certain café où il est mal niché) je ne t'inviterai pas à la recommander à tes lecteurs.

Grand sujet à la sequelle infame des Luxembourgeois & à celle des Véroniens de s'écrier que je suis aussi payé, moi, par les Boissy-d'Anglas, les Pitt, les Cobourg & les Merlin de Thionville; cette feuille sera délivrée chaque jour & sans abonnement, à raison de 1 liv. 10 s. par numéro aux patriotes qui pourront payer cette somme, & *gratis* aux vrais sans-culottes.

Le premier numéro sortira dans les commencemens de germinal prochain.

Salut & constance imperturbable dans nos principes.

Ch. G . . . . . . Egal.

P. S. J'invite Feru, dont je crois inutile de répéter encore les trop connus titres, à se former auprès de l'expert Baralère, dans l'art de deviner les pseudonymes, &c., &c., à ne pas aller de droite & de gauche, à tort, à travers, attaquer ceux qui ne pensent même pas à lui. Ch. G......

Egal.

Soixantième pièce.

(*Cette note informe paroît être de l'écriture de Babeuf.*)

(*Cinq mots rayés.*) Ils peuvent nous assassiner, & non pas nous condamner sur nos principes.

Code des délits & des peines.

(*Deux mots rayés.*) { Département de } (*Un mot rayé.*)
{ (*Un mot rayé.*) }

(*Deux mots rayés.*)

(*Six mots rayés.*) L'opinion d'un homme.

Lettre à Drouet.   Quelles nouvelles de celle du Panthéon?

Septembre?

Metz.   (*Sept mots rayés.*)

(*Au dos est écrit :*) Départemens du Nord & de Moselle, & pour Lyon & les environs.

Leur dire de s'assembler.

Soixante-unième pièce.

(*Elle paroît être de la main de Babeuf.*)

Envahisseurs... affameurs du peuple .. écrire qu'un jour à Boissi-d'Anglas nous le réservons.

Veto.

Soixante-deuxième pièce.

La soixante-deuxième pièce est un imprimé intitulé : (*Convention nationale.*) *Discours commencé par St.-Just en la séance du 9 thermidor.*

Soixante-troisième pièce.

La soixante-troisième pièce est un imprimé intitulé : *Société des amis de la liberté & de l'égalité, séante aux ci-devant Jacobins St.-Honoré.*

Extrait du procès-verbal de la séance des Jacobins, du 20 janvier 1793, l'an deux de la Rép., &c.

Soixante-quatrième pièce.

La soixante-quatrième pièce est un imprimé ayant pour titre : (*Convention nationale.*) *Rapport fait à la Convention nationale, par A. C. Thibaudeau, député de la Vienne, de la mission qu'il a remplie près de l'armée des côtes de la Rochelle.*

Soixante-cinquième pièce.

(*Note qui paroît être de la main de Babœuf.*)

Titres de quelques chapitres du premier livre de Machiavel, Réflexions sur la première décade de Tite-Live.

Ch. 3. L'établissement des tribuns perfectionna la constitution de Rome.

Ch. 9. Il faut être seul pour fonder une République, ou pour la réformer sur un nouveau plan.

Ch. 17. Un peuple corrompu qui devient libre ne peut presque pas réussir à conserver sa liberté.

Ch. 18. De la manière de conserver la liberté dans un État corrompu, si par sa constitution il est libre, ou, s'il ne l'est pas, de la lui procurer.

Ch. 37. Sur la loi agraire.

Ch. 40. Ceux qui combattent pour leur propre gloire sont bons & fidèles soldats.

Ch. 44. Une multitude sans chef ne peut rien faire ; & l'on ne doit pas se porter à des menaces avant d'être saisi de l'autorité.

Soixante-sixième, soixante-septième, soixante-huitième & soixante-neuvième pièces.

(Minute qui paroît être de la main de Babœuf.)

C'est le relâchement de la sévérité qui vous demande l'ouverture des prisons pour les conspirateurs, qui vous demande en même temps la misère, l'humiliation du peuple, & d'autres Vendées. Au sortir des prisons, ils prendront les armes, n'en doutez-pas. (*Six mots rayés.*) *Rapport de St.-Just sur les détentions, 8 ventôse.*

La monarchie n'est point un roi, elle est le crime. La République n'est point un sénat, elle est la vertu. *Idem.*

Notre but est d'établir un gouvernement serein, tel que le peuple soit heureux, tel enfin que la sagesse & la providence éternelle présidant seules à l'établissement de la République, elle ne soit plus chaque jour ébranlée par un forfait nouveau. *Idem.*

Comme l'intérêt humain est invincible, ce n'est guère que par le glaive que la liberté d'un peuple est fondée. *Idem.*

A la destruction de l'aristocratie, le système de la République est lié ; la force des choses nous conduit peut-être à des résultats auxquels nous n'avons point pensé. L'opulence est dans les mains d'un assez grand nombre d'ennemis de la révolution. Les besoins mettent le peuple qui travaille dans la dépendance de ses ennemis. Concevez-vous qu'un empire puisse exister si les rapports civils aboutissent à ceux qui sont contraires à la forme du gouvernement? Ceux qui font des révolutions à moitié n'ont fait que *se creuser un tombeau*. La révolution nous conduit à reconnoître ce principe, que celui qui s'est montré l'ennemi de son pays n'y peut être propriétaire. Il faut encore quelques coups de génie pour nous sauver. *Idem.*

Y a-t-il quelque espérance de justice, lorsque les malfaiteurs ont le pouvoir de condamner leurs juges? dit William. *Idem.*

Ne souffrez point qu'il y ait un malheureux ou un pauvre dans l'Etat. *Idem.*

Que l'Europe apprenne que vous ne voulez plus un malheureux, ni un oppresseur sur le territoire français. *Rapport du 13 ventôse sur le mode d'exécution contre les ennemis de la révolution, du 8, par St.-Just.*

Le bonheur est une idée neuve en Europe. *Idem.*

Le moyen d'affermir la révolution est de la faire tourner au profit de ceux qui la soutiennent & à la ruine de ceux qui la combattent. *Idem.*

Franchissez les idées intermédiaires qui vous séparent du but où vous tendez. Il vaut mieux hâter la marche de la révolution que de la suivre au gré de tous les complots qui l'embarrassent, qui l'entravent; c'est à vous d'en déterminer le plan & d'en précipiter les résultats pour l'avantage de l'humanité. *Idem.*

Faites-vous respecter, en prononçant avec fierté la destinée du peuple français. *Idem.*

Vengez le peuple de douze cents ans de forfaits contre ses pères. *Idem.*

Décret sur ce rapport. Toutes les communes de la République dresseront un état des patriotes indigens qu'elles renferment, avec leurs noms, leurs âges, leurs professions, le nombre & l'âge de leurs enfans. Le comité de salut public, lorsqu'il aura reçu ces états, fera un rapport sur les moyens d'indemniser tous les malheureux avec les biens des ennemis de la révolution.

Rapport sur les factions & sur Danton, &c., 11 *germinal.*

Beaucoup de gens ont assez d'esprit pour faire le bien; peu de gens ont un cœur propre à le vouloir opiniâtrément.

Idem. La liberté vous rappelle à la nature, & l'on voudroit nous la faire abandonner! N'avez-vous point d'épouses à chérir, d'enfans à élever?

Idem. Que tout ce qui fut criminel périsse. On ne fait point de république avec des ménagemens, mais avec la rigueur farouche, la rigueur inflexible envers tous ceux qui ont trahi.

Idem. Ce que nous avons dit ne sera jamais perdu sur la terre. On peut arracher à la vie les hommes qui, comme nous, ont tout osé pour la vérité : on ne peut leur arracher les cœurs, ni le tombeau hospitalier, sous lequel ils se dérobent à l'esclavage & à la honte d'avoir laissé triompher les méchans.

Rapport du même du 13 ventôse. N'avez-vous point le droit de traiter les partisans de la tyrannie, comme on traite ailleurs les partisans de la liberté? Seriez-vous sages vous-mêmes, si vous en agissiez autrement? On a tué Marat & banni Margarot, dont on a confisqué les biens; tous les tyrans en ont marqué leur joie : craindrions-nous de perdre leur estime, en nous montrant aussi politiques qu'eux!

Idem. Que Margarot revienne de Botany-Bay! qu'il

ne périsse point ! Que sa destinée soit plus forte que le gouvernement qui l'opprime ! Les révolutions commencent par d'illustres malheureux vengés par la fortune. Que la Providence accompagne Margarot à Bottany-Bay ! qu'un décret du peuple affranchi le rappelle du fond des déserts, ou venge sa mémoire !

Couthon, 10 *prairial.* Vous êtes chargés d'assurer le bonheur du peuple, & le peuple ne pourra être heureux que lorsque tous les crimes, tous les vices, seront écrasés, & que le règne des mœurs & de la vertu sera solidement établi.

Félix Pelletier. Réflexions sur le moment (lors de la prétendue révision de la constitution de 93.) L'impulsion est donnée, les vérités mises au jour ne rentrent plus dans le néant . . . .

J. J. Rousseau. Réponse à M. Bordes, académicien de Lyon, sur un discours sur les avantages des sciences & arts. La douceur, qui est la plus aimable des vertus, est aussi quelquefois une foiblesse de l'ame. La vertu n'est pas toujours douce ; elle sait s'armer à propos de sévérité contre le vice ; elle s'enflamme d'indignation contre le crime.

Et le juste au méchant ne sait point pardonner.

Ce fut une réponse très-sage que celle d'un roi de Lacédémone à ceux qui louoient en sa présence l'extrême bonté de son collègue Charilaüs : *Et comment seroit-il bon, leur dit-il, s'il ne sait pas être terrible aux méchans ?* Brutus n'étoit point un homme doux ; qui auroit le front de dire qu'il n'étoit point vertueux ? Au contraire, il y a des ames lâches & pusillanimes qui n'ont ni feu ni chaleur, & qui ne sont douces que par indifférence pour le bien & pour le mal.

Idem J. J. Rousseau. Avant que ces mots affreux de *tien* & de *mien* fussent inventés ; avant qu'il y eût de cette espèce d'hommes cruels & brutaux qu'on appelle *maître*,

& de cette autre espèce d'hommes fripons, menteurs, qu'on appelle *esclaves* ; avant qu'il y eût des hommes assez abominables pour *oser avoir du superflu pendant que d'autres hommes meurent de faim* ; avant qu'une dépendance mutuelle les eût tous forcés à devenir fourbes, jaloux & traîtres . . . . . . je voudrois bien qu'on m'expliquât en quoi pouvoient consister leurs vices, leurs crimes. . . . On m'assure qu'on est depuis long-temps désabusé de la chimère de l'âge d'or. Que n'ajoutoit-on encore qu'il y a long-temps qu'on est désabusé de la chimère de la vertu !

Idem, en répondant aux objections : « C'est vouloir contraindre un homme fort & robuste à bégayer dans un » berceau, que de vouloir rappeler les grands Etats aux » petites vertus des petites Républiques. » Il dit : Il seroit difficile d'imaginer qu'il fallût mesurer la morale avec un instrument d'arpenteur. Cependant on ne sauroit dire que l'étendue des Etats soit tout-à-fait indifférente aux mœurs des citoyens. Il y a sûrement quelque proportion entre ces choses : je ne sais si cette proportion ne seroit point inverse. Voilà une importante question à méditer, & je crois qu'on peut bien encore la regarder comme indécise.

Idem. Si j'étois chef de quelqu'un des peuples de la Nigritie, je déclare que je ferois élever sur la frontière du pays une potence, où je ferois pendre sans rémission le premier Européen qui oseroit y pénétrer, & le premier citoyen qui tenteroit d'en sortir.

Note. On me demandera peut-être quel mal peut faire à l'Etat un citoyen qui en sort pour n'y plus rentrer. Il fait du mal aux autres par le mauvais exemple qu'il donne ; il en fait à lui-même par les vices qu'il va chercher. De toute manière, c'est à la loi de prévenir ; & il vaut encore mieux qu'il soit pendu que méchant. (Lysandre & Pausanias, Spartiates, sortirent de leur pays, & se laissèrent corrompre par l'or.)

Idem. (Objection.) Quel spectacle nous présenteroit le

genre humain composé uniquement de laboureurs, de soldats, de chasseurs & de bergers ? Est-ce parmi les gens grossiers qu'on ira chercher le bonheur ? — On l'y chercheroit beaucoup plus raisonnablement que la vertu parmi les autres. Quel spectacle nous présente le genre humain composé de cuisiniers, de poëtes, d'imprimeurs, d'orfevres, de peintres & de musiciens ?

Idem. Sous prétexte que le pain est nécessaire, faut-il que tout le monde se mette à labourer la terre ? — Pourquoi non ? qu'ils paissent même, s'il le faut. J'aime encore mieux voir les hommes brouter l'herbe dans les champs, que s'entre-dévorer dans les villes. Il est vrai que, tels que je les demande, ils ressemblent beaucoup à des bêtes ; & que, tels qu'ils sont, ils ressemblent beaucoup à des hommes.

Idem. On croit m'embarrasser beaucoup en me demandant à quel point il faut borner le luxe. Mon sentiment est qu'il n'en faut point du tout. Tout est source du mal au-delà du nécessaire physique.

Idem. Je ne propose point de réduire les hommes à se contenter du simple nécessaire. Je sens bien qu'il ne faut pas former le chimérique projet d'en faire d'honnêtes gens : mais je me suis cru obligé de dire sans déguisement la vérité qu'on m'a demandée. J'ai vu le mal, & tâche d'en trouver les causes. *D'AUTRES, PLUS HARDIS OU PLUS SENSÉS, POURRONT EN CHERCHER LE REMÈDE.*

Idem J. J. R. *discours sur les sciences & les arts.* Quand les hommes innocens & vertueux aimoient à avoir les dieux pour témoins de leurs actions, ils habitoient ensemble sous les mêmes cabanes: mais bientôt, devenus méchans, ils se lassèrent de ces incommodes spectateurs, & les reléguèrent dans des temples magnifiques ; ils les en chassèrent enfin pour s'y établir eux-mêmes, ou du moins les temples des dieux ne se distinguèrent plus des maisons des citoyens.

Idem. (Chacun à sa place.) Tel qui sera toute sa vie un mauvais versificateur, un géomètre subalterne, seroit peut-être devenu un grand fabricateur d'étoffes. Il n'a point fallu de maîtres à ceux que la nature destinoit à faire des disciples. Les Descartes & les Newton, ces précepteurs du genre humain, n'en ont point eu eux-mêmes : & quel guide les eût conduits jusqu'où leur vaste génie les a portés ?

Idem. Ce sont les grandes actions qui font les grands hommes.

Idem. (De la nécessité, pour faire le bonheur du peuple, que la sagesse & la puissance soient réunies.) Il faut que la vertu, la science & l'autorité, animées d'une noble émulation, travaillent de concert à la félicité du genre humain. Quand la puissance est seule d'un côté, les lumières & la sagesse seules d'un autre, les savans pensent rarement de grandes choses, l'autorité en fait rarement de belles, & les peuples continuent d'être vils, corrompus & malheureux.

Soixante-dixième pièce.

(*Paroît être de la main de Babœuf.*)

Une erreur involontaire a été cause que vous n'avez pas reçu le n°. 38 en son temps.

Au dos est écrit . . . . .

Lâche
Convention.

Les sol-
dats ont la
liberté en
gal. & pal.

Nous avons tué la faction des prudens.

Nous avons tué le d.er

Énergie ressuscite 9 th. C. 93. C. 95.

...Il est temps de la réduire au silence.

La taxe révolutionnaire.
Chevaux de luxe.
Patriotes de 89. 92.
Libelle pour Deville.
. . . .
Germain, correspondance.
Aller chez Monnard, chez Ferrier.
Abonnés des départemens, N°s. 37 & 38.
Avis aux abonnés de Paris, pour 41.

Début, je me mire dans mes œuvres.

Soixante-onzième pièce.

La soixante-onzième pièce est un imprimé ayant pour titre *la Liberté de la presse*, *second cahier du Publiciste philanthropique* (par *Xavier Audouin*).

Soixante-douzième pièce.

La soixante-douzième pièce est un imprimé ayant pour titre *Faits recueillis aux derniers instans de Robespierre & de sa faction : du 9 au 10 thermidor.*

Soixante-treizième pièce.

La soixante-treizième pièce est un imprimé intitulé *l'Orateur du peuple*, par *Martel*, avec cette épigraphe :

Qu'aux accens de ma voix la France se réveille :
Rois, soyez attentifs ; peuples, prêtez l'oreille. No. 13.

Soixante-quatorzième pièce.

Chanson nouvelle à l'usage des fauxbourgs.

Air : C'est ce qui me désole.

Mourant de faim, mourant de froid,
Peuple dépouillé de tout droit,
   Tout bas tu te désole :   *bis.*
Cependant le riche effronté,
Qu'épargna jadis ta bonté,
   Tout haut, il se console.   *bis.*

Gorgés d'or, des hommes nouveaux,
Sans peines, ni soins, ni travaux,
   S'emparent de la ruche :   *bis.*
Et toi, Peuple laborieux,
Mange, & digère, si tu peux,
   Du fer, comme l'autruche.   *bis.*

Evoque l'ombre des Gracchus,
Des Publicola, des Brutus ;
   Qu'ils te servent d'enceinte !   *bis.*
Tribun courageux, hâte-toi :
Nous t'attendons : trace la loi
   De l'*Egalité* sainte.   *bis.*

Oui, Tribun, il faut en finir.
Que tes pinceaux fassent pâlir
   Luxembourg & Vérone !   *bis.*
Le règne de l'*Egalité*
Ne veut, dans sa simplicité,
   Ni panaches, ni trône !   *bis*

Certes, un million d'opulens
Retient depuis assez long temps
   Le Peuple à la glandée :   *bis.*
Nous ne voulons, dans le faubourg,
Ni les chouans du Luxembourg,
   Ni ceux de la Vendée.   *bis.*

O vous, machines à décrets,
Jettez dans le feu, sans regrets,
   Tous vos plans de finance :   *bis.*
Pauvres d'esprit, ah ! laissez-nous :
L'*Egalité* saura sans vous
   Ramener l'abondance.   *bis.*

Le Directoire exécutif,
En vertu du droit plumitif,
    Nous interdit d'écrire :   *bis.*
    N'écrivons pas ; mais que chacun,
    Tout bas, pour le *bonheur commun,*
    En bon frère conspire.   *bis.*

Un double Conseil sans talens,
Cinq Directeurs toujours tremblans
    Au nom seul d'une pique :   *bis.*
Le soldat choyé, caressé,
Et le démocrate écrasé :
    Voilà la République.   *bis.*

Hélas ! du bon Peuple aux abois
Fiers compagnons, vainqueurs des rois,
    Soldats couverts de gloire !   *bis.*
Las ! on ne vous reconnoît plus.
Eh ! quoi ! seriez-vous devenus
    Les gardes du Prémire ?   *bis.*

Le Peuple & le Soldat unis
Ont bien su réduire en débris
    Le Trône & la Bastille :   *bis.*
Tyrans nouveaux, hommes d'état,
Craignez le Peuple & le Soldat
    Réunis en famille.   *bis.*

Je m'attends bien que la prison
Sera le prix de ma chanson ;
    C'est ce qui me désole :   *bis.*
Le Peuple la saura par cœur ;
Peut-être, il bénira l'auteur :
    C'est ce qui me console.   *bis.*

                       M.

Soixante-quinzième

Soixante-quinzième pièce.

19 ventôse.

(*Cette note paroît être de la main de Babœuf.*)

(*Deux lignes rayées.*). A Did. deux douzaines de numéros, depuis 34 jusqu'à 39 inclusivement.

Au même qu'il porte deux douzaines de 40 chez la cit. Langl (1). (*Trois lignes rayées.*)

Abonnemens demandés au C. Al. pour les journaux suivans : Patriotes de 89, Sentinelle, Messager du soir, & le Censeur des journaux.

Demandé à Guilh. & à Path. des quittances (2).

A Did. 300 du n°. de *l'Eclaireur* (3).

22 ventôse.

(*Trois lignes rayées.*) Les lois des soldats pour la pétition d'Arras. Mon habit. (4).

Reçu la quittance de Guilhemat & Pathian. (5).

L'imprimerie des trois Amis, rue Jacques, n°. 51. Ne sont-ce pas mes anciens imprimeurs ? Du linge, des pistolets, un sabre. (*Trois mots rayés.*). La chanson de Germain. Code la nature, c'est chez Varar. (*Un mot rayé*). Ma pétition d'Arras à Rivol ? Le papier demi imprimé de chez Rivol ? Le papier...... Bodemant.

Soixante-seizième pièce.

La soixante-seizième pièce est un imprimé format *in-4°*, intitulé *Manifeste des Belges & Liégeois unis.*

Soixante-dix-sept, soixante-dix-huit, soixante-dix-neuf, quatre-vingt, quatre-vingt-un, quatre-vingt-deux & quatre-vingt-troisième pièces.

Les soixante-dix-sept, soixante-dix-huit, soixante-dix-neuf,

---

(1) (2) (3) (4) (5) Ces lignes étoient barrées.

ciſtes n'étoit remplie que d'athlètes de l'oppreſſion & de l'injuſtice ; à peine reſtoit-il une ſeule voix pour proteſter en faveur de la vérité éternelle & des droits impreſcriptibles : mais cette voix iſolée au milieu de tant de trompettes impudentes de l'iniquité, de l'immoralité & de tous les paradoxes anti-ſociaux, ne pouvoit articuler que des ſons timides qui étoient néceſſairement étouffés par les cent clameurs de la tourbe perverſe. Ainſi le peuple étoit, pour ainſi dire, totalement indéfendu. L'excès des maux ſemble aujourd'hui contraindre les ames fortes & ſenſibles à ſortir du rôle d'obſervatrices ſilencieuſes ; & dans ce moment où l'on menace encore de poſer des digues au torrent de la penſée, l'énergie impatientée les franchit & s'élance impétueuſement dans les champs de l'indépendance. Il eſt apparemment des termes où la force coërcitive contre les droits légitimes & inconteſtables n'en impoſe plus. C'eſt en effet préciſément cet inſtant-ci que les plumes courageuſes & bienveillantes paroiſſent choiſir pour former une ligue puiſſante en faveur du peuple & de ſes droits, & chaque jour voit éclore de nouvelles productions qui annoncent l'exiſtence, la force des moyens & le caractère prononcé de cette confédération ; ceci n'eſt pas d'un augure peu conſolant pour les vrais républicains. Ils en concluront que la vertu, le dévouement héroïque, ne ſont point entièrement bannis de notre ſol, & les hommes placés à certains degrés commenceront peut-être à découvrir combien il eſt dangereux d'oppoſer un heurt trop téméraire aux principes d'une nation qui a vu de près la liberté. On peut garantir avec quelque confiance que la feuille que nous annonçons ſera de couleur indépendante. Nous ne la jugeons pas ſeulement ſur ſon titre ; nous avons vu trop de journaux qui n'ont eu de populaire que le nom ; ou ſi le contenu n'a pas toujours été le diſparate frappant du titre, on voyoit ces feuilles annoncées ſi pompeuſement dégénérer en recueil inſignifiant de nouvelles, de procès verbaux & de rempliſ-ſage. L'Éclaireur, d'après la touche de ſes premiers numéros, n'est point du tout cela ; c'est encore une feuille politique raisonnée, & raisonnée pleinement dans le sens du peuple & de la vertu toute entière. Le citoyen S. Léande, son auteur, paroît être, ainsi qu'il se le dit, malgré l'entêtement de certaines gens à ne vouloir le croire, il paroît être un défenseur de la patrie, mutilé à son service ; il prend, dès son début, acte de sa qualité ; pour s'établir en même temps que l'Eclaireur du peuple, celui de ses anciens camarades des différentes armées, auxquels il promet souvent d'adresser la parole & de les instruire de ce qu'ils doivent faire comme les soutiens nés de la démocratie, & de ce qu'ils ont droit de réclamer pour avoir déja fait triompher la République contre les oppresseurs du dehors. Son style en même temps vigoureux & châtié a encore le mérite de la clarté & celui de pouvoir être facilement compris par toutes les classes de lecteurs. Sa doctrine est complètement populaire, complétement au profit des malheureux & dans l'esprit positif de son épigraphe. Le bonheur commun, paroît être aussi son mot de ralliement ; & les premières proclamations de son apostolat sont marquées d'un ton de vérité si nud, si prononcé, si exempt de ménagemens sur les hommes, les choses & les époques, qu'il est impossible de craindre qu'un tel combattant recule, parce qu'il est déja trop engagé dès le premier pas. (*Onze lignes rayées*).

G. BABŒUF

(*Cette signature est rayée.*)

SEIZIÈME LIASSE,

INTITULÉE

GRAVILLIERS, LOMBARDS, TEMPLE, AMIS-DE-LA-PATRIE,

(Ce titre paroît écrit de la main de Baboeuf.)

Contenant treize pièces.

Première pièce.

Sixième arrondissement.

Le 20 floréal.

Oui, les pancartes sont prêtes & bien arrangées : vous pouvez en disposer quand vous voudrez ; les patriotes sont prêts ; donnez-moi l'assurance que les troupes seront pour nous, & jamais insurrection n'aura eu de caractère plus populairement prononcé : tracez-moi, pour le bien de la chose, un plan de conduite uniforme. Que tout marche ensemble & d'accord, & la tyrannie est abattue infailliblement.

Je vais m'occuper dès aujourd'hui de l'objet de vous entourer de la confiance populaire ; quand vous aurez la confiance du peuple, vous aurez sa force.

N'oubliez pas le tocsin de l'Unité ; souvenez-vous que cette cloche a causé plus de mal au peuple que *la carabine de Charles IX*, & qu'elle ne fut placée que dans le dessein de l'assassiner : dites-le au peuple, afin d'augmenter sa colère & sa vengeance.

Je ferai un petit mémoire de ce que les cartons ont coûté, & je vous le ferai passer.

Deuxième pièce.

Le 18 floréal.

Par votre lettre du 16, vous m'avez demandé l'état des armes à feu de l'arrondissement. Les renseignemens que j'ai eus à ce sujet en porte le nombre à-peu-près à 400, sans y compter les piques, qui probablement se montreront le jour de l'insurrection. A l'égard des cartouches, beaucoup de personnes en ont, quoique n'ayant point de fusils.

Il existe, dans chaque chef-lieu de section, 300 fusils, ou à-peu-près, en bon état.

Je vous préviens que l'insurrection sera terrible, si la troupe commence par se ranger avec le peuple : ce qui n'est pas difficile, & voici comment. Au moment où les troupes de Vincennes seront entrées dans le F., c'est de barricader l'entrée du côté de la ville, d'aller au devant, comme vous l'avez bien imaginé, avec des couronnes, les pérorer, les forcer à se ranger avec le peuple ; & marcher avec cette colonne aux endroits destinés.

Songez que, le jour de la victoire, vous devez suspendre provisoirement l'exécution de toutes les lois & arrêtés des gouvernemens qui ont existé depuis l'horrible journée de thermidor.

Casser & annuller toutes les radiations de listes d'émigrés depuis cette époque, sauf à réviser. Enjoindre à tous les scélérats qui sont entrés sur le territoire de le quitter dans la huitaine qui suivra la proclamation de la loi.

Décréter que la salle des Jacobins sera reconstruite aux dépens de ceux qui l'ont fermée, &, à leur défaut, aux dépens des riches. Il en faut également une dans chaque arrondissement aux dépens de ceux qui n'aiment pas le peuple & qui l'ont ruiné.

Paris doit être fermé très-soigneusement pendant au moins

trois jours : personne ne doit fortir, pas même des couriers.

Les paquets de la pofte feront ouverts par une commiffion.

J'ai omis de placer fur la lifte des patriotes que je vous ai adreffée, le citoyen Philipe, un des bons démocrates de l'arrondiffement, très-moral & capable d'adminiftrer. Il demeure rue Charlot nº. 11.

P. S. Rendre refponfables fur leurs têtes les chefs de la force armée, du fang qui feroit répandu.

———————

Troifième pièce.

Sixième arrondiffement.

PATRIOTES.

9 floréal.

(*Le date & ces mots, Patriotes, fixième arrondiffement, paroiffent être de la main de Babœuf.*)

LOMBARDS.

Canonniers.

1. Sorel, cordonnier, rue des Écrivains, nº. 6.
2. Parent, rue *idem* & maifon *idem*.
3. Poiffon, rue de la Savonnerie, maifon du faïencier.
4. Piqueur, rue des Lombards, maifon du citoyen Duval, confifeur, enfeigne du ci-devant Grand Monarque.

Olivier, rue Quincampoix, cul-de-fac de Venife, capable de commander en feconde ou troifième ligne.

Patriotes bons pour adminiftrer & révolutionner.

1. Cordas, rue des Écrivains, maifon du café, nº. 8.
2. Duvivier, perruquier, rue de la Vieille-Monnoie.
3. Blandin, ci-devant juge-de-paix, rue des Cinq-Diamans.

4. Clusel, bijoutier, rue Salle-au-Comte.

5. Dublanc, apothicaire, rue Martin, près le théâtre de Molière.

6. Seguin, employé à la police générale, demeurant à la maison ci-devant Saint-Magloire, rue Denis.

7. Ahuy, instituteur des aveugles, à la maison ci-devant Sainte-Catherine.

Contre - révolutionnaires des Lombards (En tout, 14.)

1. Limodin, imprimeur, rue Martin, membre du bureau central.

2. Guyot, rue Quincampois, n°. 106.

3. Bonvin, marchand de toile, vis-à-vis les Innocens, aux deux Clefs.

4. Porte-fils, marchand de drap, rue Denis, près la porte Paris.

5. Quartier, marchand de soierie, rue Denis, près la porte Paris.

6. Robin, marchand de vin, rue aux Ours, au coin de la rue Magloire.

7. Altopaine, parfumeur, rue Denis, près la rue d'Avignon.

8. Bricogne, marchand de baleine, rue Denis, de plus municipal.

9. Bénard, marchand de cierges, rue Martin, près celle Aubry-le-Boucher.

10. Maucuit, horloger, rue Martin, au coin de la rue Aubry-le-Boucher.

11. Prevoit, épicier, Cloître St.-Jacques-la-Boucherie, n°. 11.

12. Martin, épicier, au coin de la rue de la Savonnerie.

13. Pâris, confiseur, rue des Lombards, il est frère du fameux Pâris-Fréron.

14. Rondeau, épicier, rue des Lombards, près le grand balcon.

Quatrième pièce.

Sixième arrondissement.

9 floréal.

(*En date & ces mots, sixième arrondissement, paroissent être de la main de Babœuf.*)

TEMPLE

Canonniers.

1. Déformoise, rue de Menil-Montant, n°. 128.
2. Grenier, limonadier, boulevard du Temple, maison Foulon.
3. Rouffard, pâtiffier, boulevard du Temple, à côté des Variétés.
4. Guilmin, rue Menil - Montant, n°. 119.

Féret, menuifier, rue du faubourg du Temple, à côté d'Atiley.

PATRIOTES DU TEMPLE

Bons pour adminiftrer & révolutionner.

1. Metrot, rue Cruffol, n°. 12.
2. Dunlh, enclos du Temple.
3. Perinet, enclos du Temple.
4. Fiquet (Antoine), rue Charlot, n°. 11.
5. Louis, jardinier, rue de Malthe, n°. 6.
6. Charles, rue faubourg du Temple.
7. Bauché, émailleur, rue d'Angoulême, n. 11.
8. Mallais, enclos du Temple, n°. 8.
9. Vic, perruquier, rue de Cruffol, n°. 7 ou 5.

10. Draux, limonadier, au coin de la rue Fontaine nationale fauxbourg du Temple.

11. Francoz, rentier, rue de Cruſſol, n°. 12.

12. Lemoine, rue de Cruſſol, n°. 10.

Contre-révolutionnaires du Temple.

1. Perier, rue Boucherot, n°.

2. Louis Boudan, ci-devant prêtre, rue Fontaine nationale, n°.

3. Dubuſc, rue Charlot, n°. en face la rue Normandie.

4. Breant, horloger, enclos du Temple, à côté l'hôtel Boufters.

5. Sabotier, père & fils, enclos du Temple, derrière la Rotonde.

6. Dullere, commiſſaire de police, boulevard du Temple.

7. Hennion, ſecrétaire du comité civil, rue Charlot, n°. 13.

8. Le chevalier Dupleſſis, enclos du Temple, n°. 8.

9. Dournel fils, juge-de-paix, rue Saintonge.

10. Guichard, directeur des chœurs à l'Opéra. *Nota*. Il a quitté la ſection. S'informer de ſa demeure à l'Opéra, il mérite d'être ſuivi.

11. Bereau, rue Baſſe des foſſés du Temple, employé au comité de ſûreté générale pendant toute la durée de l'affreuſe réaction.

12. Gein, ami intime de Rolland, employé au comité de ſûreté générale; on ignore où cet être demeure.

13. Dénian, commandant les rebelles le 13 vendémiaire, employé fourniſſeur de la République, rue la Ville-l'Evêque, ſection du Roule.

Fin du contrôle du Temple.

Danjeon, rue des fossés du Temple, no. 60, propre à commander en deuxième ou en troisième ligne.

Fin de la section du Temple.

Cinquième piéce.

Sixième arrondissement.

9 floréal.

(*La date & ces mots, sixième arrondissement, paroissent être de la main de Babœuf.*)

SECTION DES AMIS DE LA PATRIE.

Patriotes à placer pour administrateurs révolutionnaires.

1. Bande, commissaire de police.
2. Lambert, rue Denis, no. 54.
3. Vanthier, rue de Tracy, au coin de celle des Egouts.
4. Sellier, tabletier, rue Grenetat, no.
5. Genois, rue Denis, maison St.-Charmont.
6. Renté, rue Martin, près l'Ancre nationale.
7. Gohier, à l'Arsenal, rue Martin.
8. Bangé, rue Martin, no. 354.
9. Simon du Ponceau.
10. Davellais, rue Martin, au Petit St. Martin.
11. Buneau, à Chaillot, section des Champs-Elysées.
12. Creston, juge-de-paix.

Fin des patriotes.

Contre-révolutionnaires des Amis de la patrie.

1. Vaugeois, rue Martin, no. 232.
2. Boucheront, rue Martin, 285.

3. Roffignol, rue Bourg-l'Abbé, no. 3.

4. Roché, rue Bourg-l'Abbé, no. 4.

5. Laveau, rue Denis, au coin de celle du Petit-Hurleur, épicier.

6. Fournier, marchand de vin, rue Martin, au coin de celle neuve Denis.

7. Canappe & Puget, rue Neuve-Denis, n°. 15.

8. Pâris, avoué, rue Grenetat, n°. 87.

9. Renard, fleurifte, rue Denis, n°. 49.

10. Launoir, rue *idem*.

11. Dupré, huiffier, rue Denis, n°. 54.

12. Rouffellet, ci-devant commiffaire de police, rue Ponceau, n°.

Sixiéme piéce.

Sixiéme arrondiffement.

9 floréal

(*La date & ces mots, fixiéme arrondiffement, paroiffent être de la main de Babœuf.*)

SECTION DES GRAVILLIERS.

Canonniers.

1. Lefas, rue Tranfnonain, maifon du perruquier.
2. Breois, rue Jean-Robert, maifon du chandelier.
3. Baudin, rue Phélippeaux, près celle des Vertus.
4. Bolliard, rue Bailly, cour Martin.
5. Brocard, tabletier, rue Phélippeaux, très-brave & propre à commander.

Patriotes propres à être occupés.

1. Crefpin, menuifier, rue des Gravilliers, n°. 30.

94

2. Grespin, naturaliste, rue des Fontaines, n°. 29.

3. Lepage, éventailliste, rue Aumaire, maison Lavarde, couvreur.

4. Petit, éventailliste, rue des Gravilliers, n°. 5.

5. Charbeau, marchand mercier, au coin de la rue Jean-Robert & Transnonain.

6. Plançon, tabletier, marché Martin.

7. Brouillasse, ouvrier en soie, rue Meslée, près celle Martin.

8. Boursaut, instituteur, rue Phélippeaux.

9. Egosse, marché Martin, n°. 4.

10. Boursier, frippier, n°. *idem*.

11. Cazenave, officier de santé, rue neuve Martin.

12. Chicot, rue du Vert-Bois, n°. 17.

13. Camelin, commissaire de police.

Contre-révolutionnaires des Gravilliers.

1. Fesines, négociant, rue Jean-Robert, n°. 9.

2. Seïlier, corroyeur, rue Frépillon, n°. 21.

3. Letellier, juge-de-paix, rue neuve Martin, n°. 36.

4. Guillard, mennifier, rue Nazareth.

5. Grouvelle, rue Martin, n°. 33, au roulage.

6. Vollée, ex-procureur, aujourd'hui épicier, rue Aumaire, n°.

7. Langlois, attaché à la ci-devant cour, rue des Fontaines, n°.

8. Desmousseaux, peintre en bâtimens, marché Martin, n°.

9. Leroux, chanteur à l'Opéra, rue Meslée, n°.

10. Jacob, ébéniste, ses deux fils, rue Meslée, n°. 77.

11. Richard, quincaillier, près le corps-de-garde.

Fin des Gravilliers.

Septième pièce.

Sixième arrondissement.

Le , floréal.

[*La date & ces mots*, sixième arrondissement, *paroissent être de la main de Babœuf.*]

Je vous envoie à la hâte, citoyen, la liste que vous m'avez demandée : à l'égard de celles des contre-révolutionnaires, elles sont faites sans passion ; le nombre vous le prouvera. Celle des patriotes a été également soignée ; cependant je crois qu'il est possible d'en trouver quelques-uns de plus dans chacune de ces sections.

Je n'ai pu me procurer que le nombre des canonniers que je vous envoie : depuis que ces braves gens ont éprouvé tant d'avanies par la Convention, ils sont presque dispersés, de manière qu'il est très-pénible & très-difficile de se procurer le nombre que je vous adresse ; encore manque-t-il ceux de la section des Amis de la Patrie.

Vous pouvez vous fier aux hommes que je vous indique comme étant propres à être employés comme officiers supérieurs ; deux me sont parfaitement connus, Brocard & Danjent : le troisième m'est donné par un vrai démocrate. A l'égard d'Antoine Fiquet, je vous observe que c'est un brave, en qui vous pouvez placer une bonne confiance ; son intention seroit de partir pour les départemens de la Drome & de l'Ardèche, où il a beaucoup révolutionné. Disposez en : il est tout entier au bonheur commun, & il connoît des hommes de ces départemens qui veulent de ce système ; je vous le rappelle, parce que je crois qu'il est infiniment propre pour cette opération.

L'esprit public s'est montré à découvert ; aujourd'hui les hommes timides se rassurent ; les forts prennent de l'audace : hâtez vos mesures, les patriotes sont impatiens ; l'occasion est belle; ſaiſiſſez-la, ne laiſſez pas au gouvernement le temps de prendre des meſures contre les hommes dont vous pouvez tirer un ſi grand parti; ſongez qu'un long retard dans l'exploſion peut les perdre, & avec eux la patrie; leur détermination eſt ſuperbe; ils veulent aller au Camp de Vincennes amener dans Paris leurs camarades égarés par le gouvernement, revenir à Paris, battre la générale, rallier les citoyens & marcher ſur les ſcélérats. Voilà l'exacte vérité, c'eſt à vous à voir ce qu'il convient. Salut &c.

Huitième pièce.

Sixième arrondiſſement.

Le 6 floréal.

(*La date & ces mots,* ſixième arrondiſſement, *paroiſſent être de la main de Babœuf.*)

Je vous envoie, citoyen, un extrait du diſcours prononcé il y a quelques jours par le commandant du deuxième bataillon de la légion de police, première demi-brigade, caſernée à la Courtille, aſſemblée dans les cours de cette caſerne; il m'a été tranſmis par un légionnaire qui m'a aſſuré l'avoir retenu aſſez exactement. Pendant tout le diſcours perſonne n'a ſoufflé: ſeulement à la fin les légionnaires ont répété le cri de *vive la République,* qu'ils ont dans le cœur, après quoi tout le monde s'eſt tu; le plus grand ſilence a régné pour écouter encore. Le diſcoureur interpréta à ſa manière, le ſilence en faveur de ce qu'il venoit de dire pour le gouvernement. Il ſe trompoit bien groſſièrement, cet eſclave de la tyrannie; car il n'eſt plus poſſible de douter des intentions de la grande majorité de la légion, & la ferme réſolution où elle eſt de favoriſer de la force de ſes armes un mouvement qui auroit pour objet le bonheur du peuple, & un changement dans les troupes.

La rue du Carême-prenant a dû vous dire là-deſſus quelques

que chose d'assez intéressant pour ne pas être négligé, & il pourra bien encore vous en dire davantage, attendu que je l'ai abouché avec un brave qui m'a été recommandé, & qui m'a l'air d'être le meneur de la caserne de la Courtille. Réfléchissez-bien, citoyen, aux avantages que vous présente le mécontentement qu'a produit sur ce corps le décret rendu contre lui : c'est une masse de huit mille hommes mécontens, & dont on peut former l'avant-garde de l'armée populaire & insurgée ; elle seule peut attacher à son audace tous les hommes qui sont las de la tyrannie, qui veulent la renverser ou mourir avec la liberté. Songez-y ; les momens me paroissent à moi qui ne vois que le succès, très-pressans ; c'est à vous, qui conduisez la machine, à juger si les circonstances nous sont favorables & avantageuses, si nous devons les presser, s'il faut enfin profiter du moment, ou attendre encore.

Rien de nouveau à la police : quelques patriotes mis à la surveillance, mais déja prévenus, de sorte que les inquiétudes à cet égard doivent totalement cesser. Je ne suis pas mal servi de ce côté-là, & j'espère continuer à l'être malgré les changemens survenus dans cette administration.

Neuvième pièce.

ÉGALITÉ — LIBERTÉ.

BONHEUR COMMUN.

Paris, 3 floréal, l'an 4 de la République.

(Cette pièce paroît être une minute de la main de Babœuf.)

LE DIRECTOIRE DE SALUT PUBLIC,

A l'agent du sixième arrondissement.

Quand les hommes sont encore susceptibles de conversion ;

2ᵉ volume. *Copie des pièces de Babœuf.*   G

il vaut mieux les gagner à soi que les rejetter des rangs parce qu'ainsi l'on groffit l'on parti, & l'on diminue celui de ses adversaires.

Quand l'erreur est trop enracinée, il ne reste de plus avantageux que d'empêcher de tels hommes d'exercer le proſélytiſme parmi ceux de la secte dont on est. Ta règle est tracée d'après ces principes relativement aux 3 ou 4 Marseillais que tu dis être endoctrinés par Feru, & devenus, par ses soins, sous-endoctrineurs de ses maximes parmi les démocrates : c'est à toi de voir à quel point ils sont ancrés dans la religion de nos adversaires, & de juger, d'après cela, ſi tu dois entreprendre d'en faire des néophytes, ou ſi tu dois te borner à les préſenter à nos fidèles comme des héréſiarques dangereux, dont il faut qu'ils se défient.

Dixiéme piéce.

3e. germinal.

Sixiéme arrondiſſement.

(*Ces mots sont de la main de Babœuf.*)

Les rapports de la police n'offrent rien d'intéreſſant pour les patriotes ; depuis deux jours ils ont *tous* roulé sur l'effet qu'a produit sur les eſprits l'infame loi du 27 ſur les attroupemens ; on y préſente le peuple comprimé, mais de cette compreſſion qui laiſſe entrevoir qu'une pareille poſition ne peut durer long-temps.

On m'a aſſuré hier que Maiſonnelle & Aſtier quittoient le Bureau central. Si cela est, il est à craindre que le petit nombre de bons patriotes qui se trouvent dans leurs bureaux, ne soient expoſés : vous ſentez qu'alors je n'aurai plus les moyens de connoître les rapports & les ordres que les *puiſſans* envoient au Bureau central, & qui toujours intéreſſent les patriotes ſous quelques rapports.

Je vais donc engager les patriotes à diffimuler (quelques changemens qui arrivent) ; car plus nous avançons, plus nous avons befoin de renfeignemens.

Je n'ai pu encore découvrir la demeure de tous les canonniers : auffitôt que je me la ferai procurée, j'en drefferai la lifte, & vous la ferai paffer.

Il en eft de même des contre-révolutionnaires ; & comme vous me l'obfervez juitement, je ne veux vous envoyer que ceux qui conftamment depuis la révolution fe font montrés les ennemis du peuple.

La même juftice aura auffi préfidé à la lifte des patriotes que je vous enverrai, & les obfervations que je ferai fur chacun d'eux vous mettront à même de les juger tous. Dans le dernier envoi que vous m'avez fait de feuilles ayant pour titre, *doit-on obéiffance à la Conftitution de 95 ?* il manquoit une partie des feuilles, de forte que la diftribution n'a pas été auffi étendue qu'elle l'auroit été fans cela : je vous invite donc à faire foigner cet objet.

Il y a ici trois à quatre Marfeillais, j'ignore leurs noms, mais je les fuis moi, endoctrinés par Féru, qui emploient tous les moyens qui leur font tranfmis pour perfuader aux patriotes foibles que c'eft au Directoire qu'ils doivent s'attacher pour fauver la chofe publique, tandis que ce n'eft véritablement que pour le patricien Barras & le très-fayettifte Carnot qu'on veut former un rempart ; ne conviendroit-il pas de cerner ces hommes & leur démontrer qu'ils font dans l'erreur, que leur bonne foi eft trompée par des intrigans aux gages mêmes des Barras & des Carnot ; qu'ils font, fans le favoir, les inftrumens de la tyrannie la plus odieufe, les foutiens des provocateurs des lois de fang qu'on vient de rendre contre les patriotes & les écrivains patriotes, ou bien de les laiffer, en avertiffant les patriotes de fe tenir en garde contre les difcours, les confeils, les opinions de ces hommes ?

J'ai reçu les 1200 liv.

Première copie.

(*Carnot & conte la pièce paroiffent être de la main de Babœuf*)

Onzième pièce.

ÉGALITÉ   LIBERTÉ.

BONHEUR COMMUN.

Paris, 26 germinal l'an 4 de la République.

LE DIRECTOIRE DE SALUT PUBLIC,

A l'agent du sixième arrondissement.

Nous avons reçu ton rapport du 24, qui nous a satisfaits. Il remplit une bonne partie de nos vues : sans doute que ceux des articles de nos instructions auxquels tu ne réponds pas, exigent de prendre des renseignemens ou de faire des démarches plus amples dont tu t'occupes. Nous t'engageons à beaucoup de suite & de célérité.

L'analyse des rapports de la police que tu nous promets nous sera d'un grand secours. Quelqu'un nous avoit déja prévenus de ce service à rendre de ta part, & il nous avoit dit que tu pourrois nous procurer cette analyse pour tous les jours. Cela sera infiniment utile si tu peux le faire.

Voici les 1200 liv. que tu réclames pour avances relatives au collage des affiches ; tu seras satisfait pour le nombre des imprimés que tu desires d'avoir, à ta disposition.

Nous savons, comme toi, que l'argent est le nerf de la guerre. Nous t'autorisons à faire les avances indispensables, mais seulement indispensables. Songe que cette révolution n'est point entreprise par des mylords ; & si cela étoit, tu ne voudrois point la servir. Elle est dirigée par des sans-culottes ; & c'est dire que leur trésor public doit être ménagé ; il n'est entretenu que par les contributions des sanscolones. Tu dis qu'il ne faut rien attendre de ton arrondissement ; donc les dépenses qu'il occasionnera seront à prendre sur ce qu'ils pourront fournir ; donc de la sobriété dans les demandes, sans cependant qu'une lésine mal-entendue arrête, & soit dans le cas de nuire à tout ce que tu jugeras utile.

P. S. Notre lettre n'est point encore partie, que ton rapport du 24 arrive. Nous ne pouvons que le répéter, que nous regardons comme infiniment précieux d'avoir celui de la police. Nous allons mettre à profit les premiers que tu nous transmets.

Notre circulaire d'hier te mettra à portée d'apprécier la valeur de celui des avis relatifs au prétendu projet des Amar, des Choudieu & autres.

Douzième pièce.

Sixième arrondissement.

(Ce mot paroît être de la main de Babœuf.)

24 germinal.

La police vient d'être avertie qu'il vient d'arriver chez des banquiers de Paris beaucoup d'argent qu'on présume venir de l'étranger.

Le ministre de la police a informé le Bureau central qu'on doit lire une lettre aux soldats, & qu'à cet effet les mesures doivent être prises pour arrêter les lecteurs.

Le ministre prévient pareillement ce bureau qu'on doit afficher dans les fauxbourgs un placard, pour le maintien duquel, ajoute-t-il, des patrouilles de patriotes doivent agir contre les mouchards qui prendroient fantaisie de les arracher.

On doit faire, dès demain, 25 de nouvelles recherches sur

l'orateur des campagnes Robin, lecteur de la feuille de Babœuf, à l'effet de connoître des moyens de subsistance les personnes & les endroits qu'il fréquente.

La dame Quincy, demeurante rue Lazare, tient journellement un jeu de trente-un, où se rendent habituellement Merlin de Thionville, Henri Larivière, & autres hommes semblables.

Les patriotes ont l'air plus satisfait depuis deux jours : j'ai cru remarquer que leur contentement venoit de ce que plusieurs d'entre eux paroissent avoir connoissance d'un projet dans lequel, dit-on, se trouvoient Choudieu, Amar, Barrere, d'Aubigny, Rossignol & autres ; qu'ils sont souvent assemblés ; que le coup se monte vigoureusement ; que le succès est certain ; que.... que.... qu'enfin la démocratie triomphera ; & pour moi je n'en sais rien ; mais si cela étoit, il faudroit, au moins quant à présent, douter d'une partie de ses espérances. Au surplus je vous donne cet avis, parce que je le crois utile à la chose publique : vous en ferez ce que vous jugerez convenable.

Il faut que l'*Eclaireur* ou le *Tribun* signale aux soldats de l'armée le nommé Prou, sergent de la quatrième compagnie du second bataillon de la légion de police, caserné à la Courtille, comme l'espion le plus actif du gouvernement, prenant toutes sortes de déguisemens, couchant de temps à autre dans les corps de garde, pour savoir ce qui se dit pour ou contre le gouvernement. Les principales galeries sont le Palais royal, les Tuileries & les Boulevards. Il faut aussi prévenir les autres corps qu'il existe parmi eux de ces êtres ; il faut faire trembler les traîtres & les lâches, pour relever le courage des bons &

Treizième pièce.

Sixième arrondissement.

Le 24 germinal.

(*La date & ces mots, sixième arrondissement, paroissent être de la main de Babœuf.*)

L'affiche a été lue avidement, elle a produit son effet.

J'ai organisé une compagnie de grouppeurs, qui se forment tous les jours à la brune à la porte Martin & Denis, à l'instant où les ouvriers s'en retournent à leur domicile.

Il y a, rue du Temple, un magasin de subsistances, mais quant à présent il n'est fourni qu'au jour le jour. —De magasins d'armes aucun, jusqu'à ce jour, n'est découvert; seulement je sais qu'il en existe un aux Feuillans d'à peu près 12,000 fusils bien en état.

Je vous expédierai de temps à autre l'analyse des rapports de la police : par ce moyen vous connoîtrez mieux l'esprit public; vous pourrez le comparer avec les rapports *des Douze*, & vous mettre en mesure.

J'ai pris des mesures pour que les affiches soient dorénavant mieux collées; j'ai avancé pour journaux, colle & pot, 2200 liv. que vous me ferez passer.

Vous me ferez passer aussi une plus grande quantité de choses qu'il faudra distribuer ou afficher ; il faut que le nombre excède toujours cent de chaque.

Je vous observe que les patriotes ne sont ici ni riches ni aisés, qu'ils ne peuvent donner que de très-foibles sommes. Vous savez que l'argent est un grand levier; procurez m'en donc quand je vous en demanderai, sans quoi je ne vous réponds pas d'une exécution bien exacte.

DIX-SEPTIÈME LIASSE,

INTITULÉE

BONDY, BONNE-NOUVELLE, NORD ET BON-CONSEIL

(Ce titre paroît être de la main de Babœuf.)

Contenant trois pièces.

Première pièce.

PREMIÈRE COPIE

(Ce mot & toute la pièce paroissent être de la main de Babœuf.)

Cinquième arrondissement.

ÉGALITÉ   LIBERTÉ

BONHEUR COMMUN

Paris, germ., l'an 4 de la R.

LE D. DE S. P.

À l'agent du cinquième arrondissement.

La liste des hommes suspects, des réacteurs, des mouchards, est une des mesures recommandées par toutes nos instructions précédentes ; ainsi on ne sera que s'y conformer en nous la donnant, comme tu te le proposes par ton rapport du 25, où cependant tu remets devant nous cette mesure en question : nous t'y répondons par la plus grande affirmative.

Tu as reçu notre circulaire du 25, qui t'a tracé la marche à suivre relativement à l'intrigue des Choudieu & Amar.

On va faire ce que tu desires, par rapport aux patriotes lyonnais & aux autres départementaux : nous sommes édifiés de l'activité que tu nous annonces avoir mise dans cette partie essentielle de tes instructions, le logement de nos frères externes.

Deuxième pièce.

24 germinal,

(Cette date paroît être de la main de Babeuf.)

Cinquième arrondissement, comprenant les sections

DE BONDY, NORD, BONNE-NOUVELLE ET
BON-CONSEIL

ÉGALITÉ   LIBERTÉ

BONHEUR COMMUN.

Le placard de l'analyse & de la distribution qui en a été faite ont produit le plus grand effet; & pour vous en donner la preuve, c'est que plusieurs des braves sans-culottes que j'emploie dans les sections respectives de mon arrondissement pour faire des prosélytes, m'ont dit hier & aujourd'hui que les principes contenus dans cet écrit étoient un mobile beaucoup plus grand pour faire agir le peuple que l'appas de la constitution de 93 elle-même. Enfin, disent les bonnes gens, nous voyons qu'on va s'occuper de nous & que nous aurons quelque chose cette fois. Je ne perdrai pas de vue ces heureuses dispositions, & j'arrange en conséquence mes batteries. Je suis parvenu à découvrir plusieurs ateliers, en s'occupe dans ce moment à en travailler les ouvriers ; le zèle, l'ardeur qu'y mettent *mes hommes*, me donnent une vaste espérance : déja j'en connois quelques-uns qui prétendent avoir *arsouillé* (vous savez toute la valeur de ce terme) dans la révolution, & sont tout prêts à se remettre à la besogne, pourvu que ce soit pour tuer les coquins de riches, d'accapareurs, de marchands, de mouchards, & de panachés du Luxembourg. *Mes groupistes* vont à merveille, & je vois avec plaisir que j'ai plutôt à tempérer leur effervescence démocratique qu'à la provoquer. Le nommé Dumoulin, commandant de la garde nationale de la section *de Bon-Conseil*, est un excellent démocrate : je me suis attaché particulièrement à reconnoître ses principes, & je me trouve obligé de convenir qu'il est à la vraie hauteur, & que l'égalité n'a pas de plus fervent zélateur ; il a été agent du gouvernement de 93 dans le Palatinat, & s'y est conduit en brave & intelligent citoyen ; il est intimement lié avec le capitaine des canonniers de cette section, dont toute la compagnie est & sera pour nous au premier ordre. Je pense que le *Directoire de salut public* peut & même doit employer ce bon bougre ; il est capable & a l'intention fortement prononcée de rendre de grands services.

J'ai entre les mains une liste d'hommes justement suspects, car ils ont chaleureusement servi les réacteurs thermidoriens, soit comme mouchards de Rovère, soit comme incarcérateurs de patriotes : si le Directoire le juge à propos, je la lui ferai passer.

Je sais que de faux frères intriguent pour les *Amar*, les *Choudieu*, & autres membres de la députaille ex-conventionnelle ; qu'on disoit encore hier que le courageux *Antonelle* s'étoit rangé sous leurs drapeaux, & qu'un nommé *Auman*, membre de la commission temporaire de Lyon, alloit se mettre à écrire pour le parti, qui n'attendoit plus, pour se mettre à l'œuvre, que la découverte de quelques millions.

Je fais auffi que les intrigailleurs ne font pas fortune, & font confidérés comme des limiers pouffés par le Directoire, quoiqu'ils feignent d'aboyer tout autrement que lui. Il eft inconcevable combien, chaque jour, s'accroît le nombre des nôtres ; de petites & nombreufes réunions font organifées & vont *au bon pas*.

J'apprends qu'il arrive grand nombre de Lyonnais démocrates, que la perfécution & l'affaffinat chaffent de leur ville, & l'efpoir de *bûcher* bientôt le Directoire & la clique des Danglas attire à Paris : j'ai penfé que vous deviez chercher parmi les patriotes de Lyon, que vous connoiffez réfidant à Paris, un brave qui nous les adreffe ; nous les logerons. Déja on travaille, dans mon arrondiffement, à difpofer des logemens pour les démocrates externes, & c'eft un des moyens que je defirerois que nos collègues activaffent le plus. S'il me falloit vous entretenir de tous les mille petits faits qui donnent la valeur de l'efprit public, j'aurois à vous entretenir d'in-folios. Il me fuffit de vous dire que ça ne va point mal, & que tout me fait augurer un plus grand fuccès encore.

Paris, le 24 germinal.   Salut, Égalité.

Troisiéme piéce.

ÉGALITÉ   LIBERTÉ.
BONHEUR COMMUN.

Cinquième arrondissement comprenant les sections de BONDY, BONNE-NOUVELLE, NORD *et* BON CONSEIL.

Rapport du quintidi 15 germinal, l'an 4 de la République française une & indivisible.

J'ai, sous le prétexte de raviver l'opinion éteinte, conversé avec les patriotes les plus sûrs & les plus chauds de mon arrondissement. J'ai remarqué en eux une horreur profonde, une aversion indicible contre les régnans du jour : tous paroissent desirer ardemment la chûte & la destruction de ces usurpateurs, pour leur substituer les vrais magistrats, les vrais élus du peuple souverain, avec la constitution sublime de 1793. Ils entendent prononcer le mot d'*égalité* avec un touchant attendrissement ; ils parlent d'*Antonelle* & *de Babœuf*, & de tous les prédicans de cette belle doctrine, avec la plus grande vénération.

Les voyant dans ces heureuses dispositions, je leur observai, comme sans dessein prémédité, qu'ils devoient inspirer aux sans-culottes, à tous ceux de leurs concitoyens qu'ils seroient à portée de voir, ces plausibles sentimens, & d'aviser, pour cela faire, aux moyens les plus expéditifs & les plus certains. Ils me demandèrent si je ne croyois pas qu'on pût y parvenir par des réunions particulières : je leur dis que j'approuvois ce moyen, mais qu'il fût dans le principe sur-tout mis en usage avec la plus grande circonspection, afin de ne pas alarmer le gouvernement, dont la méfiance, commune à tous les tyrans & à tous les oppresseurs du peuple, n'avoit pas besoin de stimulant. Les réunions sont formées, j'en suis sûr, & jusqu'à présent composées d'excellens démocrates ; il ne s'y glissera pas de traitres, j'ose l'assurer aussi. J'eus pu vous annoncer la création, de ces réunions, sans vous parler si longuement, si je n'eus désiré vous rendre tranquilles par l'exposé de ma conduite dans le procédé qui ne peut compromettre ni sa cause ni ses apôtres.

J'inférerai dans mon rapport très-prochain les noms des hommes qu'on peut employer utilement, dans le cas où vous penseriez convenable d'étendre & multiplier mes ramifications ; *id.* les noms des faux-frères, des brigands, mouchards & tous les anti-égaux : leur nombre est bien grand ; mais leurs raisons sont si mauvaises & si contraires aux intérêts du peuple, qu'ils cherchent à dégoûter de notre système, qu'il n'est pas possible qu'ils aient du succès.

Je pense qu'il faudra en faire éclipser les plus marquans d'une manière ou d'autre, s'ils devenoient dangereux.

Hier on joua Brutus au théâtre *du Marais* : les avanies les plus outrageantes éclatèrent de toutes parts contre les gouvernans ; ils ont la mésestime ; je dis plus, l'animadversion de tous.

Il paroît que certains démocrates aisés de cet arrondissement se disposent à faire quelques sacrifices pour (& je leur ai fait entendre cela) subvenir aux frais d'impression des journaux qu'on leur fournira, Babœuf & l'Eclaireur, dont je leur ai dit ne pouvoir acquitter les abonnemens : je n'ai pas cru leur devoir dire encore qu'il étoit *gratis*.

Faites en sorte de me faire donner par jour deux ou trois *Charles Duval*, pour ne pas alarmer subitement les réunis : je veux qu'on les accoutume par cette lecture : il en est des articles, depuis quelques jours sur-tout, qui ne les aguerriront pas peu pour l'égalité.

Salut & baiser d'égal,

G. (1)

Du cinquième arrondissement.

---

(1) Lettre initiale de la signature *Germain*, dont l'écriture se reconnoît dans toute cette pièce & la précédente.

DIX-HUITIÈME LIASSE,

INTITULÉE

HALLE AU BLED, MUSÉUM, GARDES - FRANÇAISES, MARCHÉS,

(Ce titre paroît être de la main de Babœuf.)

Contenant treize piéces.

Première piéce.

Quatriéme arrondissement.

Hier, dîné chez Me Merlin-de-Thionville, à la maison du Raincy. Barras, Merlin, Talien, madame d'Orléans & son fils, F. Fréron, &c.

(*Au dos est écrit*) : Gonnet, des Gardes-françaises.

Vacret.

Bourrot.

Legras.

Geoffroy.

(Cette liste paroît être de la main de Babœuf.)

Deuxiéme piéce.

D. SECTION DES GARDES-FRANÇAISES.

Alibert, marchand d'estampes, rue Fromenteau.

Nogaret, rue *id.*, maison de l'Éclair, perruquier.

Cauſſard, bijoutier, rue *id.*, maison du pâtiſſier.

Jouve, rue du Chantre, n°. 59.

Colin, rue *id.*, n°. 59.

Petit-Jean, rue *id.*, n°. 71.

Afforty, rue *id*, maison de Fayet, perruquier.

Vidal, rue *id.*, n°. 53.

Burguburu, rue *id.*, n°. 60.

Croisé, marchand de vin, rue *id.*, au coin de celle Honoré.

Lemaistre, rue Champ-fleury, n°. 116.

Boursier, rue *id.*, n°. 116.

Fabre, rue *id.*, n°. 116.

Thomas, rue *id.*, n°. 116.

Galonde, rue *id.*, n°. 116.

Desieux, menuisier, rue *id.*

Lassaigne, rue *id.*, maison d'Enguien.

Derieux, rue du Cocq, n°. 121.

Forestier, rue Honoré, chez le chandelier, près la rue du Chantre.

Maron, rue d'Angevilliers, à côté du vitrier.

Kelar, même rue & maison.

Rubel, vitrier, rue *id.*

Lukener, rue *id.*, maison Conry.

Briquet, rue des Poulies, n°. 160.

Roch, rue *id.*, n°. 160.

Potevin, rue *id.*, vis-à-vis le traiteur.

Capitaine, rue des Poulies, maison du traiteur.

Praffiner, rue Bailleul.

Dubar, cordonnier, rue Jean-Tiron.

Tranchefort, rue *id.*

Soulier, traiteur, rue Honoré, maison des Américains.

Rigal, rue des Fossés Germain, n°. 155.

Auvray, rue de l'Arbre-sec, n°. 233.

Fabret, cordonnier, rue du Roule, chez le bottier.

David, maison du boutonnier, rue *id.*, au Champ de Mars.

Taillet, sellier, rue Tablererie, maison de la vieille Poste.

L'Echevin, sellier, rue & maison *id.*

Bourbon, rue des Bourdonnais, vis-à-vis celle des Mauvaises Paroles.

Montagne, vitrier, rue des Mauvaises Paroles.

Ferrière, rue de la Limace, n°. 385.

Chochet, rue & maison *id.*

Canonniers, *section id.*

Muguet, capitaine, rue Champ-fleury, n°. 91.

Bausse, rue *id.*, n°. 90.

Joyaux, rue de Beauvais, chez le perruquier, n°. 83.

Delmas, rue du Chantre, n°. 60 à 62.

Honalon, rue du Cocq, n°. 118.

Portail, rue *idem*, n°. 123.

Renaud, rue *idem*, n°. 133.

Mayer, vis-à-vis les Piliers des Halles.

Simoneau, rue Tirechape.

Mera, rue Betizy, n°. 345.

Desforges, rue de la Limace, n°. 422.

Fouillot, rue des Bourdonnais, n°. 349.

Crosnier, rue Bailleul, n°. 239.

Murrel, rue Bailleul, n°. 238.

Troisième pièce.

ÉGALITÉ,   LIBERTÉ

BONHEUR COMMUN.

Quatrième arrondissement.

Du 13 germinal, quatrième année républicaine.

Un patriote deguisé en chouan a rencontré hier l'agent intime de Rovère. Avant que les circonstances ne nous eussent appris à juger les hommes, ces deux individus étoient liés ensemble. Dans l'entretien qu'ils ont eu, cet esclave du crime

crime a dit au patriote que le club monarchique étoit bien organisé ; que toutes les mesures étoient prises pour nous donner un maître ; que c'etoit le jeune d'Orléans qu'ils avoient désigné ; que, sous dix jours, la canaille seroit pendue, c'est à-dire, ceux qui avoient été les auteurs de la mort de Capet ; que *Rovere* auroit un exil d'un ou deux ans, pour la forme, vu les services qu'il avoit rendus & qu'il rendoit à la monarchie, &c. &c.

D'après tous ces propos, & encore plus d'après la conduite qu'on tient, je ne doute pas qu'ils n'emploient tout ce qui est en leur pouvoir pour faire réussir leur projet.

Réussiront - ils ? je ne le pense pas ; mais je crois que s'ils vouloient attaquer les premiers, ils nous rendroient un grand service : car on trouve bien de vieux patriotes, mais ils sont encore épouvantés par le souvenir des maux qu'on leur a faits. Je trouve par-tout le besoin de la liberté, & non l'audace qu'il faut pour la conquérir. Quel sera le résultat d'un choc donné par des hommes dont l'ame est glacée par la stupeur ? Cependant, voici une occasion qui se présente. La légion part cette nuit pour Strasbourg & Metz, escortée par divers bataillons ; & cette légion n'est pas disposée à partir. Plusieurs d'entr'eux me l'ont assuré. Cela me fait croire qu'ils feront de la résistance à l'ordre qu'on leur donnera ; & s'ils sont secondés, ils peuvent nous aider à briser nos fers.

Il y a une grande quantité de fusils dans les Feuillans : c'est *Lefranc*, canonnier de la section des Tuileries, qui est chargé de la direction & entretien de ce bâtiment ; il est patriote, il peut nous en faciliter l'entrée. Voyez-le à cet égard, il peut être d'une *grande utilité.*

Je vous adresse la liste des démocrates & des canonniers de la section des Gardes-Françaises. Je ne néglige rien pour seconder vos mesures ; mais le courage de mes collaborateurs n'égale pas leur esprit pour la liberté.

Salut, courage & sagesse.

Si la troupe ne se décide pas promptement, le sang des républicains peut encore couler : & vous savez que le sang n'est souvent utile qu'à la tyrannie. Veillons donc à sa conservation, il vous est précieux ; & vous, veillez.

Quatrième pièce.

13 floréal, an 4.

(*Date qui paroît être de la main de Baboeuf.*)

CITOYEN,

Tu ne seras pas fâché d'apprendre le fait suivant, si tu n'en es pas instruit.

Le jour du licenciement de nos frères d'armes, je me suis trouvé près le Panthéon, où je vis descendre environ soixante dragons, un trompette & le général à leur tête ; celui-ci, appercevant un légionnaire, lui dit, Arrête là ; ensuite aux dragons, Désarmez cet homme. La trompette sonne, deux dragons s'avancent ; mais ils laissèrent entre eux & le légionnaire quinze pieds d'espace. Le général a commandé par cinq fois qu'on le désarme : aucun d'eux n'a obéi au commandement : le légionnaire a fait bonne contenance ; il a répondu fermement par trois fois : Mon sabre m'appartient. Le despote lui a demandé son nom, sa compagnie : ses réponses étoient précises ; mais je n'ai pu entendre le général. Après, il est parti. Deux autres légionnaires sont venus joindre le désarmé : je n'ai pu les revoir, ils se sont perdus au milieu de la foule de monde accourue pour voir cette infame opération.

J'ai reçu une lettre ces jours-ci de Port-Malo, en date du 25 germinal, par laquelle on me dit que l'armée venoit d'apprendre qu'une grande conspiration étoit découverte : tu vois que les conspirations sont découvertes à l'armée, avant de l'être à Paris ; car nous n'avons entendu parler conspiration & loi martiale que le 27 & 28 du même mois ; si tu peux trouver dans ces petits renseignemens quelque chose d'utile, fais-le valoir.

Courage, & toujours courage, jusqu'au moment où la liberté triomphera ; ne donne point de répit aux tyrans ; ils tremblent, ils sont plus faciles à renverser. Salut & fraternité.

C. P. T.

Tu trouveras une lettre ci-jointe, je ne sais pas ce qu'elle contient, c'est une patriote de qui je la tiens.

Cinquième pièce.

10 floréal.

(Date qui paroît être de la main de Babœuf.)

ÉGALITÉ   LIBERTÉ

BONHEUR COMMUN.

Quatrième arrondissement.

AU DIRECTOIRE DE SALUT PUBLIC.

Sans avoir égard à la liste des démocrates que je vous ai adressée, vous compterez sur celle-ci seulement. Ils sont en grand nombre : si leur caractère répondoit à leur volonté, la patrie seroit sauvée promptement & facilement ; tous ont une soif inaltérable de la liberté & une horreur sans borne pour la tyrannie : mais semblables à des moutons égarés, la crainte les poursuit par-tout ; ils craignent de rencontrer des loups qui les dévorent. Il est une infinité d'objets que vous me demandez qui se trouveront naturellement le lendemain de la régénération, comme les magasins de vivres, &c. Il importe d'avoir la force physique, & nous

H 2

l'avons; elle eſt pour la démocratie, comme je vous l'ai dit : elle cherche où s'accrocher. Notre ennemi eſt là, il nous attend pour ſe meſurer : il périroit de honte ſi les partis en venoient aux mains. Il faut les faire prendre, & l'ennemi ſuccombera par-tout; j'acquiers la certitude que nous ſommes les plus forts. Il faut qu'il y en ait qui s'expoſent dans ces momens difficiles.

Liſte des canonniers patriotes de la ſection des Marchés, bons.

Jacquinel, rue de la Tonnellerie, n°. 224.

Delettré, rue Denis, chez le marchand de vin, au coin de la rue de la Ferronnerie.

Dubois, rue de la Petite-Fripperie, n°. 438.

Frazé, rue de la Lingerie, chez le marchand de vin, au Gros-Raiſin.

Martin, ſous les Piliers d'étain, entre la rue des Prêcheurs & celle Pirouette.

Larcher, capitaine d'artillerie, rue Aubri-Boucher, peintre en bâtiment, ſection des Lombards.

Section des Gardes-Françaiſes, canonniers, bons.

Maguet, rue du Champ-Fleury.
Cronier, rue Baillette.
Delmas, rue du Chantre.
Renault, rue du Coq.
Leforges, rue des Lavandières.
Portail, rue du Coq.
Mayer, les piliers de la Halle, rue Honoré.

Sixiéme piéce.

(Cette piéce paroît être de la main de Babœuf.)

ÉGALITÉ.   LIBERTÉ.

BONHEUR COMMUN.

Paris, 8 floréal l'an 4 de la République.

LE DIRECTOIRE DE SALUT PUBLIC,

A l'agent du quatriéme arrondissement.

Tu peux être rassuré. Tous les renseignemens qui nous arrivent sont relevés & analysés sur des états, qui nous présentent des apperçus généraux dressés par une même main & sous la même écriture, d'après quoi les minutes de toutes les notes nous deviennent inutiles, & sont en conséquence annihilées.

Nous allons employer Pierron, d'après le compte favorable que tu en rends.

Septième pièce.

10 floréal.

Quatrième arrondissement.

(La date & les mots, quatrième arrondissement, paroissent être de la main de Babœuf.)

Liste des démocrates de la section des Marchés : ceux qui sont marqués par ce signe + ont le plus de caractère ; si je suivois les renseignemens que j'acquiers, la liste des démocrates augmenteroit chaque jour.

+ Horcer, rue aux Fers, no. 537, ancien militaire & ci-devant adjudant de section, bon pour un commandement.

H 3

Dumay, rue des Prêcheurs, n°. 445.
Gerffer, rue Honoré, n°. 216.
Tuffault, rue de la Poterie.
Gumillion, rue de la Coffonnerie, n°. 671.
✝ Lavergne, rue de la Tonnellerie, n°. 220.
Gerome, rue de la Tableterie, n°. 104.
✝ Ravet, Piliers d'étain, n°. 649.
✝ Grieux, rue de la Poterie, n°. 451.
Devigne, rue aux Fers, n°. 244.
✝ Jouelars, rue des Lavandières, n°. 84, employé à la police.
✝ Nozieres, rue des Prêcheurs, n°. 633, pompier.
✝ Lamarche, rue de la Tonnellerie, n°. 225.
✝ Jacquinet, rue de la Tonnellerie, n°. 224, canonnier.
✝ Deletrée, rue Denis, chez le marchand de vin, au coin de la rue de la Ferronnerie, canonnier.
François, rue de la Tableterie, n°. 91.
Breux, rue Denis, 40.
Barberouffe, rue de la Tonnellerie, n°. 225.
Bizet, rue Petite-Fripperie, n°. 434.
Lefevre, rue des Fourreurs, n°. 146.
Arault, rue des Prêcheurs, n°. 627.
✝ Barque, rue Denis, n°. 9.
✝ Penot, rue des Piliers d'étain, n°. 649.
Lacombe, rue Marché-au-Poiré, n°. 536.
✝ Langlois, rue de la Grande-Fripperie, n°. 445.
✝ Lafoffe, rue de la Coffonnerie, chez Lefevre, limonadier.
Fortin, rue Denis, n°. 21.
✝ Saint-Amant, rue de la Coffonnerie, chez le tonnelier.
✝ Michel, place Opportune.
✝ Clumacippe, rue des Prêcheurs, n°. 637.
✝ François, rue des Fourreurs, n°. 14.
✝ Dubois, rue de la Petite-Fripperie, n°. 438, canonnier.
✝ Frazé, rue de la Lingerie, à l'enseigne du Gros Raisin, canonnier.
✝ Silvain, rue de la Tannerie, n°. 225, canonnier.

― Viala, rue Honoré, n°. 216.
― Sellier, rue du Marché-au-Poiré, n°. 339.
― Morlaix, rue *idem*. près la rue aux Fers.
― Lacombe, rue des Fourreurs, n°. 145.
― Pate, rue *idem*, n°. 146 ou 147.

Vous avez des caractères pour imprimer les pancartes que vous me demandez par circulaire du 9 de ce mois de prairial : il vous convient de les faire imprimer ; car il est impossible que je puisse faire cet objet : les fonds & autres moyens manquent.

Salut, courage, & la démocratie triomphera.

Quatrième arrondissement, ce 10 prairial, 4me année républ.

Huitiéme piéce.

ÉGALITÉ.   LIBERTÉ.

BONHEUR COMMUN.

6 floréal, 4 année républ.

(Date qui paroît être de la main de Babœuf.)

L'AGENT DU 4ᵉ ARRONDISSEMENT AU DIRECTOIRE, SALUT.

Je me rappelle avec plaisir les actes de patriotisme de la Bare, municipal du dixième arrondissement : je l'ai vu en prison ; mais il avoit toujours confiance en Legendre, député, & Mathieu son collègue, avec lesquels il étoit fort lié : je pense que ces liaisons existent encore, ou du moins la confiance. En supposant qu'il n'y eût plus de liaisons entre eux, un citoyen qui est si long-temps à porter un jugement sur des individus qui m'auront mis, il y a long-temps à même de les juger, ne peut remplir une de vos missions : il servira la liberté, j'en suis sûr, avant même qu'elle ne triomphe; mais feulement par l'impulfion qui lui fera donnée par celui que vous chargerez de miffion. Il y a le nommé Pierron, rue de Sèves, n°. 1039 (1), dont l'adreffe eft ci-jointe, qui a la haine de la tyrannie profondement gravée dans le cœur. Il eft greffier de la dixième municipalité. Il defire fervir la patrie. Il a des moyens & de l'amour de la patrie; il m'en a donné des preuves. Je l'ai abordé, il m'a exprimé l'indignation où il eft de voir le peuple fi malheureux; enfin je le crois propre à remplir votre objet. Au furplus, prenez des renfeignemens fur fon compte pour n'avoir rien à vous reprocher: pour moi je lui confierois une miffion fi j'en avois à lui donner, malgré que je me méfie de tout le monde. L'amour de la liberté & l'impoffibilité où je fuis de la fauver feul me forcent à la confidence; car, fans cet amour, je ferois muet jufqu'à ce qu'il fût permis de parler, car je n'ai rien de bien à dire des gens puiffans.

Je vous engage de nouveau à brûler toutes nos correfpondances, après avoir relevé ce qui peut vous être utile; vous en fentirez la caufe.

Je vous ferai paffer fous peu la lifte des canonniers, ainfi que celle des efpions que je pourrai découvrir; enfin, tous les objets que vous m'avez demandés: mais un peu de patience, car la tâche que vous m'avez impofée eft auffi grande que délicate; elle mérite des précautions: ici je trouve difficilement des collaborateurs qui aient les qualités requifes en ce cas. Je vous le répète, nous ferons beaucoup de notre parti, fi nous triomphons, c'eft-à-dire, fi les principes l'emportent; tout le monde cherche une branche pour s'accrocher; & je penfe que quand on la verra, on fe précipitera en foule: mais il faut prendre garde que cette branche ne foit rompue avant.

Salut, fageffe, courage & force.

---

(1) Ces mots, *rue de Sèves, n°. 1039*, font un renvoi de la main de Babœuf.

Contre - révolutionnaires, accapareurs & persécuteurs de patriotes.

Roux & Bignon, associés, m.ds de draps rue Honoré, entre les rues Lenoir & celle de la Tonnellerie, section des Marchés.

Neuvième pièce

6 floréal.

(*Date qui paroît être de la main de Babœuf.*)

Section des Marchés.

ÉGALITÉ.   LIBERTÉ.

BONHEUR COMMUN.

L'agent du quatrième arrondissement, au Directoire,

SALUT.

Vous trouverez ci - dessous la liste de quelques patriotes de cette section ; le nombre en est bien plus grand, mais ils n'ont pas grandes lumières ; ils veulent le bien, mais ils ne connoissent pas le chemin qui y conduit ; & en général, ils sont terrifiés par le souvenir des maux qu'on leur a faits, & la crainte de ceux qu'on peut encore leur faire. Ceux-ci sont les plus instruits : encore le sont - ils peu ; car vous savez que les sans-culottes n'ont pas beaucoup le temps de s'instruire. Ceux désignés par cette marque 1 sont les plus courageux & ont le plus de caractère.

Ravel, bon commandant la force armée, ex - garde-française ; lieutenant de gendarmerie, sous les petits Piliers d'étain, près la rue des Prêcheurs, maison de Bois-servoise, potier d'étain : il est propre à commander la force armée. 1.

Penant, révolutionnaire ; Masson *idem*, même maison que Ravel, peu de capacité.

Bercher 1 l'aîné, marchand de fromage, Piliers d'étain, près la rue des Prêcheurs.

Henriot, tailleur, rue des Prêcheurs, n°. 639, bon républicain, peu de capacité.

Homacipe, rue *idem*, n°. 621, révolutionnaire, peu de capacité.

Basserelle, rue Denis, républicain terrifié, peu de capacité.

Bon commandant de force armée 1. *Horcet*, chapelier, au milieu de la rue au Fer, ex-adjudant de bataillon, bon dans une administration révolutionnaire & à la force armée.

Bote, cordonnier, rue de l'Aiguillerie, maison de Plancon, chapelier, administrateur révolutionnaire.

Paillez, rue de la Coffonnerie, maison de Blenchard, marchand de vin, *idem*.

Boquet, mercier, rue de la Tableterie, au coin de celle des Lavandières, *idem*.

1 *Pate*, ouvrier armurier, rue des Fourreurs, n°. 146 ou 147, bon à différentes places.

1 *Lacombe*, rue *idem*, n°. 145, révolutionnaire, bon dans différentes places, ayant du caractère.

1. *Morel*, limonadier, Charnier des Innocens, n°. 6, révolutionnaire, bon à différentes fonctions.

Morlaix, marchand mercier, Marché aux Poirées, près la rue au Fer, républicain terrifié, mais ayant des talens.

1. *Cellier*, linger, ex-commissaire des guerres, rue du Marché aux Poirées, au coin de celle de la Cordonnerie, n°. 339 ; il est peu de place qu'il ne puisse remplir, & il est révolutionnaire.

Vassans, rue *idem*, n°. 338 ; il peut remplir diverses fonctions.

1. *Michel*, cordonnier, rue de la Cordonnerie, n°. 351, révolutionaire, ayant des talens.

J'apprends à l'instant qu'il a perdu la tête, c'est-à-dire qu'il est fou.

1. *Puiſon*, marchand drapier, rue de la Petite Fripperie, républicain, ayant des talens.

Leſerre, marchand de papier, rue des Fourreurs, n°. 144, terrifié, mais républicain, ayant quelques talens.

Il eſt un grand nombre qui, au jour de la régénération, ſe montreront avec courage; mais ſouvenez-vous de ce qu'écrivoit *Cicéron* à Atticus:

« Qui eſt-ce qui forme le bon parti? ſeront-ce les gens
» de commerce & de la campagne? à moins que nous
» n'imaginions qu'ils ſont oppoſés à la monarchie, eux à
» qui tous les gouvernemens ſont égaux, dès-lors qu'ils
» ſont tranquilles . . . . Ne comptons donc que
» ſur le peuple travaillant. »

Quant aux eſpions, j'en connois bien quelques-uns, mais ils ſont ſubordonnés à des chefs, & je ne croirai jamais au patriotiſme de gens qui font un auſſi infame métier pour vivre; ils peuvent ſe corrompre, mais ils ne peuvent ſervir la liberté, voilà mon opinion. J'ai fait la découverte de la demeure de l'un des quatre, qu'on me dit être chef de la partie de l'eſprit public : il demeure rue du Coq Honoré, n°. 134; on me le dit patriote : ſi vous pouvez vous aboucher avec lui, il pourra vous ſervir; je l'ai un peu *connu*; il ne m'a pas paru indifférent à la *révolution*; au contraire, je l'irai voir pour parler patriotiſme avec lui, quoique je haiſſe ces eſpions; je ferai un effort ſurnaturel. Salut.

Si avec nous vous êtes à l'abri de toute ſurpriſe, vous devez nous y mettre à couvert en brûlant nos correſpondances, après avoir relevé les notes que nous vous envoyons, car la tyrannie veille : donnez-moi ſatisfaction à cet égard.

Dixième pièce.

6 floréal, quatrième année républicaine.

(*Le mot floréal a été mis par surcharge de la main de Babœuf.*)

ÉGALITÉ   LIBERTÉ

BONHEUR COMMUN.

L'agent du quatrième arrondissement au Directoire,

SECTION DES MARCHÉS,

Salut.

Vous trouverez ci-dessous la liste des ennemis incurables de la patrie, qui ont constamment donné des preuves de leur haine pour toute espèce de liberté; ceux qui se sont le plus signalés dans la proscription des patriotes sont désignés par cette marque 1, sont les chefs de la réaction. S'il falloit vous donner les noms de tous les ennemis de la patrie de cette section, il faudroit vous nommer presque tous les boutiquiers; mais de bonnes institutions les corrigeront peut-être : mais ceux-ci ont bien fait des maux à la patrie, & ils n'attendent que l'occasion pour recommencer contre les patriotes.

Harnoul, rue de la Chanvrerie, maison du carreleur, n°. 679.

Trudon, rue *idem*, maison du vitrier, agioteur.

Grosmas, rue des Prêcheurs, n°. 644 : il a de grands magasins de vins 1.

Fremond, boutonnier, vis-à-vis Grosmas, commandant de bataillon.

Herbel, cordier, rue de la Cossonnerie, agioteur.

Pruneaux, rue *idem*, maison de l'épicier à gauche en entrant par la rue Denis 1.

Bidaut & Belenger, rue au Fer, marchand boutonnier 1.

Guibout, rue *idem*, à la Petite Chaise.

Raffard, boutonnier, au Bras d'or, rue de la Ferronnerie en entrant par la rue Denis à droite 1.

Geance, ciincaiiler, rue *idem*, à gauche en entrant par la rue Denis.

Demine, maison de Davignon, rue *idem*, maison du limonnadier : c'est le rendez-vous des chouans, près la rue Denis à gauche.

Denisat, rue *idem*, voisin de Demine ; il est lieutenant.

Tabuis fils, limonnadier, rue *idem*, même côté de la rue 1.

D'harembur, magasin de vin & toile, rue *idem*, & même côté 1.

Malard, magasin d'épicerie, rue de l'Aiguillerie, Cloître Opportune.

Pauluse & Steverard, rue *idem*, magasin de draps.

Herbaux, juge-de-paix, rue *idem* 1.

Le marchand épicier en gros, bâtiment neuf, rue Denis, au coin de la rue Courtaion.

Le marchand de bas, au coin de la rue de la Lingerie & de celle Honoré 1.

Le marchand de soie, rue Denis, au coin de la rue de l'Aiguillerie. 1.

Pluiete, commis d'un commissaire de guerre, rue de la Chanvrerie, n°. 680, assassin des républicains. 1.

Mezy, agioteur, rue Denis, n°. 5, près la rue des Prêcheurs.

Beaulier, grand agioteur, rue *idem*, n°. 11.

Faiffard, clincaillier, rue *idem*, n°. 12.

Pape fils, marchand de soie, rue Denis, n°. 13.

Charfoulas, chaircuitier, rue *idem*, près la rue de la Cossonnerie. 1.

Montfor, mercier, rue *idem*, vis-à-vis celle Trousse-Vache. 1.

Cheville, son voisin, balancier, rue *idem*.

Favan, drapier, rue *idem*, au coin de celle de l'Aiguillerie, commandant de bataillon. 1.

Varé, épicier, au coin de la rue de la Tableterie & celle des Lavandières. 1

Dutemple, chaircuitier, rue des Déchargeurs, près celle de la Ferronnerie.

Ourcel, papetier, rue Honoré, entre celle de la Tonnellerie & celle dite Lenoir. 1.

Carette, drapier, rue de la Poterie, au coin de celle de la Tonnellerie. 1.

Presfat, drapier; magasin considérable, rue de la Poterie.

Portail, perruquier, rue de la Cordonnerie, n°. 370; il a démoralisé les habitans de son quartier. 1.

Marais, limonnadier, maison dite Paté, rue du Marché aux Poirées.

Cadzin, tailleur, rue des Fourreurs, n°. 148 & 149. 1.

Gaucher, orfèvre, rue de la Fromagerie. 1.

Faugeron, rue Mondetour, menuisier.

Tibault, marchand de papier, maison de Davignon, limonnadier; rue de la Ferronnerie, au premier.

Boutet, marchand de toile, rue au Fer. 1.

Legrand, marchand, rue Denis, n°. 61.

Bluteau 1. & Ledoux 1., rue de la Chanvrerie, n°. 678; magasin de toile.

Coquard jeune, rue *idem* & maison *idem*. 1.

Section du Muséum.

Juneaut: magasin de drap, rue Bertin-Poiré, n°. 71. 1.
Maillard, avoué, rue Germain-l'Auxerrois, n°. 13. 1.

Section des Gardes-Françaises.

Boquet, marchand mercier, rue Honoré, n°. 320, au premier, près la rue Tirechape.

Vous aurez bientôt ceux des trois autres sections.

Sagesse, force & courage.

Ma longue détention m'ayant fait perdre tous ces messieurs de vue, je serai peut-être obligé de vous renvoyer un supplément : cependant je desire que cela ne soit pas ; mais comptez que le seul amour de la patrie me dirige : vous savez que le grand nombre des hommes donnent toujours raison aux plus forts ; il y a du danger à courir à faire autrement.

Onzième pièce.

(Cette pièce paroît être de la main de Babœuf.)

ÉGALITÉ. — LIBERTÉ.

BONHEUR COMMUN.

Paris, 26 germinal, l'an 4 de la République.

Le Directoire de salut public, à l'agent du quatrième arrondissement.

Nous avons reçu ton premier rapport du 25, qui a été trouvé très-intéressant. En répondant à notre circulaire du 19, tu nous observes qu'outre les dépôts généraux de subsistances, d'habillemens & de munitions, appartenant à la République, il est une infinité de dépôts particuliers de comestibles & draperies chez de prétendus négocians, & nombre de dépôts d'armes chez les armuriers, dont les bou-

tiques peuvent être confidérées comme autant de petits ar-
fenaux. Nous avions bien entendu, par le premier article
de notre circulaire du 19, que l'on comprît ces objets dans
les renfeignemens que nous demandions; veuille donc bien
t'occuper de nous indiquer en détail & par adreffe de rues
& de numéros, les magafins de MM. les négocians & ceux
des marchands ou fabricans d'armes.

Nous avons reçu comme très-précieux l'avis fur Meudon & Vincennes.

Nous avions prévu cette trop grande précipitation de
l'efprit public ; & c'eft pour l'empêcher d'amener les réfultats nuifibles que tu crains auffi bien que nous, que,
tant hier qu'aujourd'hui, cent circulaires ont été adreffées
aux douze agens, & que le numéro 42 du Tribun a paru.

La mefure propofée par toi pour faire monter la garde
à la porte des deux hôtels de police, a été goûrée & va
être mife à exécution.

Douzième pièce.

ÉGALITÉ. LIBERTÉ.

BONHEUR COMMUN.

Paris, 25 germinal, 4e de la République.

*L'agent du quatrième arrondiffement au Directoire fecret de falut
public,*

SALUT.

Si je connoiffois l'arrondiffement de ma commune, comme
je connois celui de ma fection, j'aurois pu vous rendre un
compte plus fatisfaifant & plus prompt fur mes opérations
que celui que je vais vous rendre ; mais les traîtres & les
lâches font fi communs, que je crains de me confier à un
de

de ces êtres qui aiment bien la liberté quand elle est établie, mais qui sont incapables de courir aucun des dangers qui se présentent pour la fonder. Voici donc ce que je puis vous communiquer dans ce moment.

1°. La halle aux draps, rue de la Poterie, section des Marchés, contient beaucoup de draperie & toilerie.

2°. La halle au bled contient des bleds, farines & légumes secs en tous genres.

3°. L'Oratoire, rue Honoré, section des Gardes-Françaises, est un dépôt d'habillemens & autres effets appartenans à la République.

Voilà les seuls dépôts que je connoisse dans mon arrondissement ; mais il est une infinité de maisons particulières qui, sous les noms de négocians, sont remplies de toutes espèces de comestibles, notamment d'épiceries : quant aux dépôts d'armes, chaque maison d'armurier, qui sont en assez bon nombre dans cet arrondissement, peuvent être considérées comme de petits arsenaux.

L'on m'assure qu'il y a à Meudon plus de 80 pièces de canons ; ce dépôt n'est gardé, dans ce moment, que par trente canonniers & quarante hommes : *Lecointre* garde ce poste important ; il se laisseroit volontiers forcer la main ; Vincennes est de même rempli de munitions de guerre & de bouche : quoique ces objets soient étrangers à la tâche que vous m'avez imposée, j'ai cru devoir vous en parler pour que vous y fassiez attention.

L'esprit public est généralement bon ; par-tout il cherche le chemin par où il pourra sortir de l'oppression sous laquelle il est comprimé ; mais l'esprit des groupes est si vif, que je crains qu'il n'amène des mouvemens qui nuisent à la cause de la liberté.

Quant aux renseignemens que vous me demandez sur les espions, mon cœur répugne de remuer cette boue du genre humain ; mais l'intérêt public l'exige. Quel que soit le dégoût que j'éprouve à les fixer, je satisferai à votre demande dans ma prochaine lettre. Je dois vous prévenir que nous sommes environnés de toutes parts par cette espèce de bêtes féroces. Il est, me dit-on, des individus qui prennent le masque du patriotisme pour profiter des indiscrétions qu'ils provoquent avec adresse: mon silence doit les désespérer; mais tous les patriotes ne sont pas discrets: je pense donc qu'il seroit important que plusieurs républicains montent la garde deux ou trois jours à la porte du lieutenant de police & de celle de la mairie, pour y reconnoître ceux des individus qui se faufilent parmi nous, afin de reporter à leur maître nos entrétiens.

J'ai déja plusieurs petites réunions composées de républicains aussi sages que courageux.

Dans ma prochaine, qui ne sera pas éloignée de celle-ci, je vous donnerai des renseignemens sur les autres objets dont vous m'avez parlé; mais, je vous le répète, je ne suis pas communicatif: tant de républicains immolés inutilement pour la patrie sont des leçons qui m'ont rendu sombre, inquiet sur tout ce qui nous environne: non que je craigne pour mon individu; car être esclave ou mort, c'est la même chose: il faut sauver la patrie.

Sagesse, courage & union. . . . .

Treizième pièce.

(Cette pièce paroît être de la main de Babœuf.)

ÉGALITÉ   LIBERTÉ

BONHEUR COMMUN.

Paris, 24 germinal l'an 4. de la République.

LE DIRECTOIRE SECRET DE SALUT PUBLIC,

Au principal agent révolutionnaire du quatrième arrondissement.

Tu es le seul agent, citoyen, qui es en retard de répondre à la demande des renseignemens & rapports que nous t'avons faite par notre instruction principale & par notre circulaire du 19 de ce mois. Nous nous imaginons bien que c'est parce que tu es fortement occupé des différentes organisations requises, & de recueillir les renseignemens de toute espèce dont nous avons besoin. Nous t'invitons, cependant, à nous répondre sur-le-champ un seul mot, pour nous dire à quel point tu en es, sauf à prendre ensuite tout le temps qui te sera nécessaire pour achever tes rédactions.

DIX-NEUVIÈME LIASSE,

INTITULÉE

BRUTUS, CONTRAT-SOCIAL, MAIL, POISSONNIÈRE,

(Ce titre paroît être de la main de Babœuf.)

Contenant dix pièces

Première piéce.

Troisiéme arrondissement.

MESURES A PRENDRE.

Mettre le Directoire exécutif dans l'impossibilité de donner des ordres . . . . ;
S'assurer de l'état-major-général ;
Du ministre de la police générale ;
Du ministre de la guerre ;
Du ministre de l'intérieur.

La prison militaire appelée Collége de Montaigu, rue des Sept-Voies, près le Panthéon, renferme dans ce moment environ 500 hommes au moins ; cette prison n'est gardée que par 15 hommes de la légion de police ; un détachement de 15 ou 20 hommes suffisent pour libérer les militaires qui y sont. On peut de suite se porter au poste du Panthéon pour y prendre les armes qu'on y trouveroit, ainsi que dans les autres postes environnans, de manière que ce petit bataillon se trouveroit armé sur-le-champ.

A V I S.

Les chouans du Corps légilatif se réunissent, tous les

jours, rue de Clichy, dans une maison appelée la maison de Boutin ou la Bouexière ; ils sont, dit-on, au nombre d'environ 300 : ce rassemblement a lieu une partie de la nuit.

On pourroit prendre le plan de cette maison ; &, en la cernant, il en échapperoit très peu.

Un adjudant-général nommé Saint-Charles a dénoncé au ministre de l'intérieur, hier au matin, qu'il y avoit une conspiration contre la vie des Directeurs, qui devoit s'exécuter la nuit dernière : il y a au Luxembourg des escaliers dérobés qui communiquent sur le jardin, & par lesquels les sires peuvent s'évader.

Deuxième pièce.

Troisième arrondissement.

Patriotes de Brutus , susceptibles de remplir des fonctions civiles ou militaires.

Parizel, rue du Petit-Carreau, n°. 34.
Jacob, rue Montorgueil, n°. 23.
Debon, rue Montmartre, n°. 217.
Maisoncelle, rue du Petit-Carreau, n°. 25.
Champenois, rue Neuve-Eustache, n°. 3.

Lambert, ex - commandant de bataillon, rue Neuve-Eustache.

Thevenard, ex-capitaine des canonniers, Passage du Saumon.

Miran, ex-officier de l'armée révolutionnaire, rue Montorgueil, à côté du Passage du Saumon, n°. 18.

Thouvenin, ex-officier de canonniers de la section du Contrat-Social, fera marcher ceux des canonniers de sa compagnie quand il en sera nécessaire.

Il est marchand épinglier, rue Montmartre, près celle Jean-Jacques-Rousseau.

Troisième pièce.

Troisième arrondissement.

Vendémiairistes de Brutus.

Vanchelet, président, électeur du Théâtre Français, rue du Gros-Chenet, n°. 1.

V.gée, président, électeur *idem*, rue du Croissant, n°.

Feline, secrétaire, rue du Gros-Chenet, n°. 45.

Egasse, commandant de bataillon, rue des Jeûneurs, n°. 6.

Chery, électeur, rue Joseph, n°. 22.

Andreron, rue Montmartre, n°. 8, près celle Cléry.

Aubé, rue des Jeûneurs, près l'égout.

Franconville frères, marchands, rue neuve Eustache, n°. 9.

Franconville, même rue, n°.

Mazourie, rue Joseph, n°. 1.

Bouvier, rue de Cléry, n°., vis-à-vis celle du Gros-Chenet.

Bougrou, papetier, rue Montmartre, vis-à-vis les messageries.

Tronson-Ducoudray, rue du Sentier, n°. 24.

Portalis, rue du Croissant, n°. 5.

Leheurteur, rue neuve Eustache, n°. 11.

Jacob, marchand, rue neuve Eustache, 13 ou 14.

Il n'y a pas un de ces hommes qui ne soit coupable d'une longue série de crimes.

Individus dont la fortune fait présumer qu'ils sont approvisionnés de subsistances.

Bidermann, boulevard Montmartre, n°.

Vigneron frères, rue du Croissant, n°.

Lenormand-d'Étioles, rue du Sentier, n°.

Laneuville, rue neuve Eustache, n°.

Lagrange, ci-devant hôtel Montholon, boulevard Montmartre.

Ce sont les hommes les plus connus ; mais, au surplus, la plupart des habitans de cette section sont riches, & on peut espérer de trouver infiniment de choses, en faisant des visites domiciliaires.

Quatrième pièce.

Troisième arrondissement.

15 floréal, an quatrième.

Il est nécessaire que le peuple connoisse les hommes que le gouvernement emploie pour exécuter ses actes tyranniques ; il faut que l'armée sache que ceux qui ont préservé, qui ont ménagé & sauvé les royalistes du 13 vendémiaire, commandent aujourd'hui le désarmement des braves qui ont défendu la représentation nationale dans cette journée ; il faut que les citoyens & les soldats apprécient un gouvernement perfide, qui brise les instrumens dont il s'est servi, lorsqu'il découvre en eux des intentions contraires à ses desseins populicides.

Voici les individus qui commandoient les bataillons qui ont été désarmer la légion de police.

Le général de brigade, président du conseil militaire séant au chef-lieu de la section Lepeletier.

Le nommé Villiers, chef de brigade, long-temps chef

du bataillon de la section Lepeletier, & qui la commandoit jour du désarmement du faubourg Antoine en prairial.

Un Anglais, ci-devant aide-de-camp du maire Menou.

Le travail pour les renseignemens demandés se fait, autant que possible; mais, comme il a été dit dans une première note, les matériaux révolutionnaires de cet arrondissement sont dissipés; il n'est plus que la manière [illegible]

Cinquième pièce.

Troisième arrondissement.

(*Ces mots, troisième arrondissement, sont de la main de Babœuf.*)

8 floréal, an quatrième de la République.

Tout ce que renferment les prisons dans ce moment, sont généralement des voleurs & des assassins, à l'exception de quelques individus qui sont prévenus d'émigration ou autres délits contre-révolutionnaires : or, ces deux sortes d'hommes sont également un objet de proscription pour les démocrates. Il y a cependant à Bicêtre quelques militaires condamnés aux fers pour délits particuliers de désobéissance à la discipline; voilà les seuls hommes capables de rentrer dans la société & la servir : on remplit dans cet arrondissement le véritable but, relativement aux réunions civiques; car il n'y en a aucune d'ostensible; & la distribution des papiers politiques se fait avec des précautions raisonnées.

Nous allons employer tout pour connoître les maisons qui sont susceptibles d'avoir emmagasiné des comestibles; cependant on ne pourra véritablement que former des conjectures, en raison des fortunes.

Les circonstances actuelles exigent plus que jamais des mesures discrètes; car la nouvelle organisation de la police ne laisse plus rien à notre disposition; tous les patriotes

137

qui en étoient en sont expulsés; & aucuns avis ne nous parviendront plus : il n'y a pas de doute que les nouveaux venus, pour se rendre dignes de la confiance de leurs maîtres, mettront tout en œuvre pour les servir selon leurs désirs., & que le principal objet de leur sollicitude sera contre les amis de la liberté.

Sixième pièce.

(Minute qui paroît être de la main de Babeuf.)

Paris, 6 floréal, an 4 de la République.

ÉGALITÉ   LIBERTÉ

BONHEUR COMMUN.

Le Directoire de Salut public à l'Agent du troisième arrondissement.

Il faut nous donner la liste des particuliers riches chez lesquels on présume qu'il existe des provisions de comestibles, conformément à la demande que nous t'en avons déjà faite par une de nos précédentes circulaires.

Nous avons mis à profit tous les avis contenus dans ton rapport du 28, ce qui (s'espion au café Boudry) a toujours été contraire à nos vues, & ce n'étoit pas nous qui le provoquions.

Septième pièce.

29 germinal an 4.

Troisième arrondissement.

Le machiavélisme de nos ennemis a conçu le projet suivant : « Une quarantaine de femmes se réuniront dans un

» quartier désigné ; elles crieront beaucoup contre les accapa-
» reurs & les agioteurs, diront qu'il y a assez long-temps
» que ces hommes affament le peuple, qu'il est juste qu'ils
» dégorgent de bonne volonté ou de force ; elles échauffe-
» ront & provoqueront ceux qui les écouteront ; & enfin
» elles satisferont leur indignation en se jetant avec fureur
» chez quelques marchands : des individus placés exprès se
» répandront dans Paris, disant que ces coquins de Jacobins
» ont enfin mis à exécution le projet affreux de faire piller
» les honnêtes gens, les bons citoyens : ce bruit s'accréditera
» considérablement, les mesures répressives seront mises en
» activité. Les journaux feront retentir tout Paris & la ré-
» publique entière de ce nouveau crime des Jacobins, des
» terroristes, &c. de-là l'impulsion contre eux, de là la persé-
» cution motivée ; & bref la destruction totale de ces hom-
» mes affreux. »

Il est urgent de déjouer cette infame combinaison, il
faut la rendre publique ; & s'il étoit possible d'afficher, ce
seroit un coup de maître : il seroit bon de désigner, par l'avis
placardé, l'auteur du placard ; il feroit pendant contre la
proclamation du Directoire exécutif du 25 germinal : il est
juste d'opposer machiavélisme contre machiavélisme : tel
est l'avis de beaucoup de patriotes.

Ce qui justifie davantage ce projet à mes yeux, est une
conversation particulière qui m'a été communiquée, dont le
principal acteur étoit un *député chouan* de Lyon. Nous avons,
disoit-il, avant hier remporté une demi-victoire, par la
loi rendue contre les attroupemens ; mais nous en rempor-
terons une toute entière sous quelques jours, nos batteries
sont dressées, & nous sommes sûrs de leur réussite. Nous
ferons faire un mouvement que nous attribuerons aux anar-
chistes, & nous détruirons enfin cette secte abominable qui
entrave nos desseins. Hier encore le même a dit : Patience ,
ça ira.

Huitiéme piéce.

Du 28 germinal, an 4.

Troisiéme arrondissement.

Il n'existe aucuns dépôts d'armes, munitions, ni subsistances, dans le troisième arrondissement; mais il est probable que les particuliers riches ont des provisions de comestibles.

Il y a quelques patriotes armés, le nombre en est petit, le recensement s'en fera autant que possible.

Jusqu'alors il n'y a d'atteliers connus que celui des messageries, dont l'esprit n'est pas bon, parce qu'à l'époque de la réaction, on en a évincé tous les ouvriers patriotes.

Les individus attachés à la police, connus jusqu'alors, sont des patriotes prononcés, qui servent la liberté en remplissant leurs fonctions par les avis utiles qu'ils donnent; un de ceux-là a fourni un exemple non équivoque de son civisme à l'occasion de l'arrestation de Germain. Il se nomme *Tavet*, ancien membre du comité révolutionnaire de Brutus.

Un autre non moins utile est *Jacob*, aussi du comité désigné.

Les autres articles des instructions ne sont pas encore prêts, parce qu'ils exigent plus de recherches & de précautions.

Le gouvernement a mis toutes ses batteries en avant pour trouver le secret des patriotes. Il est quelquefois bien averti; mais nous le sommes aussi.

Il seroit prudent, disent beaucoup de patriotes, d'activer moins ostensiblement pendant quelques jours, pour atténuer les mesures contraires.

Le café chinois est signalé d'une manière particulière; ce qui s'y passe est indiscret; rien n'échappe; il ne seroit pas étonnant qu'il ne soit l'objet d'une mesure arbitraire.

Deux citoyens nommés Gaudet sont désignés pour être les lecteurs publics, &c.

A demain, quelques détails importans.

Drouet est indiqué à la police comme un des chefs du café chinois.

Neuvième pièce.

(Toute la pièce paroît être de la main de Babœuf.)

ÉGALITÉ   LIBERTÉ

BONHEUR COMMUN.

Paris, 25 germinal, l'an 4 de la République.

LE DIR. DE S. PUB.

A l'agent principal du troisième arrondissement.

Si nous ne t'avions pas connu avant de te livrer notre confiance, ton rapport du 22 nous rendroit témoignage du choix heureux que nous avons fait de toi. Nous ne pouvons te recommander qu'une suite de zèle & d'activité : multiplie, s'il est possible, tes rapports, & hâte encore, autant que tu le pourras, l'envoi de tout ce que tu nous a promis, & de tout ce que nous t'avons demandé.

Dixième pièce.

Du 22 germinal, an 4.

Troisième arrondissement.

On s'occupe à réunir les individus de cet arrondissement ; le nombre des élus n'est pas considérable ; cependant il y a des hommes à caractère ; ils seront classés suivant leurs moyens physiques & moraux.

La distribution des journaux patriotiques se fait. L'affiche n'a pas eu lieu aujourd'hui, mais elle ne manquera pas pour cette nuit.

Celle des autres arrondissemens s'est effectuée. Il est ordonné de l'arracher ; l'ordre a été exécuté ce matin par les agens de la police ; une partie de ses agens sont patriotes, & ils seront utiles.

Je ferai l'état de ceux qui demeurent sur le troisième arrondissement, & je le ferai passer au Directoire.

L'esprit des groupes hier étoit bon.

Le changement qui s'opère sur la distribution du pain, fait fermenter les têtes.

Lorsque le troisième arrondissement sera organisé, je ferai le recensement des objets demandés.

VINGTIÈME LIASSE,

INTITULÉE

LEPELLETIER, BUTTE-DES-MOULINS, MONT-BLANC, FAUXBOURG - MONTMARTRE,

(Ce titre paroît être de la main de Babœuf.)

Contenant huit piéces.

Première piéce.

Deuxième arrondissement.

Chatain, sellier en face des Bains chinois, n°. 7, capable de commander une compagnie : c'est un brave bougre d'un beau fisique.

Deuxiéme piéce.

Deuxième arrondissement.

10 floréal.

(La date & ces mots , deuxième arrondissement, paroissent être de la main de Babœuf.)

Humbert, rue de Marignon, n°. 2, f. g. Honoré, vis-à-vis la petite rue Verte. Il a servi dans le régiment de Flandre ; il connoît bien les évolutions militaires ; il est ardent & courageux patriote : on peut, en toute sûreté, lui confier un commandement. Il a, au 31 mai, donné des preuves de sa bravoure : étant à la tête de quarante-deux hommes, il a arrêté un bataillon qui marchoit avec deux pièces de canon.

Son exaltation exige qu'on ne le prévienne qu'au moment.

Troisième pièce.

Deuxiéme arrondissement.

NOMS DES CANONNIERS

DE LA SECTION DU FAUXBOURG MONTMARTRE.

Berger, rue fauxbourg Montmartre, n°. 919.

Benizy, limonnadier, f. Gr., *id.* n°. 909 (patriote ardent, mais qu'il ne faut prévenir qu'au moment).

Robin, Boule-Rouge, cul-de-sac, *idem*, n°. 926.

Leclerc fils, vitrier, B. R. N°. 926.

Bonvallet, serrurier, Boule-Rouge, *idem*.

Degrave jeune, *idem*, maison du citoyen Mauduit.

Le chaudronnier, rue des Martyrs.

Le serrurier, *idem* (sont connus ; il n'y a qu'eux de leur nom dans cette rue).

Berry, serrurier, Boule-Rouge, n°. 926.

Buisson, chez le menuisier, rue Riché, près la Boule
  Rouge.
Salmon, au petit trou de la Boule-Rouge, rue Riché.
Le marchand de vin en face du quartier.
Gerome, marchand, rue fauxbourg Montmartre, n°. 806.
Le charron, rue Riché.

Quatrième piéce.

9 floréal.

(Cette date paroît être de la main de Babœuf.)

Noms des canonniers de la section du fauxbourg Montmartre.

Cette pièce est une liste pareille à celle de la troisième
pièce, qui a été mise au net.

Cinquiéme piéce.

LIBERTÉ   EGALITÉ

BONHEUR COMMUN.

Paris, ce 3 floréal an 4.

*L'agent principal du second arrondissement au Directoire
secret de salut public.*

CITOYENS,

Vous trouverez ci-joint copie d'une lettre d'un brave

foldat à fon pere à Paris. Vous verrez comment la tyrannie eft fur fa garde pour prolonger l'efclavage du peuple, & empêcher la chûte des fcélérats qui nous gouvernent. J'ai des intelligences avec ce brave militaire, fans le connoître. Il vient chez fon pere prendre ce que j'y remets pour lui. Je vous recommande de ne donner aucune publicité à cette lettre, car l'auteur eft déja bien furveillé, & de plus c'eft un homme précieux à conferver.

Je m'occupe de toutes les liftes que vous m'avez demandées dans une de vos lettres; d'ici à quelques jours je vous ferai paffer cela.

Salut en la démocratie.

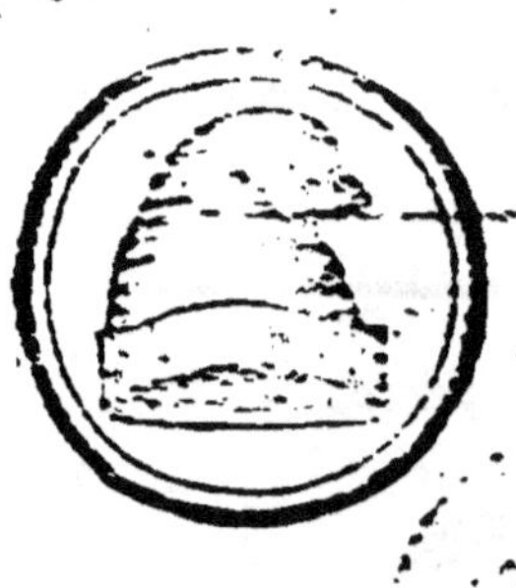

Sixiéme

Sixième piéce.

Paris, ce 6 floréal, l'an 4 de la République démocratique à venir.

LIBERTÉ.   EGALITÉ.

BONHEUR COMMUN.

L'agent principal du second arrondissement au Directoire secret de salut public.

ESPRIT PUBLIC.

Le numéro 42 du *Tribun du peuple* a produit le meilleur effet dans l'esprit des patriotes; il est loin on ne peut plus à propos, car les scélérats désignés par le démocrate Babœuf avoient déja acquis certaine confiance qui, comme vous l'avez fort bien observé (dans une de vos circulaires) auroit achevé de perdre la patrie; mais le contre-poison est venu à temps, & la guérison est entièrement opérée.

La loi martiale a (comme vous l'avez dit aussi) concentré dans le cœur des ennemis de la tyrannie la rage & la haine qu'ils sont pour nos tyrans; mais pas un patriote n'en a été effarouché; chacun a dit: C'est ce qui peut nous arriver de mieux, afin de se mettre suffisamment en mesure pour ne pas manquer le coup. Cependant les groupes ont toujours lieu au bout des ponts Notre-Dame, au Change, à la Grève & sur le Port-au-blé, où les forts sont animés du meilleur esprit. Les groupes sont plus respectés par la cavalerie. Depuis quelques jours on y parle sans exagération; l'opinion y est entretenue dans un degré convenable; on n'y voit que des

2^d. volume.   *Copie des pièces de Babœuf.*   K sans-culottes, qui sentent que le moment n'est pas arrivé, mais qui desirent qu'il vienne bientôt.

ESPRIT MILITAIRE.

La résolution du conseil sur le départ de la légion de police a excité, de la part des soldats, les plus violens murmures. Tous ont dit qu'ils ne partiroient pas; les patriotes éclairés qui se trouvent parmi eux profitent de cette circonstance pour leur faire sentir & connoître la scélératesse du gouvernement: tous le détestent aujourd'hui également, & disent qu'il faut leur fourrer la baïonnette dans le ventre avant que de partir. Nous nous appercevons bien (disent-ils) que tout cela est fait pour nous dégoûter: eh bien ! ils se trompent. Puisque c'est ainsi, nous irons jusqu'au bout; & nous verrons si cinq brigands . . . . . feront la loi à une nation entière. Tel est à-peu-près leur langage; & ils s'écrient par les croisées dans les casernes : Ils partiront, ils ne partiront pas, ils partiront, &c. Les officiers veulent les faire taire; mais ils sont obligés de se taire eux-mêmes pour leurs intérêts.

Aussitôt que le bataillon de Vincennes eut appris cette résolution, ils envoyèrent des camarades à Paris, pour savoir ce que l'on en disoit. Ils ont aussi consulté les patriotes non-soldats, afin de savoir la marche qu'ils dévoient prendre. Tous leur ont conseillé de ne pas partir, & de profiter de ce moment pour endoctriner leurs camarades moins instruits: c'est ce qu'ils nous ont promis, en jurant de nouveau haine aux tyrans !

Il se trouve aussi des militaires dans les groupes; ils y manifestés hautement les principes d'égalité & d'indépendance. Hier, trois volontaires très échauffés disoient : Qu'il vienne à notre camp à Grenelle seulement quatre députés de la part du peuple, & tout le camp marche avec eux pour secouer le joug qui nous opprese. Ces braves soldats jugent de l'esprit de tous les autres d'après le leur. Mais ce qui a très bien fait c'est qu'ils ont été entendus de beaucoup de monde ; ce qui a prouvé aux peureux qu'on devoit avoir confiance à la troupe.

DIRECTEURS.

Le roi Rewbell a une maison à Vitry-sur Seine ; ses gens disent, dans cette commune, que M. Rewbell dit qu'il est impossible au Directoire de sauver la chose publique ; qu'ils feront ce qu'ils pourront, afin qu'on n'ait rien à leur reprocher, mais que c'est en vain qu'ils y travaillent

Salut & courage.

Septième pièce.

(Cette pièce paroît être de la main de Babœuf).

ÉGALITÉ.   LIBERTÉ.

BONHEUR COMMUN.

Paris, 25 germinal, l'an 4 de la République.

Le directoire de salut public à l'agent principal du deuxième arrondissement.

Ton rapport du 23, citoyen, nous donne lieu à t'adresser cette lettre particulière. Il paroît, par un des articles de ce rapport, que le zèle, joint à l'intelligence dont tu nous as donné une première preuve, t'a inspiré l'idée bien louable de t'attacher particulièrement à l'esprit du soldat. Nous n'aurions pu te recommander rien de mieux que ce dont tu t'es avisé toi-même, c'est-à-dire, de t'être fixé à la portion de l'armée la plus éclairée, qui par la même raison doit être en même temps, comme tu l'as très-bien observé, la plus énergique & la plus capable d'instruire l'autre portion & de l'élever à la même hauteur que le peuple. Celui-ci, dis-tu encore, dépasse même les bornes des dispositions où il faut être pour pouvoir secouer le joug qui l'accable; mais la différence sensible que tu remarques dans l'assiette d'ame du militaire est effectivement l'essentiel obstacle qu'il faut franchir : car tu as encore senti comme nous qu'il est à-peu-près indispensable pour le succès que l'opinion du peuple & celle de l'armée aillent de front. Ce que tu nous as dit dénote, au surplus, que tu as déja su lier des intelligences utiles dans les bataillons stationnés autour & au milieu de nous. Nous te recommandons essentiellement la suite bien entretenue de ces liaisons, & de nous donner les noms des hommes sur qui tu découvriras que l'on puisse compter, avec le renseignement du genre d'emploi révolutionnaire auquel tu croiras propre chacun d'eux.

Huitième pièce.

LIBERTÉ. ÉGALITÉ.

BONHEUR COMMUN.

Paris, ce 23 germinal, an quatrième de la République.

Au Directoire de Salut public.

Conformément à l'article 7 de votre lettre du 19 dit présent, les compagnies d'afficheurs & de groupiers sont organisées dans les sections *du Mont-Blanc, Lepeletier, Fauxbourg Montmartre, la Butte-des-Moulins.* Les affiches ont été posées & lues par le peuple avec empressement & avidité; chacun disoit, Voilà la vérité, & manifestoit la haine la plus profonde contre les scélérats qui nous tyrannisent. A la cour Mandar, un commissaire de police a arraché l'affiche; aussitôt un patriote énergique lui dit: Scélérat, tu viens arracher au peuple la vérité qu'on veut lui faire connoître; tu es un agent de nos affameurs. Les lecteurs se mirent à applaudir, & l'agent prit la fuite pour son salut.

L'esprit public fait des progrès rapides; il franchit, malgré nous, les bornes que nous voulons lui prescrire; on entend crier ouvertement: Il faut renverser les monstres qui nous gouvernent; nous n'aurons le bonheur qu'après leur défaite.

L'esprit du soldat n'est pas aussi avancé, c'est-à-dire, ceux qui ne savent qu'obéir paroissent assez indifférens; mais ceux éclairés redoublent d'énergie & de zèle pour les instruire & nous répondent du succès.

Il y a douze piques très-bonnes chez le citoyen Henriot, fermier, rue des Barres, section de la Maison commune. Il les avoit achetées pour employer; on lui a recommandé de les conserver; il l'a fait.

Plusieurs arrêtés du Directoire ont été arrachés hier dans la grande rue Denis par des enfans.

Je m'occupe du reste du contenu de votre lettre, & vous en rendrai compte aussitôt qu'il sera possible.

Voilà 400 liv., fruit de la collecte de quatre sans-culottes; je m'occupe aussi de cet objet, & vous ferai passer à fur & mesure que je recevrai.

VINGT-UNIÈME LIASSE,

INTITULÉE

TUILERIES, PIQUES, CHAMPS-ELYSÉES, LA RÉPUBLIQUE,

(Ce titre paroît être de la main de Babœuf.)

Contenant vingt-une pièces.

Première pièce.

Premier arrondissement.

SECTION DES PIQUES.

Brisaut : bon pour commander un bataillon.

Charriot : *idem.*

Schefer : bon pour commander une compagnie.

Poseur, section des Tuileries, porte Honoré ; canonnier, bon pour commander une pièce.

13 floréal.

(Date de la main de Babœuf.)

Deuxième pièce.

16 floréal.

(Date de la main de Babœuf.)

A Passy, le nommé Lapallière donne à manger aux Directeurs souvent tous les lundis. On assure que ce Lapallière est caissier ou receleur d'objets précieux. On a vu arriver chez lui, un de ces jours derniers, deux charriots chargés d'or & d'effets de prix. On sait que la maison qu'il habite, &

qui est celle de la dame Lamballe, au-dessus de ce qu'on nomme les *Bons-Hommes*, contient des denrées & une infinité de choses de première nécessité.

G. (1)

Troisième pièce.

CHAMPS-ELYSÉES.

12 floréal.

(Ce titre, qui se trouve sans suite, paroît être de la main de Babœuf.)

Quatrième pièce.

Premier arrondissement.

12 floréal.

(Date & mots de la main de Babœuf.)

Moreaux, Porte-Honoré, n°. 21.
Lerueiller, Porte Honoré, n°. 21.
Mamdibourg, Porte Honoré, n°. 25.
Dufeux, fauxbourg Honoré, n°. 102.
Petilot, maison de Bunel, n°. 114.
Vodemont, avenue de Neuilly, n°. 16.
Borel, avenue de Neuilly, n°. 6.
Laminières, avenue de Neuilly, n°. 1.
Maffard, Rochefort, avenue de Neuilly, n°. 1.
Leroux, Beaulieu, avenue de Neuilly.
Carbonnier, grande rue de Chaillot, n°. 84.
Roulin, allée des Veuves, en montant, à droite.

---

(1) Lettre initiale du nom de *Germain*, de qui paroît être cette note.

K 4

Boutinot, à la Pompe à Feu, n°. 6.
Joly, cordier, avenue de Neuilly.
Sabarot, fauxbourg Honoré, n°. 110.
Levêque, boucher, porte Honoré, n°. 8.
Hochet, père & fils, fauxbourg Honoré, n°. 111.
Devennes fils, rue de la Révolution, n°. 25.
Hofiez, rue de la Révolution, n°. 27.
Marais, chez Levasseur, à Chaillot, rue de Lonchamps.
Magne jeune, grande rue de Chaillot.
Bomet, limonnadier, aux Champs-Elysées.
Injai, porte Honoré, n°. 42.
Gandron, porte Honoré, n°. 46.
Pradel, rue de Berry, n°. 3.

Entran den le camps le preitexte d'alez voir mon frère dens le regiment Darmaniaque j aye remarquez 45 quaison fan cannon pas même une seule piele, 500 volontaires due regiment Darmaniaque, 150 du 9ieme bataillon de Lareserve, 100 hussards, & tous bandis, lesprit due soldat forbon. Les volontaires on partie hier due champs a quatre heures du soir mumie tous de chacun 30 cartouches.

Cinquième pièce.

Humbert, cordonnier.
Margolin, maçon.
Lecomps, son frère.
Halez, jardinier.
Recollin, capitaine des canonniers.
Poulin, vitrier.
V. Gean, Tellier.

Sixième pièce.

Pissole, H. — Allain. — Baron.

Septiéme piéce.

(Cette pièce est de la main de Pillé.)

ÉGALITÉ.   LIBERTÉ.

BONHEUR COMMUN.

Le Directoire de salut public aux agens des douze arron-dissemens.

Le moment est venu de terrasser la tyrannie ; tiens-toi prêt & mets en mesure tous les patriotes de ton arrondissement. Nous veillons pour la liberté, & nous ne tarderons pas à te faire passer les ordres qui doivent sauver le peuple.

Fais faire immédiatement dix guidons en carton, attachés à un bâton, avec ces mots écrits à la main, en très-grosses lettres :

Constitution de 1793.

Égalité.

Liberté.

Bonheur commun.

Fais faire quelques autres guidons, & sur les uns fais écrire ces mots :

« Ceux qui usurpent la souveraineté, doivent être mis à » mort par les hommes libres. »

Sur les autres :

« Quand le gouvernement viole les droits du peuple, » l'insurrection est pour le peuple & pour chaque portion « du peuple le plus sacré des devoirs. »

Envoie des sans-culottes, d'heure en heure, fraterniser avec les légionnaires de police, à la caserne de la Courtille.

Huitième pièce.

De la main de Pillé, & elle est scellée en cire noire, du cachet du comité insurrecteur.)

ÉGALITÉ   LIBERTÉ

BONHEUR COMMUN.

Paris, 8 floréal l'an 4 de la République.

Le Directoire de salut public aux agens des douze arrondissemens.

AMIS,

Hâtons-nous, les circonstances nous poussent & nous entraînent ; le moment d'affranchir notre pays n'est peut-être pas aussi loin que nous même l'aurions pensé. Accélérez le travail des renseignemens majeurs que nous vous avons demandés ; vîte sur-tout la liste des canonniers de votre arrondissement, celle de tous les démocrates qui peuvent remplir les premiers postes militaires & de l'administration provisoire & insurrectionnelle, la note des poudres, des munitions, des armes, des dépôts de vivres, &c. &c. ; il n'y a plus un moment à perdre.

Neuvième pièce.

(*de la main de Pillé.*)

ÉGALITÉ   LIBERTÉ

BONHEUR COMMUN.

Paris, 7 floréal, l'an 4e de la République.

Le Directoire de salut public aux agens des douze arrondissemens.

CITOYENS,

La tyrannie se meurt, elle perd la tête & ne fait plus

quel parti prendre; elle voit le danger où il n'est pas; elle applique des mesures bien loin de ce qui la menace véritablement; elle ne se doute même pas quels sont ses vrais ennemis. Réjouissons-nous, & tirons-en de nouveaux motifs d'encouragement. Il nous est donc prouvé par là que nous n'avons parmi nous ni traîtres, ni indiscrets.

Nous justifierons l'adage, qu'un grand secret peut être gardé par beaucoup de monde, lorsque chacun y est vivement intéressé.

Le moment est peut-être venu de tirer un grand parti des fautes du despotisme, & de tourner à notre avantage tout ce qu'il croit devoir faire pour se garantir du précipice qu'il sent & estime lui-même inévitable.

Nous vous parlerons de deux choses importantes à l'ordre de ce jour :

1°. Vous savez sans doute déja que par un arrêté le Directoire du Luxembourg vient d'ordonner la sortie de Paris à sept ex-conventionnels qu'apparemment il soupçonne de tramer contre le gouvernement.

Mais ce que peut-être vous ne savez pas encore tous, c'est une mesure secrette qui vient d'être prise, au par-dessus de celle ostensible dont nous venons de parler. Tous les commissaires de police viennent de recevoir l'injonction d'arrêter, avec ces sept ex-députés, d'autres patriotes, au nombre de quatorze.

Nous vous en envoyons la liste totale à la suite de la présente.

Nous avons pour but, dans cet envoi, de vous engager de faire insinuer à tous ceux des patriotes que vous pourrez connoître dans votre arrondissement, de se mettre à l'abri de l'arrestation & de ne point quitter Paris.

Vous comprenez que nous n'avons, dans cette recommandation, d'autre raison politique que celle de ne rien laisser faire qui puisse décourager la masse des patriotes. Notre ſageſſe eſt de réſiſter à tous les actes arbitraires du deſpotiſme, de lui donner par-tout le démenti, de nous montrer toujours au-deſſus de ſes attentats, parce que c'eſt cette conduite qui ſeule maintiendra parmi les nôtres la confiance, l'énergie & le ſentiment de la force du parti : ce point de vue rempli à l'occaſion des ex-députés, voilà tout ce qu'il faut. Evitez de leur donner dans cette occaſion aucune importance, & ne laiſſez croire ni à eux, ni à perſonne, que l'intérêt qu'on prend à eux, eſt parce que l'on croit avoir beſoin d'eux. Nous vous répétons ici ce qui eſt dit dans la circulaire du 24 germinal, nous n'avons pas beſoin d'eux : les hommes du peuple ne peuvent faire quelque choſe de grand pour lui, ils ne peuvent le ſauver qu'avec lui tout ſeul. Il faut qu'ils écartent tout ce qui eſt ou qui a été gouvernant.

2°. L'autre objet que nous vous preſſons de fixer avec nous, eſt celui des diſpoſitions priſes à l'égard des légionnaires de police ; ce ſont ceux-là qu'il eſt bien plus intéreſſant encore de ne point laiſſer partir. Sans doute, il n'eſt aucun de vous qui ne ſoit déjà frappé de l'avantage imprévu qui ſe préſente à nous de ce côté. Nous ſavons que ce corps de police renfermoit des élémens de bons principes, mais apparemment nous n'en avions pas aſſez favorablement eſtimé la valeur. Les tyrans, par le parti qu'ils viennent de prendre, nous mettent à portée d'apprécier mieux cette reſſource ; ne la laiſſons pas échapper ; profitons de ces hommes précieux : que le poltron qui s'eſt venu fourrer dans cette organiſation, pour ſe mettre à couvert des dangers auxquels on s'expoſe à la frontière, devienne pour nous un vaillant ſoldat.

Que celui qui a ici ſes habitudes, ſa maîtreſſe, ſon père, ſes parens, ſa femme, ſes enfans, ſes amis, ſoit préparé à combattre pour reſter près d'eux. Que les préſomptions, l'image des périls auxquels on veut le mettre en proie en l'éloignant, ſoient groſſies & exagérées, &c., &c. Careſſons les, promettons-leur ſecours & aſſiſtance, moyennant leur réciprocité en faveur du peuple, & attendons avec sécurité les fruits de ce genre de sollicitude. Peut-être ne tarderons-nous pas à les cueillir ; peut-être sommes-nous à la veille d'ouvrir au peuple la porte de l'égalité, de la liberté & du bonheur.

Liste des citoyens dont l'ordre d'arrestation est envoyé à tous les commissaires de police.

Ragmay ou Ragmey . . Pasquier . . . . . . Palis .
Lebars . . . . Verteuil . . . . . . Bonnet.

Ces six ex-membres du tribunal révolutionnaire de Brest.

Huguet . . Choudieu . . Châles . . Fayand . .
Amar . . Vouland . . . Vadier . . . .

Les sept ex-conventionnels.

Terrasse, dit Teissennes . . Guillin : il est boiteux . .
Boisset, ci-devant commissaire-ordonnateur de l'armée de Lyon, révolutionnaire.
Grimeaux, volontaire, & Chesson, sergent : tous deux du cinquième bataillon de Maine-&-Loire.
Pasquier, officier dans un bataillon de Maine-&-Loire.
Estampier, ci-devant officier de marine.
Médecin, ci-devant membre de l'administration de département des Bouches-du-Rhône.

Dixième piéce.

(De la main de Pilié.)

ÉGALITÉ · LIBERTÉ

BONHEUR COMMUN.

Paris, 6 floréal l'an 4 de la République.

LE DIRECTOIRE DE SALUT PUBLIC

Aux agens des douze arrondissemens.

CITOYENS,

En vous rassurant, par notre circulaire du 29 germinal, sur les suites des dernières mesures de la tyrannie, nous avons laissé à votre prudence les moyens à prendre pour entretenir le feu de l'indignation & de l'énergie dans les cœurs. Nous croyons devoir aujourd'hui vous préciser un peu davantage nos vues à cet égard. Nous vous avons dit que la haine concentrée & le ressentiment de l'oppression donneroient au foyer volcanique un aliment plus actif, & ne pourroit que déterminer, quand l'heure sera venue, une irruption plus prononcée, un embrasement plus général : cela doit être vrai ; mais encore est-il nécessaire, pour garantir d'autant mieux l'évènement, que l'on ne cesse de diriger l'air secret, qu'on le nourrisse constamment de choses combustibles, & que des attiseurs permanens soient là pour ne point le laisser refroidir.

Suivons cette autre vérité que nous avons reconnue : Le patriotisme, avons-nous dit, n'existe point uniquement dans le forum ; il ne paroissoit là que parce qu'il existoit auparavant dans le cœur des citoyens. Or, les tyrans qui ont détruit le forum, n'ont point détruit le patriotisme, parce que ceux qui venoient l'apporter, le manifester dans la place publique, l'ont rapporté chez eux; c'est là qu'il brûle à présent; c'est là que nous pouvons le retracer; c'est là que nous devons le suivre.

En effet, le patriotisme est une plante qui étouffe la tyrannie. Il est donc de l'intérêt des tyrans de l'absorber & de l'intérêt des insurrecteurs de la faire fructifier; elle est l'arme qui assure le succès de ceux ci; elle est le fléau mortel de ceux-là: cette culture, d'une part, cette volonté de l'autre, forme l'objet d'une guerre entre les libérateurs du peuple & ses oppresseurs, voilà notre état. Nous sommes en guerre contre les partisans de l'oppression, qui veulent nuire de toutes leurs forces à la culture de la plante du civisme, que nous voulons aussi de toutes nos forces faire profiter. La tyrannie, dans les momens qui viennent de se passer, s'est vue dans l'impuissance de l'extirper entièrement; elle est trouvée assez forte pour la reléguer loin des terreins les plus propres à son accroissement. Nous nous sommes vus dans l'impuissance, nous, de la maintenir dans ce sol fertile; il faut que, dans nos mains, l'art agricole supplée aux avantages naturels des sites heureux; il faut que nous fachions, par notre industrie & notre activité, nous assurer tout de même de recueillir le *maximum* de moisson auquel nous avons eu, dans tous les temps, l'ambition d'atteindre.

Nous ne dissimulons pas que les places publiques étoient bien les heureux sites les plus capables d'avancer promptement l'essor de notre affranchissement. L'avantage de la saison rendoit encore plus précieux ces clubs en plein air où tout invitoit à se rendre, & sans doute ils eussent facilement & équivalemment suppléé le Panthéon. Ils avoient pourtant un inconvénient que vous ne devez pas rencontrer dans les établissemens de remplacement dont il va vous être parlé, & qui font le sujet spécial de cette lettre. Ils avoient l'inconvénient de donner entrée à tous les sycophantes qui, sous des dehors imposteurs, venoient en pervertir l'esprit, & le détourner par des faits faux, des notions & des insinuations fausses, du véritable point vers lequel il étoit à desirer qu'ils se dirigent uniquement.

Mais, puisqu'il faut ne plus songer à cette manière d'entretenir le feu électrique, nous devons nous occuper sérieusement à le faire par d'autres moyens. Le patriotisme, répétons-le, il n'est pas éteint, il n'est que détourné de son centre. Suivons-le, allons le chercher où il se trouve; & là, soutenons le, vivifions-le. Le patriotisme est notre domaine, notre propriété chérie; il est l'arme que nous ne devons jamais perdre de vue, parce que nous ne pouvons rien sans elle: enfin nous savons où il est le patriotisme. Chassé de ses derniers retranchemens, les places publiques, il est allé se relancer dans les réduits de ses fidèles zélateurs. Eh bien! c'est là que nous devons le suivre, le soutenir & l'animer.

Nous en revenons à nos clubs à domicile, à ces petites réunions que nous vous avions proposées dès notre première instruction. La formation spontanée des groupes a bien pu vous autoriser à déroger à ce point de nos recommandations, ou du moins à le négliger; mais il est indispensable aujourd'hui d'y revenir. Nous vous dirons donc de nouveau de vous attacher à fonder, à multiplier, le plus que vous pourrez, les petites réunions. Nous vous redirons de les établir dans les maisons particulières, plutôt que dans les cafés, parce que, dans les maisons, l'esprit corrupteur & l'inquisition n'y pénètrent pas; préférez sur-tout la grande multiplication de ces réunions au rapprochement d'un trop grand nombre de membres dans quelques-unes d'elles. Que chaque coin de grabat, chaque grenier en compose une; que ce soient une foule de points imapperçus, de *petites coteries*, pour nous servir de la digne expression de Mailhe; mais non pas des rassemblemens qui puissent frapper d'une manière trop sensible l'œil de la tyrannie. Au reste, ce plan est aussi d'une exécution plus facile, & vous n'avez presque rien à faire pour l'organiser. Vous trouverez ces *petites coteries* formées d'elles-mêmes, en vous attachant à découvrir la demeure de chaque famille décidément patriote.

Dans

Dans chacune de ces familles, voilà un club. Ne faites rien davantage que d'y envoyer successivement nos papiers révolutionnaires ; ne vous inquiétez pas du surplus. On rassemblera immanquablement, pour les lire, ses voisins, ses connoissances ; voilà le club, vous disons-nous ; voilà l'opinion publique qui se nourrit, qui se soutient, qui se forme entièrement ; voilà des groupes, qu'il est pourtant impossible que la loi ultra-martiale vienne dissiper. Vous aviez, d'après nos instructions précédentes, organisé des compagnies de groupistes pour aller dans les places publiques. Employez - les maintenant à distribuer nos journaux dans les petits clubs dont nous parlons, & il nous semble qu'il n'en faut presque pas davantage pour remplir nos vues sur la présente mission.

Nous nous y sommes un peu étendus, parce que son objet est néanmoins de la première importance. Rien en révolution n'est plus majeur que de trouver une manière sûre pour diriger & entretenir le bon esprit public ; car c'est avec l'opinion qu'on remue tout. Malgré les lâches entraves du despotisme, nous croyons avoir découvert cette manière certaine. Redoublons d'énergie & de zèle, nous devons être tous bien encouragés en voyant la tyrannie qui ne nous devine pas, qui prend le change, qui donne dans des mesures extrêmes ; d'où se décèlent ses étranges terreurs & conséquemment sa foiblesse, qui enfin ne fait dans tout cela rien qui ait droit de nous alarmer, puisque nous ne sommes pas prêts, & qu'il y a lieu de croire que lorsque nous le serons, elle aura (la tyrannie) eu lieu de penser que ses craintes n'ont été que chimériques, & que, peut-être honteuse de ses ridicules précautions, elle les aura ajournées.

Onzième pièce.

(*De la main de Pillé, & scellé en cire noire du sceau du comité insurrecteur.*)

ÉGALITÉ.   LIBERTÉ.

BONHEUR COMMUN.

Paris, 4 floréal l'an 4 de la Répub.

LE DIRECTOIRE DE SALUT PUBLIC,

A l'agent du premier arrondissement.

Lorsque nous t'avons livré un poste de grande confiance, nous te crûmes capable de l'apprécier & doué de toutes les qualités qui rendent digne de le remplir.

A tous ceux à qui nous déférâmes le même dépôt qu'à toi, nous avons demandé les mêmes vertus ; & leurs travaux jusqu'à cejourd'hui garantissent que les notions exactes prises d'avance à leur égard ne nous ont point donné d'eux une opinion fausse. Ta conduite tout au moins légère depuis le moment où tu as accepté notre mission, donne lieu à des inquiétudes & du mécontentement. Inactif à l'égard de la chose la plus importante, il en a résulté deux inconvéniens graves : le premier, que cette chose importante a souffert ; le second, que l'apparence la moins défavorable est celle que tu n'avois pas senti la grandeur de ton rôle. Il falloit voir qu'il exigeoit que tu y sacrifiasses toutes les affaires particulières. Les vassaux de la ci-devant Marbœuf sont moins intéressans que la patrie. Nous travaillons pour abattre la nouvelle féodalité de toute la république ; ce grand affranchissement comprendra celui de la commune de *Champs*. S'il ne s'opéroit pas, tu irois vainement plaider dix ans dans un petit tribunal. C'est le grand procès du peuple entier qui doit occuper exclusivement tous les vrais patriotes.

Nous ne pouvons non plus te dissimuler que nous n'avons pas appris sans beaucoup de déplaisir tes liaisons intimes avec certains hommes, des hommes qui font très-éloignés d'être de notre religion.

Citoyen, il n'eft rien de ce qui concerne nos agens que nous ignorions. Aucune de leurs actions & de leurs démarches ne peut nous être indifférente. Malheur à celui dont nous aurions tout-à-fait à nous plaindre. Songe que de vrais conjurés ne peuvent plus quitter ceux qu'ils ont pris une fois le parti d'employer. Il faut que ceux-ci les fervent bien, ou que ceux-là fachent à quoi s'en tenir à leur égard. Réfléchis encore que des hommes, que toutes les inventions atroces des jugulateurs ne peuvent intimider ni déconcerter, feroient bien moins faits pour être joués par un de ceux dont ils ont à attendre toute autre chofe. Ce langage eft auftère, mais il eft utile de nous à toi. Vois fi tu es encore en pofition de pouvoir ne le prendre que comme une leçon fraternelle. Nous le faurons quand tu ne nous le dirois pas. Souviens-toi que c'eft toujours une vérité que ce que tu as pu lire dans notre première inftruction, *« que nous » ne pouvons perdre que toi, & que fi tu étois méchant, tu ne » pourrois nous atteindre. »*

Douzième pièce.

17 germinal.

(*Date de la main de Babœuf.*)

Les groupes font excellens : non-feulement le patriote s'y prononce énergiquement ; mais encore on y entend le rentié, l'ariftocrate, fe prononcer ouvertement contre le gouvernement ; les boutiquiers font du même avis ; ils voudroient voir cet échafaudage à bas : mais ce qui eft furprenant, c'eft qu'on ne les entend point dire ce qu'il faudroit fubftituer à fa place.

A en juger par ce que j'entendis l'autre jour étant de garde, l'efprit du légionnaire eft bon. Ils difoient hautement dans le corps-de-garde, que les gouvernans étoient tous scélérats, tous assassins du peuple; qu'ils étoient prêts à les exterminer, & que si le peuple avoit le courage de tenter un coup, ils se mettroient avec lui pour renverser les tyrans.

Quant au peuple pris isolément, il n'a point d'opinion: convaincu de ses maux, il les attribue à la révolution, & revient à dire qu'il étoit plus heureux dans l'ancien régime.

Je me suis trouvé ce matin chez un aristocrate, qui, ne connoissant pas mes principes, a débité contre le ministre actuel de la police, & a dit que Cochon, qui devoit le remplacer, n'avoit accepté cette place qu'à condition qu'il lui seroit permis de chasser les terroristes & les jacobins de ses bureaux.

Treizième pièce.

EGALITÉ   LIBERTÉ.

BONHEUR COMMUN.

Paris, le 29 germinal, l'an 4 de la République.

(De la main de Pilié, & scellé en cire noire du sceau du comité insurrecteur.)

Le Directoire de salut public aux agens des douze arrondissemens.

Nous l'avions prévu, Citoyens; nous l'avions calculé dès le moment où nous posâmes les premiers fondemens de notre création : *il sera peut-être nécessaire,* avons-nous dit, *de tempérer plutôt que d'accélérer l'élan des hommes libres.*

Cet apperçu nous avoit conduits à vous engager, par notre première instruction, à retenir, autant qu'il seroit en nous, la trop grande exaltation du peuple, pour nous ménager le temps de dresser la totalité de nos batteries, &

d'enflammer l'esprit du soldat au même degré que celui de nos concitoyens. Nous avions facilement reconnu que, sans un tel ménagement, il arriveroit que les sans-culottes, trahissant trop tôt leurs vœux, donneroient l'éveil à un gouvernement craintif, comme le sont tous ceux qui tyrannisent, & qu'il en résulteroit de sa part des mesures & des préventions terrifiantes.

Nous savons bien qu'il n'a pas dépendu de vous d'arrêter l'effervescence de la multitude fatiguée par ses trop longues douleurs. Elle a vu dans la couleur des écrits de nos journalistes plébéiens que l'on travailloit pour elle. Transportée d'alégresse, elle a cru être à la veille du terme de ses souffrances. Elle a cru qu'il ne falloit plus que montrer qu'elle étoit prête ; qu'un mot, un signe, suffiroient pour la faire ranger sous les enseignes de ceux qui se présenteroient pour devenir ses libérateurs. Un tel mouvement nous a prouvé ce qu'on peut encore attendre du peuple, que ses vils détracteurs déclaroient si apathique, & tout-à-fait incapable de se livrer aux vigoureux efforts nécessaires pour opérer son affranchissement.

Il est donc déja certain que cette première démonstration du peuple nous a été utile. On va reconnoître qu'elle l'a été entièrement à la chose publique par les excès dans lesquels elle a engagé le gouvernement. La répression qu'il exerce va tourner tout à notre profit. Si rien n'eût arrêté la marche des patriotes, ils alloient se livrer à des emportemens qui ne peuvent être profitables qu'au moment qui précède immédiatement l'explosion. Ils nous forcèrent eux-mêmes la main tandis que nous n'étions pas prêts, tandis que, comme vous le savez, nous n'avons point encore à nous tous les élémens capables de donner un triomphe assuré ; des mouvemens partiels avoient lieu ; nous étions peut-être contraints de les suivre, & nous pouvions y trouver notre tombeau.

Au lieu que, par ce qui arrive, les patriotes reçoivent une compression salutaire pour la circonstance ; ils se replient sans coup férir, sans perte d'aucun des leurs, & ils donnent à leurs généraux le temps de difpofer complétement les plans d'attaque.

Laiffons donc tranquillement fuivre l'effet des dernières convulfions d'une tyrannie qui a peur, & qui fe fent bourrelée non de remords, mais de l'appareil d'un fupplice inévitable. Nous aurions tenu une autre conduite, fi nous nous fuffions trouvés en mefure. Il ne nous auroit point été difficile de faire rompre les digues gigantefques que le defpotifme oppofe dans ce moment à la liberté : mais il faut feindre d'être foible, & de dévorer avec confufion un nouvel outrage. Que les démocrates fe retirent, la rage & la vengeance dans le cœur ; voilà tout ce qu'il nous faut. Nous entretiendrons l'activité de ce fentiment, & nous en déterminerons l'explofion lorfqu'il en fera temps. Ce n'eft point dans le *forum*, ce n'eft point dans les places publiques qu'eft feulement le patriotifme ; ceux qui ont pu l'apporter-là, l'ont reporté chez eux ; nous fommes sûrs de le trouver au grand jour de notre affranchiffement. Là même (dans le domicile de chaque citoyen) il nous fera plus facile de maîtrifer l'effervefcence, & d'arrêter de funeftes écarts. Tout ce que nous vous recommandons avec le plus d'empreffement, c'eft de hâter l'envoi des renfeignemens de toute efpèce que nous vous avons demandés, fans vous embarraffer de tout ce qui fe paffe autour de vous. Le defpotifme jette dans cet inftant feu & flamme ; cette bourrafque paffera & ne doit inquiéter aucun de nous. Nous faurons bien tourner à notre profit même les apprêts formidables qu'il difpofe. Nous avons cru devoir vous adreffer ces idées raffurantes, qui, en vous préfentant notre état d'après ce qui vient de fe paffer, vous perfuaderont peut-être que tout n'eft pas perdu, & que nous n'avons même point éprouvé de défaite. Nous ne croyons pas avoir befoin de vous rallier, parce que nous jugeons votre courage égal au nôtre : mais nous vous invitons à oppofer ces mêmes idées raffurantes aux mauvaifes raifons contraires, par lefquelles, avec la terreur qui vient d'être mife à l'ordre du jour contre les patriotes, les plus foibles d'entre eux pourroient être intimidés.

Quatorzième pièce.

ÉGALITÉ.　　LIBERTÉ.

BONHEUR COMMUN.

Paris, 27 germ., l'an 4 de la Rép.

(De la main de Pillé, & scellée en cire noire du sceau du comité insurrecteur.)

LE DIR. DE SAL. PUB.

Aux agens principaux des douze arrondissemens.

CITOYENS,

Par le premier article de notre circulaire du 19 de ce mois, nous vous avons demandé l'indication des dépôts d'armes, de munitions & de subsistances, qui existent dans vos arrondissemens respectifs. Il résulte des rapports de plusieurs de vous, que l'on a cru que nous n'entendions par là que les dépôts de magasins publics qui appartiennent à la nation. Nous croyons utile de vous expliquer que nous désirons encore avoir l'état indicatif des magasins ou dépôts d'accaparement de toutes espèces qui existent chez une foule de messieurs prétendus négocians. Vous voudrez bien nous donner leurs noms & leurs demeures, ainsi que l'espèce & l'importance des marchandises dont vous les saurez possesseurs : vous joindrez à cet état celui des armuriers, avec les mêmes détails.

Quinzième pièce.

ÉGALITÉ   LIBERTÉ

BONHEUR COMMUN.

Paris, 27 germ., l'an 4 de la Rép.

(*De la main de Pillé, & scellée en cire noire du sceau du comité insurrecteur.*)

LE DIR. DE SAL. PUB.

Aux agens principaux des douze arrondissemens.

Un objet urgent, citoyens, pour lequel nous réclamons votre sollicitude, c'est de faire & de nous envoyer la liste des ennemis les plus prononcés de la révolution qui se trouvent dans votre arrondissement : vous ajouterez à leurs noms leurs qualités & domiciles, avec des notes sur le caractère & les moyens moraux de chacun d'eux, & sur ce qu'ils ont fait pour se distinguer contre - révolutionnairement ; vous vous attacherez à signaler en particulier ceux qui ont marqué le plus fortement dans la réaction, qui se sont le plus acharnés contre les patriotes dans les assemblées sectionnaires après thermidor. Nous n'entendons pas comprendre ceux qui, un moment égarés à l'issue de cette funeste époque, ont fait par patriotisme quelques actes ou démonstrations par lesquels ils ont semblé y applaudir ; mais qui, une fois désabusés & convaincus que cette fatale journée a été le tombeau de la liberté & de ses plus fermes soutiens, ont couru au-devant d'une persécution assurée & évidente, se sont empressés, au péril de leur repos & de leur existence, de se séparer des rangs de la classe perverse qui profita de cet événement pour faire une guerre atroce aux républicains & à l'humanité entière ; ont été enfin atteints par cette persécution & l'ont supportée avec une héroïque & courageuse constance.

Nous vous prefferons de même pour la lifte des patriotes dévoués, & fur les fervices defquels on pourroit compter au moment & à la fuite de la crife régénératrice. Vous nous donnerez également l'apperçu de leurs moyens intellectuels, & même l'indication des fonctions auxquelles ils feroient propres : vous n'oublierez pas leurs adreffes pofitives, afin qu'on puiffe favoir, quand il en fera temps, où les prendre ; tâchez auffi de nous fournir la lifte complète des anciens canonniers de votre arrondiffement, avec des notes fur le civifme de chacun d'eux.

Dites-nous où font allées les piques des fections de votre arrondiffement.

Salut en la démocratie.

Seizième pièce.

(*De la main de Pillé, & fcellée du fceau du comité infurrecteur, en cire noire.*)

ÉGALITÉ   LIBERTÉ.

Paris, 26 germinal, l'an 4 de la République.

LE DIRECTOIRE SECRET DE SALUT PUBLIC,

Aux principaux agens révolutionnaires des arrondiffemens municipaux.

CITOYENS,

Prémuniffez-vous & prémuniffez les patriotes contre deux piéges qui nous font tendus, & lefquels font également à craindre.

On circonvient le peuple en deux fens également contraires à l'établiffement de la franche démocratie qui eft le but de nos vœux, & nous allons vous mettre à portée de déjouer cette double manœuvre, en vous la dévoilant.

D'un côté, ce font les émiffaires des Tallien, des Legendre & Barras qui obsédent les patriotes pour les induire à croire que ces trois réagisseurs, que ces hommes qui ont toujours trahi le peuple, sont maintenant prêts à le servir & à se mettre à sa tête pour l'aider à reconquérir ses droits, dont ils ont été les plus actifs détracteurs. Les vues de ces misérables sont faciles à pénétrer : ils apperçoivent la force croissante de l'opinion éclairée qui menace de son ascendant terrible tous les oppresseurs ; ils veulent, pour sauver leurs têtes, s'emparer du mouvement qu'ils distinguent bien devoir être prochain & inévitable. Ils veulent uniquement le faire tourner à l'affermissement de leur domination. Placés, comme ils le sont, entre deux feux, entre la coalition des royalistes & celle des démocrates, ils sentent leur extrême foiblesse, même leur impuissance de résister long-temps ; ils calculent qu'ils se fortifieroient beaucoup en renversant la faction des royalistes, parce qu'ils n'auroient plus que notre parti à combattre : voilà pourquoi ils voudroient d'abord se servir de nous pour les anéantir. Ils s'efforcent de détourner l'attention du peuple sur les seuls royalistes ; ils voudroient nous faire oublier, par cet unique objet, la conquête de nos droits & l'anéantissement de nos oppresseurs ; ils nous congédieroient, de même qu'en vendémiaire, après la défaite de ce parti : ils feroient consister en cela le salut de la patrie, & ce ne seroit que leur salut à eux ; ce ne seroit que la mesure partielle qui ne leur laisseroit plus que nous à exterminer, & ils ne balanceroient pas long-temps pour le faire. C'est eux-mêmes qui ont l'astuce de faire semer hautement qu'après nous être servis d'eux dans le mouvement, nous pourrions les anéantir ; cette ruse grossière aveugle les esprits bornés, & par conséquent la multitude ; mais les perfides qui l'exposent savent bien à quoi s'en tenir à cet égard. Ils savent qu'à raison des postes qu'ils occupent déjà, qu'à raison de l'influence & des moyens de toutes espèces que cette situation leur donne ; qu'à raison de leurs talens & de leurs habitudes dans l'art des insurrections, ils ne seroient point mis à la seconde place dans celle-ci, & ils en pren-

droient l'initiative comme ils ont eu celle de toutes les autres ; ils en auroient la direction exclusive ; tout autre directoire s'effaceroit, seroit neutralisé devant le leur ; & ils savent encore que l'on n'assassine pas aisément les premiers
conducteurs d'opérations de ce genre : ils savent de plus
que le peuple s'engoue fort vite pour ceux qui ont seulement l'apparence de faire quelque chose pour lui, & qu'a-
lors il oublie tout ce qu'il avoit à leur reprocher de plus loin.
C'est-là, citoyens, tout ce qu'il faut tâcher de faire entendre
au peuple, pour le détromper de la prétendue assistance que
les insidieux courtiers de nos traîtres en chef lui disent
qu'il auroit à attendre de ces scélérats, dont nous déjouerons
par là le nouveau complot. C'est dans les grouppes qu'il
faut vous attacher à faire répandre ces explications ; faites
comprendre au peuple qu'il ne fera jamais de révolution
pour lui, pour son véritable bonheur, que quand il ne mê-
lera point dans son mouvement de gouvernant quelconque.
Il faut qu'il ne se méfie pas tant de ses propres moyens,
& qu'il se persuade que lui peuple & les hommes du peuple suffisent pour pouvoir exécuter une grande entreprise :
ainsi, dans celle que nous préparons, ayons soin d'écarter
tout ce qui n'est pas peuple. Cette première des deux machi-
nations annoncées par cette lettre est la plus redoutable &
ne peut pas être déconcertée par vous seuls ; il faut adjoindre tout le peuple avec vous pour le faire. C'est pourquoi le
n°. 42 du Tribun du Peuple, qui paroît en même temps que
cette circulaire, & qui roule uniquement sur cet objet important, seulement avec des développemens plus étendus, &
qui peut-être vous convaincront encore mieux ; ce n°. 42 du
Tribun, avons-nous dit, peut être considéré comme une instruction faite à cet égard à tout le peuple. Le soin que nous
vous recommandons est de l'appuyer & d'en répandre généralement l'esprit : c'est *dépopulariser* ces hommes dangereux qu'il faut absolument faire.

« Le second écueil contre lequel vous devez vous garantir
n'est pas précisément si dangereux : il n'est question que

d'atténuer les efforts d'un comité d'insurrection qui veut naître à côté du nôtre, mais qui n'est pas en mesure, qui est sans moyens sous tous les rapports, & que nous ne croyons pas qui pourroit faire le bien, quoique nous soyons éloignés de supposer à ses auteurs des intentions précisément mauvaises. Ce comité veut se composer des Amar, Vadier Laignelot, Javogues, Choudieu, Ricord & autres, tous personnages qui ont déja tâté du pouvoir, & qui, les uns par l'usage qu'ils en ont fait, les autres par le peu de caractère qu'ils ont mis à le conserver intact dans leurs mains, nous donnent lieu à de justes méfiances, nous forcent à les séparer de nous, tout au moins avec d'autant plus de raison que nous doutons fort qu'ils aient pour objet précisément un but aussi accompli que le nôtre, c'est-à-dire, le plus grand triomphe des principes démocratiques & le bonheur de tous. Cependant ces insurrecteurs particuliers ont déja, dit-on, quelques émissaires qui vont prônant en leur faveur & qui cherchent à leur former un parti. Dans tous les cas, vous sentez le mal qui ne pourroit manquer de résulter de ceux directoires rivaux qui, ne marchant pas de concert, s'entraveroient & nuiroient à la chose publique. Il faut encore contrebarrer cela; & si vous en appercevez quelque chose, détournez l'opinion de cet objet, à l'aide des motifs de défiance que nous vous exposons: vous pourrez y ajouter toutes les circonstances analogues qui se présentent naturellement. Ces hommes ont bu dans la coupe du pouvoir; ils ne se sont pas montrés tous & toujours rigoureusement démocrates. Il faut des hommes neufs; il faut des hommes purement sans-culottes, de véritables hommes du peuple. Ces hommes encore ont donné tant de fois la preuve de leur foiblesse à se livrer aux plus perfides insinuations, sous le spécieux prétexte de bien public, qu'il est à craindre qu'ils ne soient encore aujourd'hui les jouets & les instrumens de quelques combinaisons atroces du gouvernement, &c.

Mais, comme nous l'avons dit, ils ne sont que foiblement à craindre, parce qu'ils n'ont presque pas de moyens d'aucune espèce : ils n'ont ni journaux, ni popularité, ni confiance, & ils ne font pas en mesure ; c'est pourquoi il suffira que la million de surveillance à leur égard soit particulière & secrète de nous à vous : vous pourrez suffire à les neutraliser, & nous ne parlerons point d'eux dans nos écrits.

Dix septième pièce.

ÉGALITE.   LIBERTÉ

BONHEUR COMMUN.

Paris, 19 germ., an 4 de la Rép.

(De la main de Pillé, & scellée en cire noire du sceau du comité insurrecteur.)

LE DIR. SEC. DE SAL. PUB.

Aux principaux agens révolutionnaires des arrondissemens municipaux.

Nous ajoutons, citoyens, aux premières instructions que vous avez reçues de nous, les objets de recommandation qui suivent :

1°. Vous nous rendrez compte des dépôts & magasins de subsistances, d'armes & de munitions, qui peuvent exister dans votre arrondissement à chacun.

2°. Vous nous donnerez le même compte des ateliers qui peuvent s'y trouver, du nombre des ouvriers qui y sont employés, du genre de leurs travaux, de leur opinion connue, &c.

3°. Vous ferez un recensement des patriotes aisés qui pourroient recevoir & héberger chez eux des frères des départemens, que le Directoire secret va s'occuper de faire arriver pour aider les Parisiens à renverser le trône des tyrans.

4°. Vous engagerez les mêmes patriotes aisés à se cotiser pour subvenir aux frais énormes des impressions que sont obligés de faire les révolutionnaires; vous inviterez, d'un autre côté, les patriotes instruits à s'occuper de différens écrits énergiques, dont vous nous ferez passer les manuscrits, & que nous nous chargerons de faire imprimer.

5°. Vous nous fournirez la liste des mouchards de la police que vous découvrirez être domiciliés dans votre arrondissement. Il est des espions très-patriotes; vous les distinguerez, & vous nous les ferez connoître.

6°. Vous organiserez des compagnies de groupeurs qui devront se rendre journellement aux Tuileries principalement, & quelquefois dans les autres points de rassemblement ordinaire; &, comme nous l'avons dit dans la première instruction, vous leur insinuerez de parler toujours dans le sens des numéros plus récens des journaux populaires, c'est-à-dire, ni plus haut ni plus bas que ces mêmes journaux; vous irez vous-mêmes aux groupes, lorsque vous le pourrez, & vous nous en transmettrez l'esprit journalier & progressif, tant d'après vos propres observations que d'après les rapports de vos groupeurs.

7°. Vous organiserez de même des compagnies d'afficheurs des écrits libres, auxquels il faudra en même temps recommander d'arracher les écrits du royalisme & du patriciat.

Votre zèle actif garantit au Directoire de salut public tout l'empressement que vous mettrez à l'exécution de ces dispositions.

Dix-huitième pièce.

La dix-huitième pièce est l'acte portant création du comité insurrecteur, commençant par ces mots : *Des démocrates français* (1).

Dix-neuvième pièce.

5 floréal.

(*Cette date paroît être de la main de Babœuf.*)

Un magasin considérable de fusils existe dans la salle du Conseil des Cinq-Cents, & environ 18 à 20 pièces de canon dans le jardin entre la salle & le bâtiment des Feuillans.

Il y a un fort magasin de farines, dans le bâtiment de l'Assomption.

Il y a un magasin de vins, rue Thomas du Louvre, à côté de la maison *garnie de Genève*.

Une réunion de braves militaires s'est formée depuis quelque jours à là *montage* (ou montagne) du désert, près Versailles : il y a beaucoup d'officiers; ils ont déja à leur disposition l'artillerie légère & le grand parc d'artillerie; ils n'agissent que d'après l'impulsion de *l'Éclaireur*, que je leur fais passer. J'en ai reçu des nouvelles avant-hier, à dix heures du soir, & j'ai appris avec plaisir qu'ils ont fait & font tous les jours beaucoup de prosélytes.

Les patriotes directoriaux sont très-mécontens depuis quelques jours, parce que, dit-on, on a réformé des

---

(1) Cette pièce est expédition de l'organisation du comité insurrecteur, de celle des agens, des instructions aux agens principaux, en tout semblable à la 61e pièce, 7e liasse ci-dessus.

leurs dans quelques municipalités & comités de bienfaisance nouvellement composés de patriotes, notamment
les officiers municipaux de la section des Gravilliers, &
le comité de bienfaisance de celle des Piques ; j'en connois d'autres qui par dépit ont donné hier leur démission.

Noms des patriotes purs & propres à aider à régénérer.

Burguburu, rue du Chantre, n°. 60.
Il a des talens en administration.

Lefranc, architecte, rue Thomas du Louvre, écuries
d'Orléans ; il a été officier dans les canonniers de l'armée
révolutionnaire & a quelques talens.

Piory, ex-député, est patriote, mais très-foible & un
peu directorial, n'aimant pas la doctrine du *Tribun*.

+ *Lacombe*, tailleur, rue Nicaise, n°. 481, sans
beaucoup de moyens, mais ferme & propre à donner un
grand coup de main.

+ *Mauque*, fils du portier des écuries Égalité, sans
moyens, mais vigoureux & capable de marcher à la tête
d'un détachement, & de tailler les scélérats qui lui seroient
désignés ; il n'a que dix-huit ans, & a déja fait toutes les
campagnes comme canonnier.

+ *Vanneck*, ci-devant commandant de la Cité, peut
être d'un grand prix dans l'entreprise future : tout le monde
sait qu'il n'a jamais cessé de jouir de la confiance de tous
ceux qui composoient la section de la Cité, & qu'il a
marché plusieurs fois à sa tête.

La Vicomterie, rue de l'Echelle, coin de celle Honoré,
un peu poltron, mais vertueux & capable de prendre de
grandes mesures pour amener à la pure démocratie, quoiqu'il ne soit pas pour le bonheur commun, parce qu'il le
regarde comme impossible.

Ingrand, député, Cour du Manège ; ses vertus & ses
talens sont connus ; il est ami de la doctrine du *Tribun*.

Élie Lacoste, ex-député, rue des Champs-Elysées,
très-

très - directorial suivant ce que l'on m'a assuré ; il étoit homme à grandes mesures lorsqu'il étoit au comité de sûreté générale.

Feneaux, l'aîné, rue du fauxbourg Montmartre près le boulevard, dans une porte cochère, à côté de l'épicier, démocrate vertueux& propre à remplir quelques missions ; il a, dans les temps, caché Marat chez lui, & fut long-temps secrétaire-agent du comité de sûreté générale.

+ *Feneaux*, le jeune, rue du fauxbourg Martin, coin de celle Nicolas : il fut juré au tribunal révolucionnaire ; il — du courage & peut être mis à la tête d'un détachement pour , &c.

+ *Bizey*, bottier, rue de Chartres, n°. 342. — Peut aussi être mis à la tête d'un détachement ; il a trois fusils chez lui & beaucoup de cartouches ; il a servi pendant long-temps.

Malassigné, tailleur, rue Thomas du Louvre, Ecuries Egalité , lieutenant de sa compagnie, peut encore être mis à la tête d'une compagnie.

Je me réserve plus tard de donner une liste des royalistes.

Vingtiéme piéce.

(La vingtième pièce est l'acte d'insurrection (1).

---

(1) Cette pièce sera imprimée troisième partie , troisième numéro.

Vingt-unième pièce.

EGALITÉ. LIBERTÉ.

BONHEUR COMMUN.

Paris, 18 floréal, l'an 4 de la République.

*Le directoire de salut public aux agens des douze arron-
dissemens.*

CITOYENS,

Jamais conjuration ne fut si sainte que la nôtre dans ses
motifs & dans son but ; jamais non plus il n'en fut une
dont les agens se montrèrent aussi dignes de la confiance
dont le dépôt sacré leur fut confié. On ne travailla jamais
dans le secret contre un gouvernement perfide, aussi long-
temps & aussi heureusement que nous l'avons fait. So-
inquiète vigilance a eu beau se mettre à la torture & épuiser
tous les ressorts de la plus atroce inquisition, il n'a pu
encore pénétrer rien de positif.

Ce résultat honore le choix que nous avons fait de vous,
& nous donne la plus grande garantie pour une confiance
plus grande encore, s'il est possible.

VINGT-DEUXIÈME LIASSE,

INTITULÉE

RÉUNION, L'HOMME-ARMÉ, DROITS-DE-L'HOMME, ARCIS,

(Ce titre paroît être de la main de Babœuf.)

Contenant vingt-six pièces.

Première pièce.

Septième arrondissement.

ÉGALITÉ.   LIBERTÉ.

BONHEUR COMMUN.

17 floréal.

(Date qui paroît être de la main de Babœuf.)

AU DIRECTOIRE.

Les ordres sont donnés pour fabriquer des couronnes civiques, & demain au matin vous aurez la note des fusils & cartouches de mon arrondissement.

Ce matin, chemin faisant, un militaire démocrate m'a invité à monter chez lui; il m'a communiqué ses opinions sur un mouvement insurrectionnel, & comme il connoît le soldat, que par sa position avant thermidor il a dû connoître parfaitement Paris, j'ai pensé qu'il étoit utile d'en faire note & de vous la faire passer : je l'ai écrite sous sa dictée :

1º. Il faut commencer par s'assurer de la demeure & de la personne des généraux du gouvernement & du comité militaire.

2°. Que les généraux démocrates prennent un uniforme semblable, ainsi que leur état-major, qui doit être égal en nombre; qu'ils se fassent une escorte de cavalerie de même uniforme que celui des cavaliers du gouvernement.

3°. Que, le jour de l'expédition, l'on se procure le mot d'ordre; que les généraux démocrates montent à cheval nuitamment, ainsi que leur état-major & leur escorte, le plus près du camp possible; que pour ne faire naître aucun doute, ils fassent la ronde des postes devant lesquels ils passeront, & qu'ils ordonnent à toutes les patrouilles qu'ils rencontreront sur leur passage de les accompagner, en ayant soin d'en laisser une partie sous la surveillance d'hommes sûrs, à quelque distance du camp, pour ne pas lui donner à penser.

4°. Que, rendus au camp, ils en fassent venir le commandant, auquel ils exhiberont un faux ordre qui lui enjoigne de garder les arrêts chez lui, en lui laissant une garde sûre: faire lever le camp sans tambour ni trompette, & le faire marcher avec son artillerie sur deux colonnes, en disposer une pour entourer le gouvernement sous prétexte de le défendre; le général en chef en grand uniforme, escorté par ses cavaliers affidés, monte dans l'appartement des cinq Directeurs, &, au nom du peuple, les met en état d'arrestation.

5°. La seconde colonne en même temps se divise en pelotons qui s'emparent du comité militaire, des ministres de la guerre, de la police générale, des finances, &c.; & de même les chefs de ces détachemens, qui doivent être sûrs & résolus, montent dans l'appartement de chacun d'eux & les mettent en état d'arrestation.

6°. Faire rassembler aussitôt les membres purs de la ci-devant Convention, ainsi que toutes les autorités provisoires; proclamer à l'instant la constitution de 1793, & annoncer à la troupe, en lui distribuant des couronnes civiques & au peuple, que la patrie est sauvée.

Je n'ajoute rien , vous en prendrez & laifferez ce que vous jugerez convenable.

Un cordonnier qui n'eft pas militaire , mais qui a du bon fens , m'a donné une idée qu'il me paroît utile de vous rendre ; il penfe que les confignes des divers poftes , fur-tout de ceux des barrières , devroient être imprimés d'avance , portant l'empreinte d'une nouvelle carte que l'on diftri-bueroit au vrai démocrate au moment du mouvement, & fans lefquelles il feroit impoffible de circuler dans Paris & fur-tout d'en fortir : par ce moyen , il feroit facile d'arrêter tous les malveillans de toutes nuances.

Autant j'ai applaudi aux précautions de fageffe , de pru-dance , que vous nous avez annoncées, autant le moindre re-lâchement m'inquiéteroit. Dans le paquet que vous m'avez fait paffer ce matin , étoient trois miffives différentes : l'une d'elle feulement portoit l'empreinte du falut. Ne feroit-il pas poffible qu'un accident fît remplacer ces papiers par d'autres ? je fuis loin de foupçonner l'agent intermédiaire d'aucune infidélité ; mais on ne peut être trop prudent en pareille circonftance. Je vous invite donc de ne m'envoyer que papier écrit , en ayant foin de mettre fur chaque feuille ou feuilleton : féparez l'empreinte du comité.

Salut, prudence & courage. Paris , le 17 floréal, 4e. année Républicaine.

Deuxiémè piéce.

Droits de l'Homme.

(Ces mots paroiffent être de la main de Babœuf.)

Lecret, père & fils , rue Bourtibourg , cordonniers, n°. 25.

Valet, marché Jean , n°. 114 , ceinturonnier.

Fouque , rue des Ecoufles , fruitier.

Charbonnier , rue *idem* , cordonnier.

Millet, rue Antoine, n°. 113.

Divertin, rue de Bercy, cordonnier.

Robert, rue de la Tixeranderie, n°. 113, tailleur.

Boifon, même rue, tapiffier.

Pavas, rue Bourtibourg, n°. 25.

Daffin, rue des Mauvais-Garçons, peintre.

Chevalié, rue (*un mot effacé.*) Bourtibourg, n°. 25, employé.

Varlet, rue Tiron, n°. 1.

Chevalié, rue Bourtibourg, n°. 22, ferrurier.

Creps, même rue, n°. 15.

Boifeul, même rue, n°. 24, employé.

Bougon, rue des Rofiers.

Dariencourt, père & fils, même rue.

Monna, rue des Juifs, ferrurier.

Cador, marché Jean, employé en bâtimens.

Legros, *idem*.

Refcé, rue Croix-Blanche, maçon.

Roger, vieille rue du Temple, menuifier, n°. 113.

Imeldas, rue Bourtibourg, n°. 4, cordonnier.

Berlioz, rue de la Tixeranderie, n°. 113, employé.

Duclos, rue de la Tixeranderie, n°. 114, perruquier.

Douzel, rue Bourtibourg.

Pommez, marché Jean, dentiſte.

Mozin, tapiffier, rue de la Verrerie.

Houdaille, rue de la Verrerie, n°. 15.

Tamponnet, maçon, vieille rue du Temple.

Bacheler, cordonnier, rue Bourtibourg.

Gervais, marché Jean, n°. 114.

Fayolle, rue des Juifs.

Dufour, chirurgien, rue des Rofiers, n°. 114.

Seguin, toifeur, marché Jean.

Gervais, toifeur, vieille rue du Temple.

Huguet, rue des Juifs, toifeur.

Au dos est écrit : M. (*Un mot effacé en tête*).

Duhamel, vieille rue du Temple.
Bergeret, rue de la Verrerie (*un mot effacé*), patriote.
Thion, rue Antoine, n°.
Giraut, rue Antoine, n°.
Chevalié, rue Antoine, n°.
Caron, rue de Bercy, patriote.
Vouschrist, marché Jean, n°. 141.
Pipeland, cul-de-sac Coquerel, rue des Juifs.

(Sur le second recto est écrit :)   A.   Et.   R.

Rue Sainte-Croix de la Bretonnerie.

Ladaubé, md. de vin, n°. 32.
Baron, tapissier, n°. 30.
Joly, huissier-priseur, n°. 19.
Chambert, avocat, n°. 19,
Postel, parfumeur, n°. 14.
Marlhioux, employé, n°. 14.
Poncet (*un mot effacé*) fils, n°. 3.

Vieille rue du Temple.

Lemoine, notaire, n°.
Grandjean, avoué, n°.
Pelletier de Morfontaine, ancien prévôt des marchands, n°.
Thiebar, *idem*, n°.
Dommager, avoué, n°.

Rue Bourtibourg.

Thierry, horloger, n°. 37.
Juge, boucher, n°. 29.

Legrand, pâtissier, n°. 16.
Lamotte, avocat, n°. 15.
Doublet, vitrier, n°.
Lenuor, aubergiste, n°.
Franquelin, limonnadier, n°. 1.
Auzole, commissaire, n°. 37.
Chappe, ancien procureur, n°. 31.
Renaudin, agioteur, n°. 34.
Grand'homme, n°. 26.
Lelorgne, n°. 27.
Coche, employé, n°. 26.

Rue des Mauvais-Garçons.

Reubel, ci-devant marquis, n°.
Leroy, greffier, n°.
Dumont, ancien procureur-syndic du département du Cher.
Richebourg, juge-de-paix, n°.

Rue de la Tixeranderie.

Rives, écrivain, n°. 113.
Boudard, procureur, n°.
David, mercier, n°.

Rue de la Verrerie.

Saffroy, procureur, n°.
Dufresnoy, tapissier.
Bardon, charcutier, n°.
Lambin, aubergiste, n°.
Lasne, ex-commandant, rue des Droits-de-l'Homme.
Chaillon, rue, n°.   ancien avocat.
Penard-Flavigny, ancien procureur, n°.

Rue Bar-du-Bec.

Gorguereau, avocat, n°. 7.

Lacroix, limonnadier, n°.

Marché St. Jean.

Dupré, garde du roi, n°.
Brivard, épicier, n°.
Vincent, fruitier, n°.
(*Une ligne effacée.*)
Sauvegrain, boucher, n°.
Bagnon, épicier, rue Regnault-le-Fer.

Rue St. Ant)

Ganier, épicier, à côté du petit St.-Antoine.
St.-Hubert Cheval, employé, n°.
Viard, employé.

Rue des Droits de l'Homme.

Ker, limonadier, n°.
Flufin, avocat, n°.
Michon, agioteur, n°.
L'abbé Paulet, instituteur, n°. 7.

Rue des Juifs.

Boussière, avocat, rue des Juifs, n°. 19.
Rossignol, rue des Juifs, n°.

Rue des Ecouffes.

Dommager jeune, procureur, n°. 18.

Rue Pavée.

Blondel, avocat.
(*Un mot rayé.*)
Haugard, rue des Rosiers.
Andry, rue des Ecouffes.
Bouvrain, maison de Chelles, marché Jean.

Troifième pièce.

Il ces etablis dans Paris une trenteine de maifon fois difant de commerce qui font le même commerces que le fameux Vauvineux fefois il i a 4 ans. Il fut mis en prifon par le gouvernement d'alors comme volleur publique.

Voicis le fait : Un particulier portes fon argent pour qu'en lui faſces vailoir : on lui fait fur le champ remife du 5me, touts les mois on lui conte la même fomme ; au bont des 5 mois, il tient fon capital, & on lui fait toujours la même rante ou on le remboursfees fy leveux. Celui qui menne un preiteur dans ces maifon, on lui donne 30 pour cents fur le champ, & on payes le preiteur le 5me de la fomme : on neft fur qu'avec ces fons il acapare des marchandife & même les comeftible en mille la chairetée par touts, les vante publique qui fe font maifon Egalité & alieur font le même effet : ceft un tar de fripon qui ne vande que lorce qui trouve a trompe. Nous crojon quan anpechant ces forte de friponerie que les marchandife prendroit un tor fize eft que les commeftible diminurois par degrés, ce n'eft pas empecher le commerce, ceft punir les fripons.

Au dos eft écrit : A Rebour.

Adreffe du tréforier des Chouans

15 *floréal.*

Le n°. de la rue des vieux Oguftains, n°. 264, c'eft ce que nous tavon dit hier au foir.

Quatrième pièce.

Neuvième arrondissement.

EGALITÉ.   LIBERTÉ.

BONHEUR COMMUN.

15 floréal.

(Date qui paroît être de la main de Babœuf.)

J'ai vu aujourd'hui le général G.ᵉʳ; il m'a parlé des mesures à prendre pour s'assurer des deux Conseils sans être sûr
de la troupe, que je crois important de vous communiquer :
il pense que le mouvement doit avoir lieu à la pointe du
jour ; que les troupes de garde ne voyant pas les élémens de
l'autorité rassemblés, ne feront pas de résistance ; que l'important seroit de faire garder par un petit peloton l'entrée
de chaque pont, & de chacune des rues & issues qui communiquent au Carrousel & aux Tuileries pour en empêcher
le rassemblement ; qu'il faudra de même s'emparer de la
demeure des ministres pour intercepter toute correspondance
avec le Directoire ; garder en même temps les sorties du Luxembourg, même souterrain & les barrières ; qu'à chacun de
ces postes le chef soit un homme sûr & entreprenant ; qu'il
y eût dans la foule des hommes bien armés qui puissent tirer
sur tous les députés qui voudroient se présenter dans les rues
ou ailleurs en costume & influencer le peuple & les troupes ; s'emparer sur-tout de ceux que l'on croit pouvoir être
choisis pour commander la force armée, & ne pas souffrir
sous aucun prétexte que les Chouans, muscadins & riches
marchands se rassemblent. Tout son secret consiste, à ce qu'il
paroît, à empêcher la communication des autorités avec les
agens subalternes. Son opinion ne serviroit-elle qu'à vous
faire naître de nouvelles idées, j'ai cru qu'il étoit de mon
devoir de vous la communiquer.

Je vous fais passer un manuscrit qui me paroît propre ¾

éclairer le peuple ; vous le ferez imprimer fi vous le jugez convenable.

J'y joins encore une note fur des maifons de commerce d'accaparement, l'adreffe précife du tréforier des Chouans.

Donnez-nous promptement de vos nouvelles : nos ennemis vont jufqu'à publier que le Tribun eft payé par les deux partis, pour neutralifer les mefures de falut public.

Les royaliftes font faire, dit-on, des habits d'uniforme pour introduire dans les rangs des foldats de la patrie, des fcélérats qui, tirant fur le peuple, donneroient le fignal de la guerre civile : quand ce ne feroit qu'un faux bruit, il eft important de le détruire.

Du courage, de la prudence, & nous fauverons la patrie.

Paris, 15 floréal, quatrième année républicaine.

Cinquième pièce.

15 floréal.

(*Date qui paroît être de la main de Babœuf.*)

D.

Monnier, tailleur, rue Jean-pain-mollet, n°. 10, au troifième étage.

Froicier, *idem.* n°. 30 au quatrième étage.

Caron, *id.* n°. 15.

Perrio, corroyeur, *id.* n°. 32.

Collo, employé, *id.* n°. 10, au deuxième étage.

Fournelle, cordonnier, rue Jacques, n°. 217 au troifième étage.

Joignaux, doreur fur métaux ; *id.*

Fontaine, orfevre, rue de la Tannerie. } canonniers.

Meunier, chapelier, rue de la Vannerie, n°. 25 au premier étage.

Joli, teinturier, *id.*, n°. 40 au premier étage.

Poiguon, perruquier, *id.*, n°. 28 au deuxième étage, détenu trois mois.

Rousselle, cordonnier, *id.*, n°. 18.

Lucas, tailleur, rue des Arcis, n°. 179 au quatrième étage.

Courtois, cordonnier, rue de la Tixeranderie, n°. 3 au troisième étage, détenu trois mois.

Fremy, commissaire de police, *id.* (trois chiffres grattés.)

Brunet, tailleur, *id.*, n°. 81 au quatrième étage.

Lebourg, cordonnier, rue de la Poterie, n°. 14.

Ronde, parfumeur, *id.* : timide.

Levée, *id.*, *id.*

Baron, limonnadier, rue Haute-Vannerie.

Lejeune, mercier, *id.*

Grenier, peintre, *id.*

Minioti, tail., rue Tannerie.

Camus, quai Peletier.

Mercier, *id.*

Milléver, cordonnier, rue Poterie, n°. 21 au cinquième étage.

Champon, rubanier, rue Jean-de-l'Epine, n°. 4 au cinquième étage, détenu trois mois.

Cabrolle, cordonnier, *id.*

Bernard, tailleur, *id.*

Henri, fourbisseur, quai Peletier, n°. 27 au quatrième étage, détenu six mois.

Mercier, bonnetier, rue Planche-Mibray, au deuxième étage.

Leclerc, brocanteur, rue Saint-Bon.

Tous ces patriotes sont sûrs : il en est dix fois plus ; mais on n'a pas eu le temps d'y joindre le reste.

A. & R.

Deneux, place de Grève.

Doucet, marchand de vin, rue de la Vannerie.

Goift, batteur d'or, rue des Arcis.

Montpaffant, marchand de toile, rue de la Verrerie, n°. 160.

Tournais, limonnadier, quai Peletier.

Fouquet (*un mot rayé*), rue de la Tixeranderie, municipal.

Girous, marchand d'eau-de-vie, rue de la Vannerie.

Guerin, *id. id.*

Cahours, marchand bonnetier, rue Planche-Mibray.

Sinat, négociant, rue de la Verrerie.

Profit, commis, rue des Coquilles.

Deffement, employé, rue de la Poterie.

Mercier, quai Pelletier.

Jubelin (*un mot rayé*), rue des Coquilles.

Guillio, rue du Mouton.

Piffot, *idem.*

Clément, rue de la Tixeranderie.

Cizenne, adjudant, quai Pelletier.

Orio, boucher, Place aux veaux.

Lebelle, tapiffier, rue de la Verrerie.

Vangeois, tabletier, rue des Arcis, au finge verd.

Boudin, rue de la Poterie.

Debiernes, tabletier, rue des Arcis.

Jacotto, quai Pelletier.

Lavalle aîné, }
Lavalle jeune, } vitrier, rue Saint-Bon.

Maillet, frippier, quai de Gèvres.

Pinelle, teinturier, rue du Mouton.

Nota. Tous ces individus font royaliftes & réacteurs; l'on a jugé inutile d'y joindre les gens fufpects : ceux-ci font prononcés; ils font tellement connus, qu'il eft inutile de joindre le numero de leurs maifons.

Sixième pièce.

EGALITÉ   LIBERTÉ

BONHEUR COMMUN.

Neuvième arrondissement.

15 foréal.

(Date qui paroît être de la main de Babœuf.)

AU DIRECTOIRE SECRET DE SALUT PUBLIC.

Je vous envoie la liste des démocrates & des royalistes de la section des Arcis. Quoique les premiers soient très-nombreux dans cette section, j'ai eu toutes les peines à me procurer la petite liste que vous voyez, faute d'hommes qui voulût ou qui pût me les indiquer ; cependant tous m'ont dit qu'aussitôt qu'il *(un mot rayé)* faudroit paroître, l'on pouvoit compter sur un très-grand nombre. Je n'ai pu me procurer non plus tous les détails que vous m'avez demandés. Il est bien important de s'emparer des issues des souterrains du Luxembourg : il y en a un à l'Observatoire, un au Val-de-Grace, un à la Maison de Santé hors la barrière Saint-Jacques, & un aux carrières au-dessus du Petit-Gentilly.

Enfin Letailleur, ci-devant administrateur de l'habillement avant le 9 thermidor, peut donner à cet égard les détails les plus intéressans : il est bien important que le Tribun écrive pour neutraliser tous les propos que l'on fait courir & que son silence semble confirmer.

Voici encore un nom d'un royaliste de la section des Droits de l'Homme, Crépin, homme de loi, vieille rue du Temple, n°. 114.

Paris, le 15 floréal 4ᵉ année républ.

Septiéme piéce.

ÉGALITÉ.   LIBERTÉ.

BONHEUR COMMUN.

Septiéme arrondissement.

14 floréal.

(*Date qui paroît être de la main de Babœuf.*)

AU DIRECTOIRE SECRET DE SALUT PUBLIC.

Vous trouverez ci-joint la liste des démocrates de la section des Droits de l'Homme, ensuite celle des mouchards, & enfin celle des aristocrates & royalistes : elles ne sont pas aussi détaillées que je l'eusse desiré ; mais tous ces patriotes n'ont pas le même zèle & le même courage. J'espère que demain je vous ferai passer celle des Arcis ; je presse tant que puis, & je gémis de ne pouvoir aller plus vîte.

Hudin, bijoutier, rue Pastourelle, nº. 34, au troisième, ci-devant aide-de-camp d'Henriot & excellent canonnier, démocrate énergique, peut être joint aux canonniers de l'Homme-Armé.

L'on peut joindre aux royalistes de la même section :

1. Lamarnière, homme de loi, passage Soubise.
2. Tronçon du Coudray, rue Porte-foin.
3. Bournisieu, rue de Poitou.
4. Deseize, *idem.*
5. Cœffet, rue Pastourelle.
6. Léonard, maison des Blancs-Manteaux.
7. Dandin, rue de Paradis, nº. 7, au premier.
8. Viollet, *idem*, nº. 1, au deuxième.
9. Pinier, *idem*, nº. 1, au deuxième.
10. Michaut, rue du Grand-Chantier, nº. 12.

Il seroit bien important que le Tribun écrivît un mot pour calmer l'impatience des démocrates. Je sens bien qu'en allant trop vîte on manqueroit peut-être son but, que toutes considérations doivent céder à la certitude de réussir; mais peu de démocrates savent faire taire en eux la soif de la fin de leurs maux : quelques-uns vont jusqu'à croire qu'on les promène, qu'on les joue (*deux mots rayés*); & peut-être les imprimés parus coup-sur-coup, qui sembloient annoncer le mouvement comme très-prochain, l'éveil donné à tous, contrastent-ils trop fort avec le silence actuel & le dénuement de nouvelles : vîte donc deux mots du *Tribun* ou de l'*Eclaireur*.

L'on vient de me dire que les royalistes faisoient fabriquer des habits de gros drap d'uniforme.

L'on m'assure aussi qu'un dragon a été arrêté, entrant rue Culture-Catherine, chez F. P.

L'on est venu me prévenir que les tyrans, sous prétexte de découvrir la retraite des ex-conventionnels qu'ils vouloient faire partir, font des visites domiciliaires avec l'intention d'enlever tous les papiers des patriotes.

Un officier de cavalerie conduisant avec cinq ou six cavaliers soixante légionnaires, & voulant courir après l'un d'eux, est tombé de cheval, s'est froissé la jambe; les légionnaires ont profité de l'accident pour disparoître, & l'on n'a pu en retrouver que quatre.

Une compagnie de forts du port ont été déjeûner au camp; j'en saurai le résultat, & je vous en ferai part.

Il est sous le Luxembourg des galeries souterraines, de l'issue desquelles il seroit important de s'assurer.

L'on dit qu'il vient encore trente mille hommes, & que Pichegru est parti.

Paris, le 14 floréal, quatrième année républicaine.

Huitième pièce.

Septième arrondissement.

EGALITÉ - LIBERTÉ.

BONHEUR COMMUN.

13 floréal.

(*Date qui paroît être de la main de Babœuf.*)

Ce matin un citoyen (1) vint me dire (*deux mots rayés*) que l'on avoit découvert d'où partoit la fausse alerte de décadi dernier ; que les thermidoriens l'avoient excitée ; mais que l'on connoissoit, & leur comité, & le général qu'ils ont choisi ; que c'est le général Dutertre : j'ai pensé qu'il étoit important que vous connussiez ce propos.

Il n'y a pas de cloches dans mon arrondissement ; mais peut-être celle de la commune peut-elle servir : vous vous en informerez près l'agent de cet arrondissement.

Des patriotes que j'ai vus aujourd'hui paroissent inquiets sur *le sort des légionnaires*, & craignent qu'on ne les abandonne : je pense qu'il est nécessaire de les éclairer sur ce qui se passe, & de ranimer leur courage.

Je joins ici des notes que l'on m'a remises ce matin ; elles ne signifient pas grand'chose.

Salut en la patrie.

Paris, le 12 floréal, quatrième année.

Je joins ici 250 liv., dont 50 liv. du quatrième arrondissement.

(*Au dos est écrit*) : A. D. S. de S. P.

---

(1) Massart. (*Note qui fait partie de la pièce.*)

Neuvième pièce.

Septième arrondissement.

CANONNIERS DES DROITS DE L'HOMME.

(Ce titre paroît être de la main de Babœuf.)

Brabant, allumeur de réverbères, rue Culture-Catherine, n°. 54, rez-de-chaussée.

Imbert, horloger, rue du Martoi, n°. 33, au deuxième.

Toulouze, tourneur, rue des Droits de l'homme, n°. 62,
rez-de chaussée.

Ende, fort du port, rue de la Mortellerie, n°. 34, au
troisième : il peut être employé avec sûreté au commandement de deux pièces.

Imbault, *idem*, rue Geoffroy-Lasnier, n°. 12, au quatrième.

Guyon, peintre, rue Bourtibourg, n°. 6, au troisième.

Frey, serrurier.

Doucet, maçon, en campagne à Vileraine près Brie-
Comte-Robert, chez le citoyen Sarazin, marchand de
bois.

Sarnois, gardien à la Force, rue des Rosiers, n°. 3,
au premier.

Ferot, fruitier, *idem*, n°. 41.

Chassrous, frotteur.

Ham, porteur d'eau, rue de Bercy.

Suikers, cordonnier, rue Tixeranderie, n°. 103, au
second.

Beaudet, peintre, *idem*.

Fontaine aîné, paveur, quai des Ormes, n°. 63, au
troisième.

Fontaine jeune, *idem, idem*, au second.

Pignec, *idem*, rue des Nonaindières, n°. 42.

Lamoureux, maçon, *idem*, n°. 37.

Bazin, plombier, rue Verrerie, n°. 104.

Francey, limonadier, rue de l'Egout-Paul, boutique.

Picard, ciseleur, pourtour Gervais, n°. 6, au quatrième.

Larose, cordonnier, quai des Miramionnes, n°. 114, au quatrième.

Jollivet, employé, rue Antoine.

Deveaux, peintre, *idem*.

Cornevillier, chaudronnier, rue des Vieilles-Garnisons, n°. 5, au second.

Danan, rue Antoine, n°. 300, boutique.

Mansard, maçon.

Servais, scieur de bois, rue de la Mortellerie, n°. 126, au quatrième.

Eude, ex-capitaine, horloger, rue des Droits de l'homme, n°. 1, au premier.

(De la main de Babœuf.)

Au dos est écrit : (*cinq mots rayés*) La guerre contre les tyrans ont, & celle qui s'oppose le plus à la paix générale. Ceux des (*un mot rayé*) braves (*deux mots rayés*) défenseurs de la liberté, qui, (*cinq mots illisibles*) à la terminer, seront libres de retourner (*cinq mots rayés*) avec armes & bagages dans leurs foyers : ils y jouiront en outre immédiatement des récompenses (*un mot effacé*) depuis si longtemps promises. Ceux d'entre eux qui (*deux mots illisibles*) (*deux mots rayés*) ceux qui (*deux mots rayés*) seront aussi sur-le-champ récompensés d'une manière digne de la générosité d'une grande nation.

12 floréal.

———————

Dixième piéce.

13 foréal.

(*Date de la main de Babœuf.*)

Septiéme arrondissement.

D. HOMME ARMÉ.

Dufour, épicier, rue de la Bretonnerie, no. 34, premier étage (instruit).

Demanet, employé, *id.*, n°. 36, premier étage (instruit).

Nolleau, employé, *id.*, n°. 55, deuxième étage.

Noury, chirurgien, *id.*, n°. 40, premier étage.

Maurice, perruquier, *id.*, n°.

Durand, chapelier, rue de l'Homme armé, n°. 3, quatrième étage.

Gemelie, jouaillier, *id.*, n°. 3, deuxième étage.

Mulot d'Angers, vivant de son bien, rue du Plâtre, n°. 18, deuxième étage. }
Foreftier, fondeur, *id.*, n°. 3, premier étage. } très-instruits.

Lefevre, vitrier, *id.*, n°. 11, premier étage.

Foreffe, perruquier, *id.*, n°. 11, premier étage (instruit).

Servent, *id.*, n°. 8, deuxième étage.

Lenormant, porteur d'eau, rue des Blancs-Manteaux, n°. 62, deuxième étage.

Perrier, ex-administrateur, *id.*, n°. 16, deuxième étage.

Viollat, commiffionnaire, *id.*, n°. 25, troifième étage.

Marzière, marchand, *id*, n°. 25, premier étage.

Duval, ouvrier, *id.*, n°. 50, troifième étage.

Hereduard, limonnadier, *id.* n°. 50, premier étage.

Herouard, tailleur, *id.*, n°. 50, deuxième étage.

Deux, cuifinier, *id.*, n°. 52, troifième étage.

Etard, rue du Chaume, n°. 3, troifième étage. (*une ligne rayée.*)

Camus, *id.*, n°. 3, troifième étage.

Biot, tailleur pour femme, *id.*, n°. 1, troisième étage.

Baudequin, tailleur, rue Paradis, maison Soubise.

Viard, employé, *id.*, n°. 6, deuxième étage.

Piat, employé, *id.*, n°. 6, premier étage.

Petielle, sellier, *id.*, n°. 16, premier étage (instruit).

Leclerc, serrurier, *id.*, n°. 14, premier étage.

Ledoux, journalier, rue vieille du Temple, n°. 135, deuxième étage.

Morelle, journalier, *id.*, n°. 141, deuxième étage.

Chalet, cordonnier, *id.*, n°. 134, deuxième étage.

Raimont, cordonnier, *id.*, n°. 172, premier étage.

Léonard, serrurier, rue des Quatre-Fils, n°. 6, premier étage.

Clandeile, employé, *id.*, n°. 2, deuxième étage (instruit).

Vignon, adjudant, *id.*, n°. 2, deuxième étage (très-instruit).

Rouelle, limonnadier, rue du Perche, n°. 2, premier étage.

Dieux, mercier, *id.*, n°. 13, premier étage.

Cazenave, fouleur, *id.*, n°. 13, quatrième étage (instruit).

Kruber, bonnetier, rue de Poitou, n°. 36, deuxième étage (instruit).

Maillon, employé, *id.*, n°. 37, deuxième étage (instruit).

Chapüis, *id.*, n°. 13, cinquième étage (instruit).

Savart, rentier, *id.*, n°. 29, troisième étage.

Trefcon, épicier, *id.*, n°. 31, premier étage.

Guichard, rue de la Marche, n°. 16, quatrième étage.

Laguerlay, poélier, rue de Bretagne, n°. 6, premier étage (instruit).

Carbonneau, doreur, *id.*, n°. 2, premier étage (instruit).

Gobert, bonnetier, marché des Enfans-Rouges, n°. , deuxième étage.

Simoneau, boucher, id., premier étage.

Renard, employé, marché des Enfans-Rouges, no. 1, deuxième étage (instruit).

Martin, journalier, id., no. 1, troisième étage.

Maréchal, trois fils, rue de la Corderie, no. 2, troisième étage.

Boncotte, peintre, rue du Temple, no. 43, deuxième étage (très-instruit).

Hunique, employé, id., no. 23, deuxième étage (instruit).

Potin, menuisier, rue Pastourelle, no. 31, premier étage (instruit, l'ouie dure).

Lefort, cordonnier, id., no. 24, premier étage.

Charton, éventailliste, id., no. 3, troisième étage.

Montessu, chapelier, id., no. 3, deuxième étage.

Aisselér, coutelier, rue Ste-Avoye, no. 2, premier étage.

Bagnard, employé, rue de Bracque, no. 20, deuxième étage (très-instruit).

Garnier, peintre en bâtimens, rue du Chaume, no. 3, premier étage.

(On n'a mis ici que les canonniers sur lesquels on peut compter).

Prevost, vieille rue du Temple, no. 156, premier étage.

Bernard, vitrier, id., no. 165, premier étage.

Quillier, } maréchaux, id., no. 162.
Quillier jeune, } id., no. 162.

Roche, vitrier, rue des Blancs-Manteaux, no. 26, premier étage.

Lagnie, marchand fruitier, rue Pastourelle, no. 3, premier étage (peut indiquer le L. de 3).

Chalendon, cordonnier, rue de Buffy, no. 386, deuxième étage.

(L'on a pensé qu'il étoit inutile d'inscrire les modérés, ou seulement suspects ; ainsi ceux dont les noms sont ici, &

au bas de la page d'autre part, font royaliftes ou arifto-
crates gangrenés, & les plus outrés réactionnaires.

La plupart font dans des maifons à porte cochère, qui
font remplies de fubfiftances, ou autres effets de commerce.

Il eft bon d'obferver encore que dans cette fection font
les rues des Enfans-Rouges, du grand Chantier (*un mot
rayé*) entièrement occupées par des chouans étrangers arri-
vés depuis le 13 vendémiaire : de forte que ceux qui y
étoient à cette époque n'y font plus).

Morillion, homme de loi, rue de la Bretonnerie, n°. 38,
premier étage.

Fancot fils, homme de loi, *id.*, n°. 48, deuxième
étage.

Gounion, homme de loi, *id.*, n°. 64, premier étage.

Fancon, homme de loi, *id.*, n°. 58, deuxième étage.

Foulon, homme de loi, *id.*, n°. 58, deuxième étage.

Dupleffy, homme de loi, *id.*, n°. 58, premier étage.

Navier de Lille, *id.*, n°. 55, deuxième étage.

Coutu aîné, *id.*, n°. 55, deuxième étage.

Coutu jeune, *id.*, n°. 55.

Coutu fils, rue *id.*, n°. 55, deuxième étage.

Legros, marchand, rue *id.*, n°. 55, premier étage.

Letheneur, père & fils, médecins, rue *id.*, n°. 52, premier étage.

Doutrereau, rue *id.*, n°. 50.

Bouvet, homme de loi, rue *id.*, n°. 43.

Dupart, homme de loi, rue *id.*, n°. 47, deuxième étage.

Bordier - Martineau, homme de loi, rue *id.*, n°. 63,
premier étage.

Vernier, ex - noble, rue du Chaume, n°. 8, premier
étage, âgé.

Durand, homme de confiance, rue *id.*, n°. 8.

Davoye, marchand, rue *id.*, n°. 19, premier étage.

Mathée, adjudant, rue *id.*, n°. 10, deuxième étage.

Joffe, marchand, rue des Blancs-Manteaux, no. 58, premier étage.

Berly, marchand, employé, rue *id.*, no. 11, premier étage.

Guerin, rentier, rue *id.*, no. 58.

Daleret, ex-noble, rue *id.*, cul-de-sac Pecquay, premier étage, âgé.

Forot père, homme de loi, rue du Puits, no. 5, deuxième étage.

Dupontel, chirurgien, rue *id.*, no. 2, premier étage.

Bonnardeaux, employé, rue *id.*, no. 12, deuxième étage.

Dreux, employé, rue des Singes, no. 3, deuxième étage.

Lecoque, employé, rue *id.*, no. 3.

Boniface, employé, marchand, rue *id.*, no. 3.

Barré, marchand, rue *id.*, no. 2, premier étage.

Dardoize, employé, vieille rue du Temple, no. 119, deuxième étage.

Darmé, rue *id.*, no. 120.

Augoran, rue *id.*, no. 122.

Laboure père, rue *id.*, no. 131.

Dutarte, ex-noble, rue *id.*, no. 137, premier étage.

Clavial, ex prêtre, rue *id.*, no. 143.

Fongeret-Delaumet, rentier & marchand, rue Paradis, no. 3, premier étage.

Gaudemean, empirique, rue *id.*, no. 5, premier étage.

Croncée, marchand, rue *id.*, no. 9, premier étage.

Rocque, apothicaire, rue Avoie, no. 34, premier étage.

Milla, marchand, rue *id.*, no. 12, premier étage.

Gaillard, homme de loi, rue *id.*, no. 7, premier étage.

Lamichandière, ex-noble, rue de Bracque, no. 14, premier étage, âgé.

Foucault, rue Vieilles-Audriettes, no. 6.

Poiſſonnier père & fils, médecins, rue *id.*, n°. 6, premier étage.

Dupont, banquier, rue *id.*, n°. 9, premier étage.

Tholozan, père & fils, ex-nobles, rue du Grand-Chantier, n°. 6, premier étage; deux âgés.

Machaut père, ex-noble, rue *idem*, n°. 10, premier étage.

Gervillier, ex-noble, rue *id.*, n°. 9, premier étage; âgé.

Monpaſſant père & fils, ex-nobles, rue *id.*, n°. 7, premier étage.

Larmeon, rue *id.*, n°. 1, premier étage.

Joly, ex-miniſtre, rue Paſtourelle, n°. 12, premier étage.

Dambrun, limonnadier, rue *id.*, n°. 25, premier étage.

Richebraque, employé, rue *id.*, n°. 27, deuxième étage.

Chaſſelot, homme de loi, rue des Enfans-Rouges, n°. 3, troiſième étage.

Proix, employé, rue *id.*, n°. 11, troiſième étage.

Mangin, ex-noble, rue *id.* n°. 2, troiſième étage; âgé.

Delorme, ex-noble, rue Porte-Foin, n°. 9, deuxième étage.

Dangereux, rentier, rue *id.*, n°. 13, premier étage.

Rolle, ex-prêtre, rue *id.*, n°. 13, troiſième étage.

Menou, ancien général, rue *id.*, n°. 1.

Porchel père & fils, limonnadiers, rue du Temple, n°. 10, premier étage.

Floriot, employé, rue *id.*, n°. 46.

Deplure, ex-noble, rue Danjou, n°. 19, premier étage.

Demouſſay, rentier, rue *id.*, n°. 19.

Brion de Marolles, ex-noble, rue d'Orléans, n°. 10, premier étage.

Guillaume, notaire, rue *id.*, n°. 14, premier étage.

Brevanne, ex-noble, rue *id.*, n°. 8, premier étage.

Leprince fils, rue *id.*, n°. 10.

Debrais , ferblantier, coin de la rue des Quatre-Fils , premier étage.

Grandin , rentier , rue id., n°. 13 , deuxième étage.

Lefevre , rue id. , n°. 15.

Barbier , ex-capucin , rue de Berry , n°. 33.

Chabono, chirurgien , rue id., n°. 31.

Gourer, tenant maison garnie, rue id. , n°. 19 , premier étage.

Duguet père & fils , ex-nobles , rue id, n°. 6 , premier étage.

Gautier, vétérinaire , rue id., n°. 5 , premier étage.

Frémenville , ex-noble , rue des Quatre-Fils, n°. 27 , premier étage.

Brosse , rentier , rue id. , n°. 27.

Filliot , employé , rue id., n°. 27.

Gaudoin , notaire , rue id. , n°. 18 , premier étage.

Duplessy , rue id. , n°. 19 , premier étage.

M.

Tenadé , vitrier , rue des Blancs - Manteaux , n°. 50, deuxième étage.

Duval , rue id. , n°. 48 , deuxième étage.

Metré , rue de Bracque , n°. 20.

Douce , rue de la Marche , n°. 16. (Démocrate.)

Bienvenue, mercier , vieille rue du Temple , n°. 146 , premier étage.

Gobert , rue de Poitou , n°. 5.

A. & R.

Neudant , marchand , rue de Poitou , n°. 2 , premier étage.

Blondin, perruquier , rue id, n°. 25 , premier étage.

Chevesy, chirurgien, rue id., n°. 24.

Giot, mercier , rue id, n°. 15 , premier étage.

Martin , mercier, rue id., n°. 18 , premier étage.

Daliquet, perruquier , rue id., n°. 7 , premier étage.

Mouzard, employé, rue *id.*, n°. 37, quatrième étage.

Picardeaux, comédien, rue *id.*, n°. 8, deuxième étage.

Picard, orfèvre, rue du Porche, n°. 6, premier étage.

Boffe, serrurier, rue *id.*, n°. 12, premier étage.

Leduc, médecin, rue de Limoges, n°. 14, deuxième étage.

Guérin-Précourt, agent-de-change, rue de l'Homme armé, n°. 5, deuxième étage.

Hurion, marchand, maison de Soubise, cour du fond, côté de la rue du Chaume, tout en haut.

Aubry-Parent, du département, réputé marchand, rue des Blancs-Manteaux, n°. 53, premier étage (tient magasin de vin & toutes sortes de marchandises.)

Bonnet, rue Croix-Bretonnerie, n°. 58.

Dreut, père & fils, rue du Grand-Chantier, n°. 3.

Enfoc, commis, rue de Paradis, n°. 21, troisième étage.

Onzième pièce.

13 floréal.

Septiéme arrondissement.

(*La date & les mots* septième arrondissement, *sont de la main de Babœuf.*)

A.   &   R.

Vermeille, homme de loi, rue Geoffroy-Langevin, n°. 328, premier étage.

Colliez, *idem*, rue *id.*, n°. 320, deuxième étage.

Prignot, bonnetier (à Troies ; il est parti de Paris après les journées de prairial.)

Charlot, rue Martin, n°. 34.

Calliet, tapissier, rue Méry, n°. 402 (en porte cochère.)

Vimard, tailleur, rue *id.*, n°. 442, troisième étage.

Gobert - Baugé, ancien marchand, rue Transnonain, n°. 214.

Guillaumot, rue Michel-Lepeletier, n°. 251.

Michel, mécanicien, rue *id.*, n°. 253.

Germain, ancien tailleur, rue Simon - le - Franc, n°. 366.

Baboult, graveur sur métaux, rue de la Réunion, n°. 711 (on assure qu'il est en campagne).

Villemonot, orfèvre, cour de la Réunion, n°. 4 (en boutique).

Lesdits dénommés sont tous hommes nommés pour vérifier les opérations de l'ancien comité révolutionnaire, qui ne trouvant rien sur leur conduite, on a réuni avec eux une (*un mot rayé*) autre commission de trois individus qui, d'un commun accord, ont dénoncé les membres dudit comité, sans aucun fait sur leur compte.

Les trois individus sont :

Gueral, homme de loi, rue André-des-Arts.

Fournier aîné.

Gibert - Delile, notaire, rue Méry, n°. 686, troisième étage (président de l'assemblée primaire de vendémiaire, an quatrième).

Talochon, bijoutier, rue Martin, quatrième étage.

Chasagnol, architecte, cour de la Réunion, n°. 1, troisième étage.

Debruge, homme de loi, rue Michel-Lepeletier, n°. 264, premier étage.

Lefèvre aîné, notaire, rue Méry.

Lachevalerie, homme de loi, rue Geoffroy-Langevin, n°. 328, troisième étage.

Choulaire, *idem*, rue *id.*, n°. *id.*, deuxième étage.

Sibot, receveur de l'enregistrement, rue *id.*, n°. 473, premier étage.

Poupar, menuisier, rue Méry, n°. 473, premier étage.

Leduc, homme de loi, cloître Méry. (*Un mot rayé.*)

Debruc, secrétaire du juge-de-paix, rue Grenier-Lazare, no. 665, deuxième étage.

Fournier, négociant, cloître Méry.

Guiard fils, tapissier, rue Méry, no. 443, en boutique.

Lamy, négociant, rue Michel-Lepeletier, no. 233, deuxième étage.

Bordin, vinaigrier, rue Simon-le-Franc, no. 374, en boutique.

Serre, éventailliste, rue Martin.

(Toutes les portes cochères dans lesquelles sont logés la plupart des scélérats ci-dessus, sont pleines de substances & autres objets de commerce.)

M.

Molière, rentier, rue du Cimetière Nicolas, maison du vitrier, deuxième étage, sur le devant.

Gonor, employé à la police, rue de la Verrerie, chez le marchand de papier, à la tête noire.

D.   Réunion.

Septième arrondissement.

Simon, marchand papetier, rue Martin, no. 88, en boutique.

Caffel, orfèvre, rue *id.*, en boutique.

Petit, éventailliste, rue *id.*, quatrième étage (bon et place pour toute administration).

Œuilliée, rentier, rue des Ménétriers, no. 586, troisième étage.

Davrouche, cordonnier, rue Simon-le-Franc, no. 373.

Tard, chapelier, rue Beaubourg, no. 341, deuxième étage.

Peltier, chapelier, rue Méry, en boutique (membre de la municipalité).

Guidamour , tenant maison garnie , rue Beaubourg, n°. 639 (propre aux fonctions militaires).

Rodier, chirurgien, rue des Petits - Champs Martin, n°. 621 , troisième étage (ex-municipal du 10 août).

Payeis , rémouleur , rue Martin , n°. 64 , quatrième étage.

Leblond , fabricant de cuirs à rasoir , rue des Petits-Champs-Martin , n°. 631 , cinquième étage.

Labrue , employé , rue Martin , n°. 51 , premier étage.

La Chevalerie , employé, rue Geoffroy-Langevin, n°. 328, troisième étage (propre aux fonctions insurrectionnelles).

Dolizy , cordonnier, rue des Vieilles-Etuves, n°. 365 , deuxième étage.

Chardin , émailleur , rue des Ménétriers , n°. 602 , quatrième étage.

Vaucher , tenant maison garnie, rue Beaubourg, n°. 639, (recevoit des démocrates des départemens, ainsi que Guidamour.)

Garnon , émailleur , rue des Ménétriers , n°. 23 , troisième étage.

Jahyer , doreur , rue Beaubourg , n°. 533, troisième étage.

Mercier , journalier , cimetière Nicolas , n°. 7 , quatrième étage.

Guillaume , employé , Passage des Vivans , n°. 638, deuxième étage.

Gannot , cordonnier , *idem* , n°. 638 , quatrième étage.

Anglar , employé , rue Martin , n°. 68 , troisième étage.

Mascau , employé , rue des Ménétriers , n°. 600 , deuxième étage.

Delaporte , rentier , rue de la Réunion , n°. 200 , deuxième étage.

Favereau , employé , rue Grenier-Lazare , n°. 690.

Roché , marchand de charbon , rue Beaubourg , n°. 333, (en boutique.)

Mensuy, instituteur, rue du Poirier, n°. 495, cinquième étage.

Delaunay, bijoutier, rue Martin, n°. 51, quatrième étage.

Miel, écrivain, rue Mery, n°. 402 (au rez-de-chaussée).

Dorléans, chapelier, cul-de-sac Berteaux, n°. 289, premier étage.

Maillebranche, architecte, rue Michel-le-Peletier, n°. 210, quatrième étage.

Matte, cordonnier, rue Simon-le-Franc, n°. 368, troisième étage.

Hardy, tireur au banc, rue du Poirier, n°. 578 (en boutique).

Dimay, cordonnier, rue Simon-le-Franc, 375, troisième étage.

Porquet, employé à la trésorerie, rue Martin, n°. 35, troisième étage (propre aux fonctions insurrectionnelles).

Peligot, ex-juge-de-paix, rue de Beaubourg, premier étage.

Moutardier, chaudronnier, rue Geoffroy - Langevin, n°. 317 (en boutique).

C.

Gariot, capitaine, fondeur, rue Petits-Champs-Martin, n°. 632, premier étage.

Nivel, lieutenant, bijoutier, rue Grenier-Lazare.

Millet, capitaine . . . .

Blaise Boza, chapelier, rue Aubry-le-Boucher (section des Lombards, dont il n'est point connu).

Bontems, lapidaire, rue Geoffroy-Langevin, n°. 331, deuxième étage.

Nivel aîné, bijoutier, rue Beaubourg, n°. 345 (en boutique).

Denoel St. Mor., peintre en miniature.

Scoupennau

Scoupermau, cordonnier , rue Geoffroy-Langevin , n°
328. (portier).

Bazin , plombier, rue de la Verrerie , au coin de celle du
Renard.

Douzième pièce.

13 floréal.

Septiéme arrondissement.

(*Le date & ces mots*, septième arrondissement, *paroissent être
de la main de Babœuf.*)

Madame Tallien-Cabarus fait son paquet pour passer
en Espagne : l'on tient ce fait de la blanchisseuse de la
maison.

J'ajoute ici la liste des canonniers démocrates répandus
dans Paris, dont je ne connois pas parfaitement l'adresse.

Canonniers.

1. Borel , rue de la Cossonnerie, chez le citoyen Martin,
rôtisseur.

2. Chevalier , rue de Lille.

3. Dupont, perruquier , rue de la Convention.
Guiard , mercier, *idem,*

4. Fleuret , tailleur, rue de Verneuil.

5. Bertaux, horloger, rue Montagne-des-Champs, maison
Laval, n°. 1393.

6. Chauvin , cordonnier pour femme , rue du vieux Co-
lombier , maison du marchand de vin, n°. 389.

7. Cecile , poëlier , rue des Canettes.

8. Fabre , menuisier , rue du Four-Germain, n°. 297.

9. Lecerf, section des Invalides.

10. Hanneret, rue Denis, section Bon-Conseil.

11. Monvoisin l'ainé, capitaine ,

12. Monvoisin le jeune, rue Cassette, } n°. 134.

13. Joseph , porte-faix , rue Montagne-des-Champs,
n°. 1364.

2ᵉ. volume. *Copie des pièces de Babœuf.* O

14. Maffuet, Cour du Dragon, n°. 590.

15. Joubert, rue Montorgueil, cul-de-sac de la Bouteille, n°. 145.

16. Mouton, menuisier, rue de Rohan.

17. Manque, aux Ecuries d'Orléans.

18. Robert, rue Chabanois, au petit café à gauche.

19. Rapin, cordonnier, rue neuve Guillemin, n°. 421.

20. Rouffard, section du Temple.

Je crois devoir aussi vous donner le nom des principaux
agens qui ont ma confiance, afin que si j'étois arrêté, le
mouvement ne le soit pas.

Section de la Réunion, le citoyen Moutardier, le dernier
sur la liste.

Section de l'Homme-Armé, le citoyen Biot, le vingt-
troisième sur la liste.

Section des Droits de l'Homme, le citoyen Heude,
horloger, rue des Droits de l'Homme, n°. 1.

Section des Arcis, le citoyen Chopi, cordonnier, rue
de la Poterie, chez le tourneur, au quatrième.

Donnez-moi promptement des nouvelles, car votre silence
m'inquiète.

Salut & courage.

Paris, le 10 floréal, 4e année républicaine.

N. B. Donnez-moi sur-tout votre dernier mot sur les
guidons.

Treizième piéce.

13 floréal.

(Date qui paroît être de la main de Babœuf.)

Le citoyen Petit, tapissier, rue Antoine, n°. 355, maison
du citoyen Pernot, tapissier, ex-capitaine de canonniers,
peut procurer de quoi servir une pièce.

(*Au dos est écrit.*) (Rue, n°., étage, notes ou observations des Petits-Champs).
Martin.

Avril , le 6 thermidor.

Quatorziéme piéce.

ÉGALITÉ.   LIBERTÉ.

BONHEUR COMMUN.

12 floréal.

(*Date qui paroît être de la main de Babœuf.*)

Septième arrondissement.

J'ai reçu hier votre lettre un peu tard , & j'ai couru de
suite chez les sans-culottes qui ont ma confiance dans mon
arrondissement. La curiosité les avoir attirés sur les boulevards , de sorte que je n'ai trouvé personne. Je les ai vus
ce matin ; mais ils pensent , ainsi que moi , que l'occasion
est manquée pour le moment. Pour la confection des guidons , j'éprouve des difficultés ; l'achat des cartons &
des bâtons demande des facultés que je n'ai pas , & que
l'on ne m'offre pas ; je les écrirai volontiers : cependant il
me semble que , si vous faisiez imprimer sur du papier les
inscriptions que vous voulez y mettre , & que vous les fassiez
passer à chaque agent principaux , qui les feroit coller au
moment de s'en servir sur les cartons , ceux chez qui ils
seroient déposés courroient moins de dangers : quant à moi ,
je ferai toujours tout ce qui dépendra de moi.

J'ai parlé au général G***. Il trouve les questions que je
lui ai faites trop vagues pour y répondre utilement. Il n'y a,
m'a-t-il, que deux manières de s'emparer des deux dépôts
de Vincennes & de Meudon , par force ou par surprise.
Dans ces deux hypothèses , il faut commencer par s'assurer
de la situation actuelle de ces deux postes : on y parviendra

en envoyant plusieurs citoyens de confiance pour tâter la garde, savoir le nombre d'hommes dont elle est composée, quelle est leur opinion : il seroit à desirer que ces citoyens fussent en uniforme, attendu que le soldat se confie plutôt à un militaire qu'à un autre ; il faudra en envoyer plusieurs & à diverses époques, pour savoir si leurs rapports coïncident & sont vrais ; il faudra ensuite tâcher, si l'on peut compter sur le courage & l'intelligence de quelques hommes, de se procurer le mot d'ordre, & aller ensuite en nombre au moins égal à celui qui garde ce dépôt, avec un faux ordre, relever le poste ; il faut que cette expédition soit dirigée avec le plus grand secret, & n'en instruire ceux qui doivent la faire, que dans le lieu du rendez-vous, qui ne doit pas être loin du poste à enlever ; & où ils doivent se rendre par plusieurs chemins différens. Quant au moyen de l'enlever par force, il seroit plus difficile. Il faut non-seulement connoître la force de la garde de ces dépôts, tant morale que physique, mais encore les forces disposées dans les environs pour les protéger, y envoyer un détachement au moins égal en force, commandé par un chef instruit, qui sache profiter des circonstances, & soutenu par quelque autre détachement ; enfin si, connoissant le local, on lui faisoit des questions analogues aux connoissances qu'on auroit acquises, il donneroit des instructions plus détaillées.

J'oubliois de vous dire que si vous voulez que tous les sans-culottes de l'intérieur marchent, il faut commencer par faire mouvoir le fauxbourg : car j'ai cru découvrir à travers tout ce qu'ils disent, qu'ils se mettroient sans cela difficilement en mouvement. Je vous envoie les listes des démocrates, des canonniers, des aristocrates & royalistes, & celles des mouchards des sections de la Réunion & de l'Homme-Armé. Demain j'espère vous faire passer celles des sections des Droits de l'Homme & des Arcis. Les lettres majuscules qui sont à la tête de chaque page désignent, le D. démocrates, le C. canonniers, & A. R. aristocrates & royalistes, & M. mouchards. Dans les listes de la section de la Réunion,

X. signifie qu'ils sont propres à toute espèce d'administration. Si j'avois eu le temps, j'aurois fait moi-même ces listes, & y eus mis des notes plus détaillées ; mais il paroît que le temps presse.

Il paroît que les légionnaires ont eu de l'énergie ; & quoique nous n'ayons pas été en mesure, il est sûr, je crois, qu'ils auroient été soutenus, & sur-tout que les autres troupes n'auroient pas fait feu, & auroient prouvé aux tyrans qu'il est un terme à la patience.

Des renseignemens que m'a remis hier un démocrate de Creteil, à qui j'avois dit de prendre des notes sur l'esprit du soldat du camp de Vincennes, portent que d'entre 12 qui y ont couché, a dit, chez le citoyen Charpentier, de Creteil :

« Ces scélérats croient nous faire tirer sur le peuple ; ils se trompent : qu'ils craignent plutôt pour leur tête. » Chez le citoyen Gobert ils ont tenu le même langage, & ont ajouté : « Il en est parmi nous qui sont assez scélérats pour tirer sur le peuple ; mais nous les connoissons bien ».

Hier, étant à boire bouteille à Creteil, il passa trois volontaires du camp de Grenelle : en parlant affaires politiques, ils dirent : Il circule parmi nous des papiers, tel que Babœuf, une lettre de la Terreur à Franc-Libre : vous me paroissez un bon patriote ; que pensez-vous de cela ? Le démocrate profita de l'interpellation pour leur faire remarquer les vices de la constitution aristocratique de 1795, & les avantages de celle démocratique de 1793, & l'intérêt que les riches & les fripons ont de soutenir la première. C'est donc cela, répondirent-ils, que l'on voit derechef des tresses, des nageoires : hé bien ! c'est bon, nous les reconnoîtrons. Il a terminé en leur donnant un paquet de papier : ils ont promis de venir en chercher d'autres tridi prochain.

Un légionnaire du faubourg Marceau, qui m'a compté comment ils ont arraché le drapeau à leur commandant hier matin, comment ils ont souffleté & donné du pied au cul de leurs officiers, a ajouté qu'ils avoient reçu plusieurs lettres des armées de Rhin & Moselle & d'Italie; que dans la première plusieurs bataillons, irrités du mauvais traitement qu'on leur faisoit éprouver, avoient refusé le service; que dans celle d'Italie dix-huit bataillons avoient mis les armes bas : tant ils étoient rebutés par le dénuement total dans lequel on les laisse.

Quinzième pièce.

Septième arrondissement.

ÉGALITÉ · LIBERTÉ
BONHEUR COMMUN.

12 floréal.

(*Date de la main de Babœuf.*)

AU DIRECTOIRE SECRET DE SALUT PUBLIC.

Les détails les plus minutieux en apparence sont, dans des momens aussi difficiles, d'une importance majeure. Je viens d'apprendre par des patriotes qui méritent confiance, qu'ils avoient vu près les Tuileries un légionnaire tirer une pomme de sa poche, la présenter à un autre militaire alors de garde, lequel mordit dans la pomme & la rendit au légionnaire ; l'on pense que c'est un signe de ralliement : tâchez d'éclaircir ce fait.

Croison, cordonnier, rue Trousseyache, n°. 8 au deuxième, premier escalier à droite, peut indiquer un logement sûr, où quatre démocrates purs peuvent être hébergés, cachés & nourris.

Il y a au chef-lieu de la section des Droits de l'Homme, rue du même nom, 240 fusils en bon état.

Il y en a autant hôtel d'Anières, rue du Temple, chef-lieu de la section de la Réunion.

Vous trouverez d'autre part une liste des patriotes de la section de l'Homme-Armé qui étoient de la société du Panthéon; leur nom m'a été fourni par le premier d'entre eux qui mérite la plus grande confiance; vous la comparerez avec celle que je vous ai envoyée hier; il peut y en avoir qui n'y soient pas portés : & quand ils y seroient tous, ce seroit une sûreté de plus ; car ils m'ont été donnés par une main pure.

Patriotes démocrates.

Laquier, fruitier, rue Pastourelle, n°. 3, en boutique.
Moutessus, chapelier, *idem*, au deuxième.
Charton, tabletier, *idem*, au troisième.
Cayeu, bonnetier, *idem*, au quatrième.
Potin, meunisier, *idem*, n°. 31.
Lefort, cordonnier, *idem*, n°. 34, en boutique.
Boucotte, peintre en miniature, rue du Temple.
Hanique, employé, rue *idem*, n°. 23, au troisième.
Gardon, mercier, *idem*, n°. 24, en boutique.
Degouffe, vieille rue du Temple, n°. 25.
Lagrelet, palier, rue de Bretagne, n°. premier.
Servant, rue du Plâtre Avoye, n°. 8, au deuxième.
Leclerc, serrurier, rue de Paradis, n°. 16, en boutique.
Claudelle, rue des Quatre-Fils, n°. premier.
Verdieu, légionnaire, *idem*, n°. 11.
Biot, tailleur pour femme, rue du Chaume, n°. 1.
Garnier, peintre, *idem*, n°. 3.
Robillard, rue des Blancs-Manteaux, n°.
Perrier, chapelier, *idem*, n°. 16, au deuxième.
Eloy, rue des Mauvais-Garçons, n°. 378.

Paris, le 11 floréal, quatrième année républicaine.

(Sur le deuxième recto est écrit.)

P. S. Donnez-nous le plutôt possible de vos nouvelles pour nous tirer d'inquiétude.

Je bous de ne pouvoir vous envoyer tous les renseignemens que je vous ai promis ; mais ce n'est pas ma faute.

Dans la rue des Vieux-Augustins, la porte-cochère à côté du passage à droite, est un particulier qui paie les Chouans à bureau ouvert ; demain on me donnera des détails plus circonstanciés.

Rue de la Huchette, maison & cour de l'Ange, on fabrique des poignards.

60 légionnaires de l'Ecole Militaire ont été, dit-on, conduits au Plessis, & 17 de Versailles ont été conduits à la Force.

Je vous envoie deux imprimés. L'auteur du moins volumineux qui n'a jamais écrit, & qui en cet instant n'a suivi que l'élans de son cœur, vous laisse libres de faire tels changemens que vous jugerez convenables. Le premier l'a fait à la hâte, & vous laisse libres d'en corriger les négligences.

J'y joins encore ici la liste des canonniers des Droits de l'Homme, qui ont été commandés par le bon démocrate Heude. Quoiqu'ils ne soient pas tous aujourd'hui sur la section, il espère les avoir en cas de besoin.

(Sur l'enveloppe est écrit). A. D. S. D. S. P.

Seizième pièce.

ÉGALITÉ. LIBERTÉ

BONHEUR COMMUN.

10 floréal.

(*Date de la main de Babœuf.*)

AU DIRECTOIRE SECRET DE SALUT PUBLIC.

Hier, vers les sept heures du soir, le citoyen Petit, ci-devant capitaine de canonniers de la section de Bon-Conseil, demeurant actuellement rue Antoine, & dont j'ai glissé l'adresse sous enveloppe de ma lettre d'hier, est venu me dire que le coup devoit avoir lieu cette nuit; qu'il en étoit sûr; que l'on le lui avoit dit au café chinois. Comme je ne connoissois pas ses opinions depuis le 9 thermidor; je lui répondis que je ne savois rien de cela; que, cependant, si les patriotes étoient sages, ils se tiendroient prêts; & que si le peuple se levoit, il falloit se réunir à lui afin de le diriger vers la conquête de ses droits. Je le soupçonnois d'un peu de perfidie; cependant il me quitta en me disant qu'il étoit sûr d'un nombre de canonniers suffisant pour servir une ou deux pièces de canon, & je joignis cette note à son adresse, que je portai sur le champ à l'agent intermédiaire. A mon retour, chez moi, je trouvai Chalendon, canonnier, qui étoit avec mon agent de la section de l'Homme-Armé, & à qui il avoit également dit que c'étoit pour cette nuit: il y avoit le brave Heude, celui des Droits de l'Homme, qui avoit entendu propager le même éveil sur le port, & qui venoit près de moi s'informer de ce qui en étoit: je les dissuadai en leur recommandant cependant de se tenir prêts à tout évènement. Je n'ai pu, je vous l'avoue, me défier d'un peu de défiance dans le zèle affecté de Chalendon, & j'en ai témoigné quelque chose à Heude, qui mérite la confiance des hommes purs, ainsi que son frère, avec lequel il est allé à minuit dans le fauxbourg dans l'intention de voir s'il y avoit un mouvement; ils sont revenus chez moi à une heure & demie, & m'ont dit avoir trouvé le fauxbourg calme; ils ont rencontré le bataillon de la légion qui étoit à Vincennes, allant rue Mouffetard, fauxbourg Marceau; ils ont accosté plusieurs des soldats légionnaires. Le premier étoit seul; ils ont ensuite parlé à quatre autres qui étoient ensemble; ils en ont reconduit un qui étoit gris: tous en un mot leur ont paru dans les meilleures dispositions, décidés à ne pas souffrir que leurs camarades soient victimes, & décidément prêts à renverser la tyrannie; ils m'ont dit que les légionnaires leur ont paru être certains des bonnes dispositions des autres troupes qui sont tant à Antoine que dans Paris. Heude leur a donné rendez-vous ce matin; il doit venir me rendre le résultat de leur entretien, & je vous en ferai part. En revenant chez moi hier à neuf heures du soir, j'ai vu entrer aux Tuileries une douzaine de chariots d'artillerie & caissons chargés de boîtes de mitrailles.

Je vais courir pour vous avoir les autres renseignemens que vous attendez. Salut & courage.

Paris, le 11 floréal, 4me. année républicaine.

(Au dos est écrit : A. D. S. de S. P.)

Dix-septième piéce.

Septième arrondissement.

ÉGALITÉ.   LIBERTÉ.

BONHEUR COMMUN.

8 floréal.

(*Date de la main de Babœuf.*)

Au directoire secret de salut public.

On auroit trop à faire de rendre compte des on dit favorables aux mouvemens régénérateurs, & j'ai pensé que ne devant calculer que sur des faits certains, il étoit inutile de vous instruire des autres.

Hier matin, l'affiche *Soldat, arrête encore*, a fait le plus grand effet dans le septième arrondissement; entr'autres lieux au coin de la rue Cloche-Perche, rue Antoine, plus de deux mille lecteurs étoient à la queue. Une patrouille de cavalerie, passant par-là, voulut voir ce qui attiroit un si grand concours; le commandant mit pied à terre, la lut en son entier, & auroit désiré l'arracher pour la faire lire, *disoit-il*, à ses camarades. Comme on lui représenta qu'il ne pourroit l'avoir entière, il dit : En ce cas il vaut mieux la laisser lire au peuple. Il remonta à cheval & s'en alla du côté du boulevard. On voulut l'arracher, mais un groupe de lecteurs s'y opposèrent, en disant qu'elle contenoit vérité.

Je joins ici un petit écrit sur la proclamation du Directoire; je l'ai parcouru, il me paroît un peu foible : l'auteur désire que l'impression faite, si vous l'en jugez digne, son manuscrit lui soit rendu.

J'ai parcouru aussi l'imprimé inclus, ayant pour titre *la fuite aux Cerfs rouges, ou gare le Pot-au-noir.* On le soupçonne être de Julien de la Drôme : je l'ai trouvé bien perfide; c'eſt auſſi le jugement de ceux qui me l'ont remis; & comme je penſe qu'il eſt important d'en détruire l'effet, je vous le fais paſſer.

Voici la copie d'une lettre de Duhem, en date de la Haye, le 26 germinal; ſi vous lui donnez quelque publicité, l'auteur deſire n'être pas connu.

« Je ne ſuis pas ſurpris de voir les chefs de thermidor ſe
» repentir de leurs promeſſes; ils en auront bien plus de
» motifs plus tard, s'ils aiment leur patrie, lorſqu'ils
» verront toutes les trahiſons éclater à-la-fois : car je ne
» doute nullement, d'après tout ce que je vois & entends,
» que l'armée de Jourdan ne ſoit livrée cette campagne;
» il eſt déteſté à la droite, & ſur-tout ici à la . . . où
» l'on n'adore que Pichegru, & où l'on fait l'éloge
» d'Houchard, Cuſtine, & autres traîtres. Où en ſommes-
» nous ? O patrie ! ô liberté ! ô peuple ! »

J'obſerve qu'il eſt à même de ſavoir ce qui ſe paſſe, attendu qu'il mange fort ſouvent chez Noël, ambaſſadeur de France, & avec l'état-major de l'armée françaiſe.

Le citoyen Toulotte, de Saint-Omer, a reçu ordre du miniſtre de la guerre de ſe rendre à l'armée d'Italie. Cet ordre le ſurprit d'autant plus, qu'il avoit été juſqu'alors protégé par M. Carnot frère : il ſe tranſporta donc, avec Leſage-Senault, chez le miniſtre, & lui demanda le motif de cet ordre. Le miniſtre lui répondit qu'il en avoit reçu l'ordre du Directoire. Il ſe tranſporta chez Carnot, pour lui témoigner ſa ſurpriſe : celui-ci voulut rejeter cet ordre ſur le miniſtre; mais, comme Toulotte lui dit qu'il ſortoit de chez le miniſtre avec Leſage, Carnot lui avoua qu'à la vérité il avoit connoiſſance de l'ordre du Direc-toire; qu'il étoit la ſuite d'une note de la police, qui l'accuſoit de conſpirer contre le gouvernement. Toulotte répondit que c'étoit ainſi que l'on ſe débarraſſoit des patriotes, ſous des prétextes ridicules; l'autre s'emporta & lui dit que le gouvernement avoit réſolu de renverſer les audacieux de tous les partis. Toulotte lui dit qu'il ne concevoit rien à ce langage ; que, d'ailleurs, il ne partiroit pas pour l'armée d'Italie, dans des contrées où l'on toléroit l'affassinat des patriotes ; que s'il vouloit exposer sa vie, il préféroit que le Directoire l'armât d'un poignard ; qu'il iroit, lui, chercher la tête de Pitt ou de Cobourg. L'autre lui répondit qu'il étoit apothicaire, qu'il devoit faire son métier. En ce cas, dit Toulotte, je le ferai à Paris ; ou bien, je retournerai chez moi. On ne vous laissera pas aller chez vous. En ce cas, faites-moi aller à l'armée du Nord. Vous n'irez pas à l'armée du Nord ; & c'est par considération pour moi qu'on veut bien vous donner le choix entre l'armée d'Italie & celle des Côtes de Brest.

Ce dialogue seroit minutieux, s'il ne peignoit le despotisme des monstres qui nous gouvernent. Vous en tirerez le parti que vous jugerez convenable ; mais je vous préviens que ma mémoire seule me l'a fourni : car Toulotte ne vouloit pas que j'en fisse part à personne, quoiqu'ayant Cochet pour témoin.

(En marge est écrit au dos du deuxième verso :)

Il y a, sur le Port au Bled, un bateau de mousquetons, que l'on fit être embarqués au Havre, le 5 floréal au soir.

Dix-huitième pièce.

(Cette pièce paroît être de la main de Babœuf.)

ÉGALITÉ LIBERTÉ

BONHEUR COMMUN.

(Paris, 16 floréal, l'an 4 de la République.

LE D. DE S. P.

A l'agent du septième arrondissement.

(Deux lignes rayées.) Nous ne croyons pas que ce soit

le cas de préfenter (*un mot rayé*) une férie de queftions à mi-marge pour l'objet fur lequel le général G. a promis des renfeignemens. Il n'y a point, à cet égard, deux queftions à faire; il n'y en a qu'une, la voici tout fimplement: quelles font les voies qui pourroient faciliter au peuple, dans la fuppofition d'un mouvement infurrectionnel, les moyens de s'emparer de *tels dépôts?* La fimple tranfmiffion verbale de cette unique queftion nous femble fuffire. (*Un mot rayé.*) Et nous t'invitons de hâter la reponfe du citoyen G.

Salut fraternel.

EGALITÉ.   LIBERTÉ.

BONHEUR COMMUN.

Dix-neuvième pièce

5 floréal

(*Date qui paroît être de la main de Babœuf.*)

Septième arrondiffement.

Je n'ai pu voir qu'hier le g^{al}. G^{er}., & lui ai demandé les renfeignemens fur les moyens d'avoir les dépôts de Vincennes & Meudon; il m'a répondu qu'il faudroit lui faire des queftions, & qu'il y répondroit. J'avois réfolu de les lui faire à mi-marge, comme il me les a demandées; mais j'ai penfé qu'ayant déja des renfeignemens à cet égard, vous les feriez mieux que moi, & fur-tout plus conformes à vos intentions.

L'efprit public du peuple eft on ne peut pas meilleur. L'on m'affure que celui des foldats du camp eft tel, qu'il faut les retenir. On va même jufqu'à dire qu'ils ont refufé les promeffes de mandat, la viande gâtée qu'on a voulu leur diftribuer, & d'aller à l'exercice; qu'ils ont réfolu de fe débarraffer de leurs chefs des 2 C. du D.; qu'ils ont dit, enfin, qu'il étoit temps que la bombe éclate, & qu'il falloit que tout foit terminé le 8 courant : je ne fais jufqu'à quel point on peut compter fur ces faits ; mais ils me paroiffent trop beaux pour y croire. J'ai cru, dans tous les cas, devoir vous en rendre compte.

L'on m'a remis hier foir l'anecdote fuivante, que l'on m'a affuré être véritable. Je vous la tranfmets mot à mot.

L'ex-repréfentant Chondieu, s'étant tranfporté chez le miniftre de la police générale, fut reçu avec cette dignité, cette hauteur ordinaire à des hommes auffi importans ; mais la grandeur d'ame & les juftes réponfes de l'ex-député ayant fait rentrer le miniftre Cochon dans fa fphère précédente, il lui confia qu'il avoit ordre de faire arrêter trois de fes collègues, & qu'au moindre mouvement populaire ils feroient tous arrêtés comme ôtages.

L'écrivain patriote, qui eft prié de faire connoître au peuple l'injuftice atroce de cet ordre, commentera à fon gré ce nouvel acte de defpotifme, qui fait dépendre l'exiftence des hommes juftes, de dignes repréfentans du peuple, des événemens fufcités par des tyrans ufurpateurs de fes droits.

Quandonam, jufte Deus, tanta impleta erit menfura malitiæ !!!!

Vous trouverez peut-être que je vous fais languir pour les renfeignemens que vous m'avez demandés. Ce retard me peine ; mais il a été forcé par la prudence néceffaire dans un arrondiffement où je ne connoiffois perfonne : ces jours-ci, vous ferez fatisfait.

Salut, fraternité, courage.

Paris, le 5 floréal, 4e. année républicaine.

(Sur l'enveloppe de la lettre eft écrit :)

A. D. S.

Vingtiéme piéce.

(Cette pièce paroît être de la main de Babœuf.)

ÉGALITÉ.   LIBERTÉ.

BONHEUR COMMUN.

Paris, le 29 germinal, l'an 4 de la République.

LE DIR. DE SAL. PUB.

À l'agent du septiéme arrondissement.

D'après ce que nous annonce ton rapport du 25 germinal, nous attendons de toi, au plutôt possible, la suite de la liste seulement de ceux des canonniers sur lesquels tu acquerras des (*un mot effacé*) renseignemens qui t'assureront leur parfait civisme.

Ensuite, d'après la confiance motivée que tu parois mettre dans le citoyen Ganier, nous t'invitons à (*trois mots rayés*) le revoir & à (*un mot rayé*) tirer tout le parti possible de ses moyens & de son zèle. Presse-le pour ces renseignemens qu'il t'a promis sur les grenadiers sénatoriaux : transmets - nous aussi ce qu'il t'a confié sur les moyens de s'emparer de Vincennes & de Meudon : nous avons déja à cet égard quelques notes importantes ; nous les rapprocherons de ce que tu vas nous fournir, & probablement nous y trouverons entre l'une & l'autre chose de la coïncidence.

Nous profiterons de ton important avis sur l'homme du faubourg, que nous n'avons jamais cru être parfaitement notre fait ; nous l'avons employé faute d'autres : si tu en avois un ou plusieurs (*deux mots rayés*) que tu pusses croire meilleurs, nous te (*un mot rayé*) prierions de nous les indiquer.

Vingt-uniéme

Vingt-unième piéce.

ÉGALITÉ. LIBERTÉ.

Bonheur Commun.

Paris, le 29 germinal, 4ᵉ année répub.

L'agent du septiéme arrondissement,

Au Comité secret de Sal. pub.

Le citoyen Laporte, ci-devant juge du tribunal révolutionnaire, m'a dit que l'on l'avoit assuré que les tyrans avoient organisé une compagnie d'assassins grassement payés, & armés de poignards pour les débarrasser des écrivains énergiques : l'on nomme même ceux que l'on honore les premiers de la couronne du martyr ; & vous les devinez sans doute. Ce propos peut être faux ; il peut n'être lâché que dans l'intention d'effrayer les écrivains courageux qui éclairent le peuple & le conduiront au bonheur : je suis trop convaincu de leur vertu pour craindre cet effet, & ; dans tous les cas, j'ai pensé qu'il étoit de mon devoir de vous en prévenir.

Aussitôt que j'aurai réuni tous les renseignemens que vous me demandez, je vous les ferai passer.

Salut en l'Egalité.

T. S. V. P.

Je rouvre ma lettre pour vous rendre un propos qui court & qui me paroit inventé par les ennemis du peuple : l'on se dit tout bas, que l'on a déterré les corps des précieuses victimes de thermidor & de prairial ; l'on va jusqu'à dire qu'ils étoient tout habillés, & que les municipaux avoient leurs écharpes dans leurs poches. Je ne crois pas que cela soit ;

mais comme le peuple est calme, ceci me paroît être un moyen semblable à ceux dont on a fait usage en thermidor & prairial.

Il y a 300 fusils aux Miramionnes : quoique ce ne soit pas mon arrondissement, j'ai cru devoir vous en instruire.

(*Sur l'enveloppe est écrit.*)

Au D. S. D. S. P.

Vingt - deuxième pièce.

ÉGALITÉ.   LIBERTÉ.

BONHEUR COMMUN.

Paris, 26 germ., l'an 4 de la Rép.

(Ces mots, ainsi que toute la pièce, paroissent être de la main de Babœuf.)

Première copie.

LE DIR. DE SAL. PUB.

A l'agent principal du septième arrondissement.

Si nous ne t'avions pas connu avant de te livrer notre confiance, ton rapport du 19 nous rendroit témoignage du bon choix que nous avons fait en portant nos yeux sur toi. Nous ne pouvons te recommander qu'une suite du même zèle & de la même activité dont tu nous a donné une première marque. Multiplie, s'il est possible, tes rapports, & hâte, autant que tu le pourras aussi, l'envoi de tous les renseignemens que tu nous as promis & de ceux que nous t'avons demandés.

La première ligne de ta lettre du 19 contient une erreur qui auroit pu être dangereuse, s'il eût été question d'un homme moins sûr que celui désigné par la lettre initiale T. Cette

première ligne est ainsi conçue : « Conformément à vos inten-
» tions, j'ai fondé le citoyen T... » Nous ignorons où tu as pris
cette prétendue conformité de nos intentions. Nous ne t'avons
pas signifié cela par nos premiers actes : au contraire, nous
t'avons recommandé une discrétion imperturbable. Nous te
répétons que nous croyons bien sans inconvénient la confidence que tu as faite ; mais nous (*un mot rayé*) devons
t'exhorter à n'en plus faire de semblables à qui que ce
soit.

Vingt-troisième pièce.

Paris, le 25 germinal, quatrième année républicaine.

LIBERTÉ.   ÉGALITÉ.

BONHEUR COMMUN.

Au comité secret de salut public.

CITOYENS,

L'esprit public reprend de jour en jour ; il est excellent,
entre autres endroits, au Pont-au-change. Je vois peu les autres groupes, attendu que ne connoissant pas encore l'arrondissement que vous m'avez assigné, les préparatifs que
vous y desirez demandent tout mon temps, & vous pouvez vous reposer sur mon zèle. Je ne sais si l'on vous a dit
que quelques cochons de la police, ayant voulu arracher la
dernière affiche appliquée derrière le corps-de-garde du
Pont-au-change, reçurent une bastonnade bien appliquée :
cependant on assure que l'officier du poste, bravant les murmures des assistans, l'a déchirée.

J'avois résolu de vous donner une liste complète de tous
les canonniers démocrates de Paris, divisée par section ou
arrondissement de commune ; mais outre que cela seroit
trop long, j'ai oui-dire que des patriotes du fauxbourg les

avoient déja prévenus, & qu'ils étaient tous prêts. Je ne sais qui a été chargé de ce soin : mais je crois qu'il est important que vous surveilliez quelques uns de ceux à qui vous avez donné votre confiance ; car s'il n'y a pas de malveillance, il y a à coup sûr de l'indiscrétion. Je me trompe peut-être, & je le souhaite ; mais je crains que le citoyen Casin, tout en affectant beaucoup de prudence, ne soit, dans des momens où l'on n'est pas maître de soi, un peu indiscret : d'ailleurs son intimité avec quelques personnes, & notamment Bentabole, les éloges qu'il m'en a faits lui-même, me le rendent suspect.

Je pense donc, si cependant vous ne persistez pas à avoir le nom de tous les canonniers, qu'il seroit suffisant de s'assurer d'un canonnier par section, qui pourroit vous répondre d'un certain nombre de ses camarades. Par exemple, Boudry du café Chinois m'a dit être sûr d'une douzaine. Le citoyen Eudes, le plus précieux de tous, capitaine de la compagnie des Droits de l'homme, incarcérée toute entière pendant quatorze mois, répond du civisme & de l'énergie de la plupart des canonniers qui la composoient ; il est plein d'intelligence, & porte sur sa physionomie la candeur de son ame. Il demeure rue des Droits de l'homme, vis-à-vis la rue Cloche-perche.

Le citoyen Chalendon, rue de Bussy, n°. 386, est plein de zèle & passe généralement pour un excellent patriote.

Le citoyen Lecerf, actuellement section des Invalides, ci-devant section Grenelle, jouit aussi de la même réputation.

Le citoyen Massuet, cour du Dragon, n°. 590 : son civisme pur m'a été attesté par plusieurs patriotes en qui j'ai confiance.

J'en ai beaucoup d'autres encore dont je vous enverrai le nom & la demeure, à mesure que j'acquerrai la certitude de leur civisme. Vous avez non-seulement besoin de canonniers, mais encore de généraux. Il en est un qui, ci-devant garde française, a été invariablement attaché aux principes & au peuple, sans ambition que de les servir; il me paroît ces jours ci des moyens militaires, ruses de guerre & autres, pour s'emparer de Meudon & Vincennes. Il s'est chargé, pour m'obliger, de me donner des renseignemens importans sur les grenadiers du Corps législatif. Je réponds de sa pureté d'intention, & son zèle me paroît mériter votre confiance. J'ai cru que je servois utilement ma patrie en vous l'indiquant; il se nomme Ganier, & demeure rue Neuve-des-Petits-Champs chez le pâtissier (*un mot rayé*), la porte cochère à côté du perron de la rue Vivienne, au quatrième.

J'espère dans peu vous donner des détails plus étendus & plus conformes aux instructions que vous m'avez fait passer. Nous avons eu une première réunion, où nous n'avons encore pu juger des hommes assez pour vous donner des renseignemens exacts.

Je joins ici deux cent cinquante francs en assignats que l'on m'a fait passer ce matin.

Paris, le 25 germinal quatrième année rép.

(Au dos est écrit: *Au Directoire.*)

━━━━━◆━━━━━

Vingt-quatrième pièce.

19 germinal.

(*Date de la main de Babœuf.*)

ÉGALITÉ.   LIBERTÉ.

B O N H E U R   C O M M U N.

Au Directoire de salut public.

Conformément à vos intentions, j'ai fondé le cit. T*** afin de connoître jusqu'à quel point il pourroit concourir.

au salut public. Je ne crois pouvoir mieux faire que de vous transmettre mot à mot la réponse qu'il m'a faite.

« Citoyen, j'ai lu & médité, autant qu'il est en moi, l'ou-
» vrage que tu m'as communiqué : je l'ai trouvé grande-
» ment & sagement conçu. Il paroît que les auteurs souhai-
» tent ardemment le retour de l'égalité, & qu'ils ont été
» sur-tout profondément convaincus de l'idée qu'il ne falloit
» pas jouer à pair ou non, comme on l'a fait en prairial,
» la liberté du peuple français. La confiance d'hommes qui
» sont animés de pareils sentimens m'honore & m'est chère ;
» mais plus je mets de prix à cette confiance dont ils
» viennent de me donner une marque éclatante, plus j'ai
» dû examiner avec soin quels sont mes moyens d'y ré-
» pondre. J'ai fait cet examen, & je me suis convaincu que
» je ne pouvois accepter les fonctions qui me sont propo-
» sées. J'espère que tu le penseras comme moi, après ce
» que je vais te dire.

» Je ne connois presque personne dans Paris, & sur-
» tout dans le quartier où je suis ; c'est là un très-grand
» défaut pour les travaux que j'aurois à faire.

» La nécessité de subsister & l'envie de ne point servir la
» caste patricienne m'ont conduit avec ma famille dans un
» atelier où je suis retenu toute la journée. Le peu de
» temps qui me reste est employé à des travaux qui ont la
» liberté pour objet. Si je faisois de fréquentes absences,
» comme il seroit nécessaire, je donnerois lieu à des re-
» proches & peut-être à une expulsion que j'aurois proba-
» blement pour des raisons très-honorables, mais qui, dans
» le cas de négligence de ma part, seroit flétrissante, parce
» qu'on m'accuseroit avec quelque raison de dérober mon
» temps à la République qui me nourrit. Or, je crois que
» jamais un homme, & sur-tout un patriote, ne doivent
» avoir de pareils torts.

» Je m'occupe, comme tu le sais, d'un ouvrage tout en-
» tier consacré à soutenir la démocratie, à honorer ses dé-
» fenseurs & ses martyrs : cet ouvrage a été jugé utile par

» des patriotes auxquels j'ai la plus grande confiance ; je
» brûle qu'il soit fini, j'y travaille quoique malade.

» Tu sais encore que d'autres travaux qui ont le même
» but doivent le suivre ; & je t'avoue que je pense qu'ils
» auront quelque influence utile sur l'esprit public, qu'il est
» si grand temps de réchauffer.

» Je ne puis donc accepter ce qui m'est proposé ; si je
» le faisois, je serois coupable, je trahirois la confiance que
» l'on m'accorde.

» Mais comme l'égalité m'est chère, comme je donnerois
» tout au monde pour la faire triompher, voici ce que je
» tâcherai de faire avec exactitude.

» Je composerai de temps à autre des écrits courts &
» simples pour le peuple, dans lesquels je tâcherai de lui
» faire connoître & aimer la constitution démocratique, de
» lui montrer le sort que lui prépare le recouvrement de
» ses droits & de son indépendance. Les circonstances, les
» discussions de l'assemblée, des actes du gouvernement,
» pourroient fournir aussi des textes heureux que l'on pour-
» roit saisir ; & en graduant les choses, en proportionnant
» son ton, son langage, au temps, aux circonstances, aux
» personnes, à la position bien sentie des patriotes, il me
» semble que l'on pourroit produire beaucoup de bien.

» Je te promets encore, citoyen, de noter sur-tout ce
» que je pourrai remarquer d'utile à la cause populaire ; je
» ne ferai pas un pas sans m'occuper de ce soin patrio-
» tique.

» Voilà, citoyen, ma réponse ; tu la soumettras aux au-
» teurs de la proposition : je t'ai parlé en ami sincère de la
» liberté, en honnête homme qui ne veut promettre que ce
» qu'il peut tenir. »

Cette réponse n'a pas besoin de commentaire ; elle porte
le caractère de la loyauté de son auteur. J'ajouterai cependant que je connois assez la pureté de ses intentions, son
amour pour les principes & la patrie, pour assurer que lors-

que le falut du peuple exigera que l'on paie de fa perfonne ;
il ne fera pas le demier au rendez-vous.

Quant aux canonniers que j'ai connus, je n'ai pu encore
vous en envoyer la lifte, parce que la plupart, difperfés,
n'habitent plus dans le même quartier ; plufieurs ne font
même plus à Paris ; que d'ailleurs les évènemens ayant
changé les opinions de bien des gens, j'ai penfé qu'il étoit
important que je m'en affuraffe de nouveau afin de pouvoir
vous en répondre : ces précautions ne peuvent qu'être conformes aux inftructions que vous m'avez fait paffer.

Paris, le 19 germinal, 4e année républ.

Vingt-cinquième piéce.

17 germinal.

(*Paroît être de la main de Babœuf.*)

Le Dir. de S. pub. t'invite à lui fournir, dans le plus bref
délai, la lifte individuelle des canonniers démocrates que tu
dois connoître.

Vingt-fixiéme piéce.

Paris, le 19 ventôfe, 4 année républ.

J'ai reçu, mon cher Babœuf, ton paquet & ta lettre ; tu
ne feras pas trompé dans tes efpérances : mon élan favori
fera toujours l'égalité réelle, & toutes mes actions concour-
ront toujours au bonheur commun.

Je t'ai fait paffer un petit ouvrage mal rédigé, tu y verras
cependant des faits très-détaillés. L'auteur defire qu'il foit
le plus connu poffible, fans cependant épargner les traits les
plus frappans : il defire fur-tout des réflexions fortes fur
l'arrêté du Directoire, qui établit, contre tous les principes

& contre toutes les lois, des autorités arbitraires, un gouvernement militaire, enfin, sur des peuples rebuté déjà par les horreurs de la guerre, dont ils sont depuis cinq ans les victimes.

Il prétend que la promptitude avec laquelle cet écrit doit paroître produira le meilleur effet : je t'engage donc à te dépêcher, sans cependant que cela nuise à tes importans travaux.

Quant à l'impression, tout papier est bon, celui que tu emploies au *Tribun*; il n'y a de pressant que 800 exemplaires tant pour les deux Conseils que pour les Exécutifs.

Cette affaire, en servant la cause générale, pourra être très-utile encore aux rédacteurs du *Tribun* & de l'*Eclaireur*; en attendant, compte sur moi comme sur toi-même.

Salut, patience & courage.

P. (1)

Je joins ici 200 francs.

Fin des pièces saisies au local occupé par Baboeuf.

(1). Lettre initiale du nom *Paris*, qui effectivement est désigné comme agent du septième arrondissement dans les diverses listes des douze agens qui existent parmi les pièces. Voyez notamment la quatrième pièce de la vingt-troisième liasse ci-après.

SUITE DE PIÈCES DIVERSES
SERVANT A CONVICTION
CONTRE BABŒUF ET SES CO-ACCUSÉS.

Vingt-troisième liasse.

N°. I.

Première pièce.

(*De la main de Babœuf.*)

13 floréal

Vous êtes prévenu, citoyen, que Germain ira dans la journée, ou au plus tard demain matin, vous prendre pour aller à Grenelle, afin de s'aboucher avec ceux qui devront livrer des poudres à l'armée du peuple. Le moment est venu ; il n'y a plus à retarder.

Salut fraternel.

(*Au des est écrit*) : Au citoyen Clerx, rue Babille, n°. 10.

Deuxième pièce. (1)

21 floréal.

Ne mettons pas trop de monde dans le secret ; il y en a déjà assez. Si tes secondaires ont confiance en toi, ils te croiront lorsque tu leur assureras l'existence d'un comité

---

(1) De la main de Babœuf. Elle est scellée du sceau du comité insurrecteur, en cire rouge.

libérateur du peuple & vengeur de son oppression ; s'ils en pouvoient douter, le vu de cette lettre les en persuaderoit. On pourroit au reste leur procurer une entrevue particulière avec un des nôtres, mais non avec tous : cette entrevue est même, je crois, assez inutile : si ces braves soldats ont des renseignemens à donner, ils pourront les transmettre par toi.

Plus bas est écrit : Le rassemblement est chez Dufour, menuisier, rue Papillon, n°. 331.

Au dos est écrit : Rue Papillon, faubourg Poissonnière, n°. 331.

Troisième pièce.

Paris, 23 floréal, l'an quatrième de la République.

G. Babœuf, au Directoire exécutif.

Regarderiez-vous au-dessous de vous, citoyens-Directeurs, de traiter avec moi comme de puissance à puissance ? Vous avez vu à présent de quelle vaste confiance je suis le centre ! vous avez vu que mon parti peut bien balancer le vôtre ! vous avez vu quelles immenses ramifications y tiennent ! j'en suis plus que convaincu, cet apperçu vous a fait trembler.

Est-il de votre intérêt, est-il de l'intérêt de la patrie de donner de l'éclat à la conjuration que vous avez découverte ? je ne le pense pas. Je motiverai comment mon opinion ne peut être suspecte.

Qu'arriveroit-il, si cette affaire paroissoit au grand jour ? que j'y jouerois le plus glorieux de tous les rôles : j'y démontrerois avec toute la grandeur d'ame, avec l'énergie que vous me connoissez, la sainteté de la conspiration dont je n'ai jamais nié d'être membre. Sortant de cette route lâche

& frayée dès dénégations dont le commun des accusés se sert pour parvenir à se justifier, j'oserois développer les grands principes, & plaider les droits éternels du peuple avec tout l'avantage que donne l'intime pénétration de la beauté de ce sujet; j'oserois, dis-je, démontrer que ce procès ne seroit pas celui de la justice, mais celui du fort contre le foible, des oppresseurs contre les opprimés & leurs magnanimes défenseurs. On pourroit me condamner à la déportation, à la mort: mais mon jugement seroit aussitôt réputé prononcé par le crime puissant contre la (*un mot rayé*) vertu foible; mon échafaud figureroit glorieusement à côté de celui de Barnevelt & de Sidney. Veut-on, & dès le lendemain de mon supplice, me préparer des autels auprès de ceux où l'on révère aujourd'hui comme d'illustres martyrs, les Robespierre & les Goujon? ce n'est point-là la voie qui assure les gouvernemens & les gouvernans.

Vous avez vu, citoyens Directeurs, que vous ne tenez rien lorsque je suis sous votre main; je ne suis pas toute la conspiration, il s'en faut bien: je ne suis même qu'un simple (*un mot rayé*) point de la longue chaîne dont elle se compose. Vous avez à redouter toutes les autres parties autant que la mienne: cependant vous avez la preuve de tout l'intérêt qu'elles prennent à moi; vous les frapperiez toutes en me frappant, & vous les irriteriez.

Vous irriteriez, dis-je, toute la démocratie de la République française; & vous savez encore que ce n'est pas si peu de chose que vous aviez pu d'abord l'imaginer: reconnoissez que ce n'est pas seulement à Paris qu'elle existe fortement; voyez qu'il n'est pas un point des départemens où elle ne soit puissante. Vous la jugeriez bien mieux, si vos captureurs avoient saisi la grande correspondance qui a mis à portée de former des nomenclatures dont vous n'avez apperçu que quelques fragmens. On a eu beau vouloir comprimer le feu sacré; il brûle, & il brûlera; plus il paroît, dans certains instans, anéanti, plus sa flamme menace de se réveiller subitement forte & explosive.

Entreprendriez-vous de vous délivrer en total de cette vaste secte sans-culottide qui n'a pas encore voulu se déclarer vaincue ? il faudroit d'abord en supposer la possibilité ; mais où vous trouveriez-vous ensuite ? vous n'êtes pas tout-à-fait dans la même position que celui qui déporta, après la mort de Cromwel, quelques milliers de républicains anglais. Charles II étoit roi, & quoi qu'on en ait dit, vous ne l'êtes pas encore ; vous avez besoin d'un parti pour vous soutenir ; & ôtez celui des patriotes, vous êtes exclusivement vis-à-vis du royalisme. Que de chemin croyez-vous qu'il vous feroit voir, si vous étiez seuls contre lui ?

Mais, direz-vous, les patriotes nous sont aussi dangereux que les royalistes, & peut-être plus. Vous vous trompez ; remarquez bien le caractère de l'entreprise des patriotes, vous n'y distinguerez pas qu'ils vouloient votre mort, & c'est une calomnie de l'avoir fait publier. Moi, je puis vous dire qu'ils ne la vouloient pas ; ils vouloient marcher par d'autres voies que celles de Robespierre : ils ne vouloient point de sang ; ils vouloient vous forcer à confesser vous-mêmes que vous avez fait du pouvoir un usage oppressif, que vous en avez écarté toutes les formes & les sauvegardes populaires, & ils vouloient vous le reprendre : ils n'en seroient point venus là, si, comme vous aviez semblé le promettre après vendémiaire, vous vous étiez mis en mesure de gouverner populairement.

Moi-même, par mes premiers numéros, je vous en avois voulu ouvrir la porte : j'avois dit comment j'entendois que vous auriez pu vous couvrir des bénédictions du peuple : j'avois expliqué comment il me paroissoit possible que vous fissiez disparoître tout ce que le caractère constitutionnel de votre gouvernement offre de contraste avec les véritables principes républicains.

Eh bien ! il en est temps encore : la tournure de ce dernier évènement peut devenir profitable & salvatrice pour vous-mêmes & pour la chose publique. Dédaigneriez-vous mon avis & mes conclusions, qui sont que l'intérêt de la patrie & le vôtre (*deux mots rayés*) confiftent à ne point donner de célébrité à l'affaire préfente. J'ai cru appercevoir que c'eft aufli déja votre avis de la traiter politiquement : il me femble que vous ferez bien. Ne croyez pas intéreffée la démarche que je fais : la manière franche & neuve dont je ne ceffe de me déclarer coupable dans le fens que vous m'accufez, vous fait voir que je n'agis point par foibleffe : la mort ou l'exil feroient pour moi le chemin de l'immortalité, & j'y marcherai avec un zèle héroïque & religieux : mais ma profcription, mais celle de tous les démocrates ne vous avanceroient point & n'affureroient pas le falut de la République. J'ai réfléchi qu'au bout du compte vous ne fûtes pourtant pas conftamment les ennemis de cette République ; vous fûtes même évidemment républicains de bonne foi : pourquoi ne le feriez vous pas encore ? pourquoi ne croiroit-on pas que vous, qui êtes (*un mot rayé*) hommes, ne vous feriez pas temporairement égarés comme d'autres par l'effet (*un mot raye*) affez inévitable d'exafpérations différentes des nôtres, dans lefquelles les circonftances vous ont jetés ? pourquoi enfin ne reviendrions-nous pas tous de notre état extrême, & n'embrafferions-nous pas un terme raifonnable ? Les patriotes, la maffe du peuple, ont le cœur ulcéré ; faut-il le leur déchirer encore plus ? qu'en fera le dernier réfultat ? ne mériteroient-ils pas bien, ces patriotes, au lieu qu'on aggrave leurs bleffures, qu'on fonge enfin à les guérir ? Vous aurez, quand il vous plaira, l'initiative du bien, parce qu'en vous réfide toute la force de l'adminiftration publique. Citoyens Directeurs, gouvernez populairement ; voilà tout ce que ces mêmes patriotes vous demandent. En parlant ainfi pour eux, je fuis fûr qu'ils n'interrompront point ma voix ; je fuis fûr de n'être pas par eux démenti. Je ne vois qu'un parti fage à prendre : déclarez qu'il n'y a point eu de confpiration férieufe. Cinq hommes, en fe montrant grands & généreux, peuvent aujourd'hui fauver la patrie. Je vous réponds encore que les patriotes vous couvriront de leurs corps, & vous n'aurez

plus befoin d'armées entières pour vous défendre. Les patriotes ne vous haïffent pas, ils n'ont haï que vos actes
impopulaires: je vous donnerai auffi alors, pour mon
propre compte, une garantie auffi étendue que l'eft ma
franchife perpétuelle. Vous favez quelle mefure d'influence
j'ai fur cette claffe d'hommes, je veux dire les patriotes:
je l'emploierai à les convaincre que fi vous êtes peuple, ils
doivent ne faire qu'un avec vous.

Il ne feroit pas fi malheureux que l'effet de cette fimple
lettre fût de pacifier l'intérieur de la France. En prévenant
l'éclat de l'affaire dont elle eft le fujet, ne préviendroit-on
pas en même temps (*un mot raturé*) ce qui s'oppoferoit au
calme de l'Europe? *Signé*, G. Babœuf.

Quatrième piéce.

(*De la main de Babœuf.*)

1. Morel. (Baptifte)
2. Bodman.
3. Meneffier.
4. Bouin.
5. Guilhem.
6. Fiquet. (Vannec)
7. Pâris.
8. Cazin.
9. Deray. (Vatret)
10. Labarre.
11. Jof. Bodfon.
12. Monroy.

1. Fyon, inval.
2. Ch. Ger. leg. de fol. & ant. co. arm.
3. Grizel, B.on de lig. & ant.
4. Vannec, B.on (*un mot rayé*) intra & *extra muros.*
5. Maffey, B.on des environs de St.-Denis.

Cinquième pièce secrète au crayon.

Tour du Temple, 10 prairial.

CITOYEN,

Le concierge de cette maison m'a dit que lorsqu'il vous a remis ma première note crayonnée, vous lui aviez fait réponse que vous reviendriez exprès incessamment pour recevoir les dépositions que j'y annonçois. Je vous rappelle cette promesse, en vous observant que je crois essentiel que vous possédiez les éclaircissemens annoncés, avant de commencer votre rapport au jury d'accusation. Au surplus, on ne refuse pas ordinairement des lumières offertes par un prévenu ; il en est peut-être trop souvent de qui l'on en voudroit tirer, & qui n'en donnent point.

Salut & fraternité. 			G. Babœuf.

Au dos est écrit : Au citoyen Girod, directeur du jury.

Fin de la vingt troisième liasse.

N°. II.

Levée de scellé chez Babœuf.

L'an quatrième de la République française, une & indivisible, le 13 prairial, trois heures de relevée, nous André Gérard, juge, l'un des directeurs du jury d'accusation du canton de Paris, département de la Seine, en vertu & pour l'exécution de notre ordonnance de cejourd'hui, par laquelle il est dit que nous nous transporterions cejourd'hui, assistés comme ci-après, en la maison où a été arrêté le nommé Babœuf, sise rue de la Grande-Truanderie, n°. 21, pour, en présence dudit Babœuf & du citoyen Etienne Renel, commissaire de police de la division de Brutus, être procédé à la reconnoissance & levée des scellés apposés par ledit commissaire de police, suivant son procès-verbal, en date du 21 floréal dernier, & être procédé à la perquisition & enlèvement des papiers qui pourroient se trouver sous lesdits scellés, & autres opérations énoncées en ladite ordonnance ; nous sommes, assistés des citoyens Charles Denonvilliers greffier, & Claude Debelle commis-greffier assermenté, du tribunal de police correctionnelle & des directeurs de jury y réunis, transportés susdite rue de la Grande-Truanderie, nº 21, en une maison à porte bâtarde, appartenante au citoyen Letellier, ancien marchand ; & étant montés au troisième, compris l'entre-sol, sommes entrés dans la première pièce d'un appartement qu'on nous a indiqué être loué & occupé par le citoyen Tissot, tailleur d'habits, ladite première pièce éclairée par deux croisées sur la rue ; & où étant, y avons trouvé le citoyen Renel, commissaire de police susdit, la citoyenne Anne Martin, épouse du citoyen Tissot, occupant ledit appartement, & entourée de cinq enfans en très-bas âge ; le citoyen Aubry, huissier du tribunal, assisté des citoyens Dossonville, inspecteur-général-adjoint près le ministère général de la police ; le citoyen Lesueur, agent d'exécution près le même ministère ; ensemble le citoyen *Gracchus Babœuf*, pour ce par eux extrait de la maison d'arrêt du Temple où il est détenu, & amené en l'appartement où nous sommes, à l'effet des susdites opérations, comme étant la maison & appartement où ledit Babœuf a été arrêté ; & en la présence des susnommés, est comparu le citoyen Jean François, l'un des gardiens établis à la garde des scellés apposés dans ledit appartement, lequel a représenté & ont été, par lesdits commissaires de police & le citoyen Babœuf, reconnus sains & entiers les scellés apposés 1º. sur une porte à deux battans, donnant dans une pièce ayant vue sur la rue ; 20. sur la porte à un seul venteau, donnant dans un petit cabinet formant entrée dans un cabinet dont la porte est à coulisse, & éclairé sur la cour par une seule croisée. Lesdits scellés ayant été levés, sommes entrés d'abord dans cette dernière pièce, dont la porte a été ouverte avec la clef par ledit gardien, & en préfence de tous les fufnommés, notamment dudit citoyen *Babœuf* ; il a été fait une recherche & perquifition exactes des papiers trouvés dans différens cartons, au nombre de fix de différentes grandeurs, étant dans ledit cabinet, & à nous succeffivement repréfentés par ledit gardien, toujours préfence que dit eft ; il ne s'y eft trouvé que des papiers relatifs à l'état civil & aux intérêts du citoyen Tiffot, comme auffi des quittances de finance, expéditions, quittances & autres pour la liquidation de rentes, offices & maîtrifes, & autres pièces de la même nature, appartenantes audit Tiffot, & qui avoient été extraits des premières & fecondes pièces, & mis fous les fceilés pour la confervation des droits de qui il appartiendroit : ouverture faite, préfence que dit eft, d'une caiffe en bois de fapin, fous corde, trouvée dans ledit cabinet, & clouée pour affujettir le couvercle ; ladite caiffe ayant été trouvée remplie d'imprimés, forme *in - 8°*, ayant pour titre : *Le comité infurrecteur de falut public au peuple*, & eft *acte d'infurrection*, contenant huit pages d'impreffion, dont nous avons extrait deux exemplaires : ouverture faite, même préfence que dit eft, d'un grand fac double, compofé de toile & treillis, fermé par une fimple ficelle, & étant dans ledit cabinet, y avons trouvé des imprimés femblables à ceux trouvés dans la caiffe ci-deffus énoncée, duquel fac avons retiré un exemplaire ; ouverture faite d'un fecond fac pareil à celui ci-deffus, il s'eft trouvé templi de pareils imprimés, dont il en a été extrait un exemplaire : ouverture faite d'un plus grand fac de pareille toile que ceux ci-deffus, y avons trouvé mêmes imprimés, dont il en a été extrait un exemplaire, comme dit eft ; enfuite perquifition faite dans les autres pièces, foupentes, armoires & endroits dudit appartement, il ne s'eft rien trouvé de relatif à l'objet de nos recherches : après qu'il ne s'eft plus trouvé aucune recherche à faire, attendu que les lieux par nous ci-deffus vifités font les feuls qui nous aient été indiqués & déclarés avoir été & être occupés, tant par lefdits citoyen & citoyenne Tiffot que par ledit

Babœuf, nous avons fait reclouer & ficeler la cassette ci-dessus énoncée ; sur les deux bouts de la corde d'attache, nous avons apposé le cachet du tribunal & l'empreinte d'un petit cachet en acier représentant un, &c., & dont l'empreinte est ci-dessus : ledit cachet donné par nous juge directeur susdit au citoyen Babœuf, qui nous a déclaré n'en avoir point à lui pour le moment ; lesdites empreintes sur cire d'Espagne rouge.

Nous avons pareillement fait fermer les trois sacs ci-dessus énoncés, & sur la fermeture d'iceux fait apposer les mêmes scellés que dit est. Le même scellé a pareillement été apposé sur un carton renfermant un registre, quelques lettres & papiers concernant ledit Babœuf, & pouvant servir de renseignemens sur les faits à lui imputés.

A l'égard des cinq exemplaires imprimés de l'acte d'insurrection, ci-dessus énoncés avoir été extraits des sacs & cassettes, ils ont été paraphés de nous & du citoyen Babœuf, & du greffier & commis-greffier seulement.

Ce fait, le greffier susdit est demeuré chargé des caisses, sacs & carton, sur lesquels les scellés viennent d'être apposés, pour les déposer au greffe du tribunal, & les représenter toutefois & quand il en sera requis.

A l'égard d'une once & demie ou environ de poudre à tirer, trouvée dans ledit cabinet, elle a été par nous remise au citoyen Dossonville, inspecteur susnommé.

Et perquisition faite dans un petit cabinet en forme de garde-robe, ouvrant dans la susdite pièce où nous sommes, y avons trouvé des imprimés ; savoir, quatorze placards, contenant ces mots : *Constitution de mil sept cent quatre-vingt-treize ; liberté, égalité, bonheur commun*, & les imprimés suivans : *Doit-on obéissance à la Constitution de mil sept cent quatre-vingt-quinze ? Adresse du Tribun du peuple à l'armée de l'intérieur ; Opinion sur nos deux Constitutions ; Dénonciation d'un Belge ; la Rive gauche du Rhin, limite française, en trois cahiers ; Réponse à une lettre signée M. V. ; Essai sur la Justice primitive* ; desquels il a été fait un

paquet ficelé & scellé des deux cachets susdits, & restés en
la charge & garde dudit greffier, pour en faire le dépôt
comme dit est ci-dessus.

Ce fait, les autres cartons, papiers & effets mobiliers trouvés
tant dans ledit cabinet où nous sommes que dans les autres
pièces dudit appartement, sont restés en la disposition de
ladite citoyenne Tissot, ainsi qu'elle le reconnoît, & s'en
charge ; au moyen de quoi les gardiens des scellés apposés
sur les portes desdites chambres, levés & ôtés comme il est
énoncé ci-dessus, en sont & demeurent bien & valablement
déchargés, & peuvent se retirer.

Lecture faite du présent, fait, clos, & terminé à six
heures de relevée, les susnommés ont signé avec nous &
ledit greffier & commis-greffier ; & le citoyen Babœuf est
resté en la charge & garde des citoyens Dossonville & Aubry,
pour le réintégrer au Temple. Signé, G. Babœuf, Gérard
Dossonville, François, Aubry, Renel, commissaire de
police de Brutus, Lesueur, M. femme Tissot, Debelle,
Denonvilliers.

N.° III.

LE COMITÉ INSURRECTEUR DE SALUT PUBLIC,

Au Peuple.

ACTE D'INSURRECTION. (1)

EGALITÉ. LIBERTÉ

BONHEUR COMMUN.

Des démocrates français, considérant que l'oppression &
la misère du peuple sont à leur comble ; que cet état de
tyrannie & de malheur est du fait du gouvernement actuel ;

---

(1) Les milliers d'exemplaires compris aux sacs & caisses mention-
nés au procès-verbal de levée de scellés chez Babœuf existent au procès.

Considérant que les nombreux forfaits des gouvernans ont excité contre eux les plaintes journalières, & toujours inutiles des gouvernés;

Considérant que la constitution du peuple jurée en 1793 fut remise par lui sous la garde de toutes les vertus;

Qu'en conséquence, lorsque le peuple entier a perdu tous ses moyens de garantie contre le despotisme, c'est aux vertus les plus courageuses, les plus intrépides, à prendre l'initiative de l'insurrection, & à diriger l'affranchissement de la masse;

Considérant que les droits de l'homme reconnus à la même époque 93 tracent au peuple entier, ou à chacune de ses portions, comme le plus sacré & le plus indispensable des devoirs, celui de s'insurger contre le gouvernement qui viole ses droits; & qu'ils prescrivent à chaque homme libre de mettre à l'instant à mort ceux qui usurpent la souveraineté;

Considérant qu'une faction conspiratrice à usurpé la souveraineté, en substituant sa volonté particulière à la volonté générale librement & légalement exprimée dans les assemblées primaires de 1793, en imposant au peuple français, sous les auspices des persécutions & par l'assassinat de tous les amis de la liberté, son code inconcevable [illegible] de l'an 3, à la place du pacte démocratique de 93, qui avoit été accepté avec tant d'enthousiasme [illegible];

3. Considérant que la Convention nationale [illegible] avoit été dissoute; qu'elle ne fut que dispersée par la violence, & par la volonté tyrannique d'une faction [illegible] révolutionnaire; qu'elle existe toujours de droit, & qu'elle [illegible] ne peut être remplacée que par [illegible] choix législatifs librement faits par le peuple, & conséquemment à la constitution démocratique;

Considérant que le code tyrannique de 95 [illegible] le plus précieux des droits, en ce qu'il établit des distinctions entre les citoyens, leur interdit la faculté de sanctionner les lois, de changer la constitution & de s'assembler, limite leur liberté dans le choix des agens publics, & ne leur laisse aucune garantie contre l'usurpation des gouvernans [illegible].

Considérant que les auteurs de cet affreux code se sont maintenus en état de rébellion permanente contre le peuple, lorsqu'ils se sont arrogé, au mépris de sa volonté suprême, l'autorité que la nation seule pouvoit leur confier; qu'ils se sont créés, soit eux-mêmes, soit à l'aide d'une poignée de factieux & d'ennemis du peuple, les uns, rois sous un nom déguisé, les autres, législateurs indépendans;

Considérant que ces oppresseurs, après avoir tout fait pour démoraliser le peuple; après avoir outragé, avili & fait disparoître les attributs & les institutions de la liberté & de la démocratie; après avoir fait égorger les meilleurs amis de la République, rappelé & protégé les plus atroces ennemis, pillé & épuisé le trésor public, pompé toutes les ressources nationales, totalement discrédité la monnoie républicaine, effectué la plus infame banqueroute, livré à l'avidité des riches jusqu'aux derniers lambeaux du malheureux, qui, depuis près de deux ans, meurt, chaque jour, affamé; non contens de tant de crimes, viennent, par un rafinement de tyrannie, de ravir au peuple jusqu'au droit de se plaindre;

Considérant qu'ils ont ourdi & favorisé des complots pour allumer la guerre civile dans les départemens de l'Ouest; qu'ils trompoient la nation par une pacification plâtrée, dont les articles secrets stipuloient des conditions contraires à la volonté, à la dignité, à la liberté & aux intérêts du peuple français;

Considérant que, tout récemment encore, ils ont appelé vers nous une foule d'étrangers, & que tous les principaux conspirateurs de l'Europe sont en ce moment à Paris pour consommer le dernier acte de la contre-révolution;

Considérant qu'ils viennent de licencier & de traiter indignement ceux des bataillons qui ont eu la vertu de se refuser à les seconder dans leurs atroces desseins contre le peuple; qu'ils ont osé mettre en jugement ceux des braves soldats qui ont déployé le plus d'énergie contre l'oppression, & qu'ils joignirent à cette infamie celle de qualifier d'insurrection royaliste leur généreuse résistance à la volonté des tyrans;

Considérant qu'il seroit difficile & trop long de former

de retracer complétement la marche populicide de ce gouvernement criminel, dont chaque pensée, chaque acte est un délit national ; que les preuves de tous ces forfaits sont tracées en caractères de sang par toute la République ; que de tous les départemens, les cris qui appellent la répression sont unanimes ; qu'il appartient à la portion des citoyens la plus voisine des oppresseurs d'attaquer l'oppression ; que cette portion est comptable du dépôt de la liberté envers l'État entier, & qu'un trop long silence la rendroit complice de la tyrannie ;

Considérant enfin que tous les défenseurs de la liberté sont prêts :

Après s'être constitués en comité insurrecteur de salut public, prennent sur leurs têtes la responsabilité & l'initiative de l'insurrection, & arrêtent ce qui suit :

ARTICLE PREMIER.

Le peuple est en insurrection contre la tyrannie.

II.

Le but de l'insurrection est le rétablissement de la constitution de 1793, de la liberté, de l'égalité, & du bonheur de tous.

III.

Aujourd'hui, dès l'heure même, les citoyens & les citoyennes partiront de tous les points, en désordre & sans attendre le mouvement des quartiers voisins qu'ils feront marcher avec eux. Ils se rallieront, au son du tocsin & des trompettes, sous la conduite des patriotes auxquels le comité insurrecteur aura confié des guidons portant l'inscription suivante :

Constitution de 1793.

ÉGALITÉ   LIBERTÉ

BONHEUR COMMUN.

D'autres guidons porteront ces mots :

« Quand le gouvernement viole les droits du peuple,
» l'insurrection est pour le peuple, & pour chaque portion
» du peuple, le plus sacré & le plus indispensable des
» devoirs.

» Ceux qui usurpent la souveraineté doivent être mis à
mort par les hommes libres. »

Les généraux du peuple seront distingués par des
rubans tricolors flottant très-visiblement autour de leurs
chapeaux.

I V.

Tous les citoyens se rendront avec leurs armes, ou, à
défaut d'armes, avec tous autres instrumens offensifs, sous
la seule direction des patriotes ci-dessus, au chef-lieu de
leurs arrondissemens respectifs.

IV.

Les armes de toute espèce seront enlevées par les insurgés
partout où elles se trouvent.

V I.

Les barrières & le cours de la rivière seront soigneusement gardés : nul ne pourra sortir de Paris sans un
ordre formel & spécial du comité insurrecteur ; il n'entrera
que les courriers, les porteurs & conducteurs de comestibles,
auxquels il sera donné protection & sureté.

Le peuple s'emparera de la trésorerie nationale, de la monnoie, de la poste aux lettres des maisons des ministres, & de

tout magasin public ou privé contenant des vivres ou des munitions de guerre.

V I I I.

Le comité insurrecteur de salut public donne aux légions sacrées des camps environnant Paris, qui ont juré de mourir pour l'égalité, l'ordre de soutenir par-tout les efforts du peuple.

I X.

Les patriotes des départemens réfugiés à Paris, & les braves officiers destitués, sont appelés à se distinguer dans cette lutte sacrée.

X.

La Convention se réunira à l'instant, & elle reprendra ses fonctions.

X I.

Les deux Conseils & le Directoire, usurpateurs de l'autorité populaire, seront dissous. Tous les membres qui les composent seront immédiatement jugés par le peuple.

X I I.

Tout pouvoir cessant devant celui du peuple, nul prétendu député, membre de l'autorité usurpatrice, directeur, administrateur, juge, officier, sous-officier de garde nationale, ou quelque fonctionnaire public que ce soit, ne pourront exercer aucun acte d'autorité, ni donner aucun ordre; ceux qui y contreviendront seront à l'instant mis à mort.

Tout membre du prétendu Corps législatif, ou Directeur, trouvé dans les rues, sera arrêté & conduit sur le champ à son poste ordinaire.

Les membres de la Convention seront reconnaissables

figne particulier : ce fera celui d'une enveloppe en couleur rouge autour de la forme du chapeau.

XIII.

Toute oppofition fera vaincue fur-le-champ par la force. Les oppofans feront exterminés.

Seront également mis à mort :

Ceux qui battront ou feront battre la générale ;

Les étrangers, de quelque nation qu'ils foient, qui feront trouvés dans les rues ;

Tous les préfidens, fecrétaires & commandans de la confpiration royale vendémiaire qui oferoient auffi fe mettre en évidence.

XIV.

Il eft ordonné à tous envoyés des puiffances étrangères de refter dans leurs domiciles durant l'infurrection ; ils font fous la fauve-garde du peuple.

X V.

Des vivres de toute efpèce feront portés au peuple fur les places publiques.

XVI.

Tous les boulangers feront en réquifition pour faire continuellement du pain, qui fera diftribué *gratis* au peuple ; ils feront payés fur leur déclaration.

XVII.

Le peuple ne prendra de repos qu'après la deftruction du gouvernement tyrannique.

XVIII.

Tous les biens des émigrés, des confpirateurs & de tous les ennemis du peuple, feront diftribués fans délai aux défenfeurs de la patrie & aux malheureux.

Les malheureux de toute la République seront immédiatement logés & meublés dans les maisons des conspirateurs.

Les effets appartenans au peuple, déposés au Mont-de-Piété, seront sur-le-champ gratuitement rendus.

Le peuple français adopte les épouses & les enfans des braves qui auront succombé dans cette sainte entreprise ; il les nourrira & entretiendra ; il en sera de même à l'égard de leurs pères & mères, frères & sœurs, à l'existence desquels ils étoient nécessaires.

Les patriotes proscrits & errans dans toute la République recevront tous les secours & moyens convenables pour rentrer dans le sein de leurs familles. Ils seront indemnisés des pertes qu'ils auront souffertes.

La guerre contre la tyrannie intérieure étant celle qui s'oppose le plus à la paix générale, ceux des braves défenseurs de la liberté qui prouveront avoir concouru à la terminer, seront libres de retourner avec armes & bagages dans leurs foyers ; ils y jouiront, en outre, immédiatement des récompenses depuis si long-temps promises.

Ceux d'entre eux qui voudront continuer de servir la République, seront aussi sur-le-champ récompensés d'une manière digne de la générosité d'une grande nation libre.

X I X.

Les propriétés publiques & particulières sont mises sous la sauve-garde du peuple.

X X.

Attendu le vuide dans le sein de la représentation, qui résultera de l'extraction des usurpateurs de l'autorité nationale, & à raison de l'impossibilité actuelle de faire, par la voie des assemblées primaires, des choix dignes de la confiance du peuple, la Convention s'adjoindra sur-le-champ un membre par département, pris parmi les démocrates les plus prononcés, & sur-tout parmi ceux qui auront le plus activement concouru au renversement de la tyrannie. La liste en sera présentée par des délégués de la portion du peuple qui aura pris l'initiative de l'insurrection.

XXI.

Le comité insurrecteur de salut public restera en permanence jusqu'à l'accomplissement total de l'insurrection.

Signé à la minute.

N°. IV.

Extrait de l'interrogatoire subi par Babœuf le 21 floréal, an quatrième, devant le ministre de la police générale.

D. Reconnoissez-vous le cachet en cuivre, de forme carré long, à manche de bois noir, sur lequel est gravé un niveau, & les mots, *Salut public*, pour avoir été trouvé chez vous, au moment de votre arrestation? ce cachet vous appartient-il?

R. C'étoit le signe reconnu dans la correspondance entre la nombreuse coalition des démocrates, qui tous, haïssent comme moi l'horrible oppression sous laquelle gémit le Peuple Français.

D. Lui a été fait la représentation d'un carton ficelé & scellé du sceau de son cachet, & a été interpellé de déclarer s'il reconnoit le carton pour lui appartenir, & si le scellé qui y est apposé est bien le même qui fut mis en sa présence, au moment de son arrestation.

R. Le reconnoître pour lui appartenir; qu'il reconnoit le scellé qui y est apposé, pour être sain & entier, & de suite en a brisé lui-même le scellé.

D. S'il reconnoit tous les papiers renfermés dans le susdit carton, pour lui appartenir & pour avoir été trouvés en sa chambre, lors de son arrestation.

R. Les reconnoître pour avoir été trouvés dans sa chambre au moment de son arrestation.

N°. V.

Extrait de l'interrogatoire subi par Babœuf le 3 prairial, an quatrième, devant le directeur du jury d'accusation du canton de Paris.

D. Reconnoissez-vous la lettre que je vous représente pour être de vous, laquelle est datée du 23 floréal, commençant par ces mots, *Regarderiez-vous au dessous de vous, Citoyens-Directeurs* ; & finissant par ceux-ci, *ce qui s'opposeroit au calme de l'Europe*, avec la signature G. Babœuf, & voulez-vous la parapher ?

R. Je la reconnois ; je l'ai écrite chez le ministre de la police, pour l'envoyer au Directoire, & je consens de la parapher.

A lui représenté une lettre datée du vingt-un floréal, commençant par ces mots, *ne me rons pas trop de monde dans le secret*, & finissant par un post-scriptum contenant une adresse de Dufour, rue Papillon, n°. 331, à lui demandé si cette lettre est de l'écriture de lui répondant, & s'il veut la signer & la parapher avec nous.

R. Je reconnois ladite lettre pour être de mon écriture & je consens de la parapher.

A lui représenté les vingt-sept pièces de la première liasse des papiers trouvés dans la chambre où il a été arrêté, paraphées de lui répondant, chez le ministre de la police, & à lui demandé s'il n'en reconnoît pas plusieurs, pour être écrites de sa main, & plusieurs autres, pour les avoir données à copier au nommé Pillé, qui lui avoit été donné comme copiste par Félix Lepeletier.

R. Il y en a quelques-unes écrites de ma main, qui sont les onzième, douzième, treizième, vingtième, vingt-unième, vingt-troisième & vingt-sixième ; je ne reconnois pas les autres ; je n'en ai point donné à copier à Pillé, qui n'étoit

pas mon copiste, mais celui de l'association des c
composant le comité.

A lui représenté les dix-neuf pièces de la sec
des papiers trouvés dans le même endroit que les
dentes ; & a lui demandé quelles sont celles qu'il r
noît pour être de son écriture, & notamment si la douzième n'est pas en partie de son écriture, & en partie de
l'écriture de Buonaroti ; comme aussi, si la dixième n'est
pas en entier de l'écriture dudit Buonaroti.

Après avoir examiné lesdites pièces, répond : Je reconnois pour être de mon écriture le second feuillet de la
onzième pièce, parce qu'il m'est arrivé quelquefois de
travailler, comme copiste, dans le comité, lorsque je n'étois
pas livré à ma principale opération de la direction de l'esprit public ; je connois toutes les autres pièces, ainsi que
toutes celles du carton, puisque j'ai déja déclaré que j'étois
au courant de toutes les opérations : mais toutes ces autres
pièces ne sont point de mon fait, je n'y ai participé ni
moralement, ni physiquement.

A lui représenté la pièce unique, formant la quatrième
liasse des papiers trouvés comme dit est ; sommé de nous
dire si elle est de sa main.

R. Je la reconnois pour être en entier écrite de ma main,
& comme une copie de lettre.

A lui représenté la pièce unique de la cinquième liasse
des papiers trouvés comme dit est, & fait la même interpellation que dessus.

R. Je la reconnois comme la précédente, étant une
lettre, dont le comité voulut garder copie.

A lui représenté les vingt-quatre pièces composant la
sixième liasse, paraphées comme les précédentes, & fait les
mêmes interpellations que dessus.

R. Je reconnois la dix-neuvième, la vingt-unième, vingt-
deuxième, vingt-troisième, pour être de mon écriture, &
lesquelles ne sont que des notes & des commencemens

de difcours relatifs à mes écrits imprimés ; la vingtième eft encore une copie, comme les précédentes, auffi écrite de ma main.

A lui repréfenté les cent pièces compofant la feptième liaffe defdits papiers, paraphées comme les précédentes, & demandé : 1°. quelles font celles qu'il reconnoît pour être de fon écriture, & 2°. fi les liftes qui compofent depuis la deuxième inclufivement, jufqu'à la dixième inclufivement, ne font pas, ainfi que les onzième & douzième pièces, copiées fur des minutes écrites de fa main ou données par lui.

Après avoir examiné toutes lefdites pièces, a répondu : Les quarantième & quarante-unième pièces font de moi, & ne forment qu'une feule & même pièce : c'eft le commencement d'un travail non-achevé qui n'a point de rapport à l'objet pour lequel on m'interroge; ce qui confirme l'affertion que j'ai déja donnée plufieurs fois, que je m'occupois effentiellement de la partie de l'efprit public & de littérature politique. La trente-neuvième pièce eft de moi ; ce font de fimples notes non digérées & vagues. La quarante-huitième pièce eft copiée par moi. La cinquantième pièce eft la minute d'une lettre particulière que j'écrivis le premier floréal au repréfentant Drouet, pour lui reprocher d'avoir fait des changemens à un difcours que je lui avois fait, & qui devoit être imprimé : cette pièce n'a encore aucun rapport à l'affaire pour laquelle je fuis interrogé. J'obferve, à cet égard, que cette pièce hétérogène fe trouve ainfi confondue avec quantité d'autres relatives à cette même affaire, par un arrangement qui n'eft pas de mon fait. L'enfaffement de ces pièces n'a pas été fait par moi; il paroît qu'on les a raffemblées pêle-mêle, & qu'on les a mélangées lorfqu'on eft venu m'arrêter, en prenant ce qui étoit fur ma table, & les mettant dans le carton où étoient les pièces du comité ; d'où il réfulte que différens écrits littéraires & étrangers à cette affaire fe trouvent faire partie de liaffes, partie dans d'autres : les liftes n'ont pas été compofées par moi.

A lui représenté les trente-cinq pièces de la cote huit, paraphées comme les précédentes, & à lui demandé quelles sont celles écrites de sa main, & si les quinzieme, seizieme, dix-septieme, dix-huitieme, dix-neuvieme & vingt-sixieme, ne sont point la minute de l'ouvrage intitulé, *Création d'un Directoire insurrecteur*, écrite de sa main.

Examen fait desdites pièces, a dit : Ce n'est pas moi qui ai fait l'écrit intitulé, *Création d'un Directoire insurrecteur*. La minute de cet ouvrage est cotée dans la liasse, sous les numéros vingt à vingt-cinq inclusivement ; les cotes quinze à dix-neuf ne contiennent qu'un extrait de cette minute ; comme il est prouvé par quantité de &c. au bout de plusieurs périodes. J'ai fait cet extrait pour me mettre au courant des opérations, ainsi que je l'ai dit, pour pouvoir baser sur cette connoissance l'esprit de mes écrits, n'ayant été appelé par les membres du comité secret d'insurrection, que lorsqu'il étoit déja avancé dans la marche de ses opérations. Les cotes vingt-huit & vingt-neuf contiennent le commencement d'un projet du numéro quarante-quatre de mon ouvrage périodique intitulé, *le Tribun du peuple* ; le numéro trente-trois, un autre projet du même numéro de mon ouvrage ; & les cotes trente-une & trente-deux, encore le commencement d'un ouvrage qui n'a point de rapport à l'affaire pour laquelle on m'interroge.

A lui représenté la pièce unique de la neuvieme liasse desdits papiers, cotés & paraphés comme les précédens, & à lui demandé si elle est de son écriture.

R. Elle est de mon écriture, & c'est encore une de ces copies que le comité gardoit, & que je transcrivois lorsqu'il n'y avoit personne autre pour le faire, & que j'en avois le loisir.

A lui représenté les trente pièces composant la dixieme liasse des mêmes papiers, également cotées & paraphées comme dit est, sommé de nous dire s'il en reconnoît quelques-unes pour être écrites de sa main, & de qui sont les autres qu'il n'auroit pas écrites.

Après

Après examen a dit : Les pièces dix-neuf, vingt-deux & vingt-trois, sont de ma main ; elles sont des copies comme celles dont j'ai parlé dans les précédentes réponses.

A lui représenté neuf pièces composant la onzième liasse desdits papiers : sommé de nous dire s'il en reconnoît pour être écrites de sa main.

Après examen d'icelles répond : La seule pièce sixième est de moi : mêmes observations qu'aux précedentes réponses.

A lui représenté deux pièces composant la douzième liasse des mêmes papiers paraphés comme dit est, & fait les mêmes interpellations.

Examen fait d'icelles, a dit : Ces deux pièces sont de moi : mêmes observations qu'aux précédentes réponses.

A lui représenté six pièces composant la treizième liasse des mêmes papiers paraphés comme dit est, & fait les mêmes interpellations, que dessus.

Après examen d'icelles a dit : Les pièces quatre & cinq sont de moi : mêmes observations qu'aux précédentes réponses.

A lui représenté les vingt-quatre pièces composant la quatorzième liasse desdits papiers, également paraphés, & fait les mêmes interpellations.

Après examen d'icelles a dit : Les pièces dix-huit, dix-neuf, vingt & vingt-trois, sont de moi : mêmes observations qu'aux précédentes réponses.

A lui représenté les cent-deux pièces composant la quinzième liasse des mêmes papiers paraphés comme dit est, & fait les mêmes interpellations.

Après examen d'icelles a répondu : Les numéros de cinq à treize inclusivement, forment une seule & même pièce qui est de moi : c'est le projet d'une longue lettre au journal des hommes libres, qui n'a certainement aucun rapport à la présente affaire. La onzième pièce est de moi : c'est encore une pièce de ma correspondance particulière : ce qui prouve ce que j'ai déja dit, qu'on a confondu ici mes papiers personnels & de littérature politique qui formoient l'objet le plus important de mes occupations. La pièce vingt-deux, une autre indiquée sous les numéros vingt-trois, vingt-quatre, vingt-cinq, est encore dans ce cas; les cotes vingt-sept, vingt-huit & vingt-neuf, forment encore une pièce qui n'est qu'un article de journal; les cotes trente-sept à quarante-deux font une autre pièce qui offre un projet d'article de journal. La pièce quarante-huit est une lettre de ma correspondance particulière, étrangère à la présente affaire; la pièce cinquante-deux, de même celles soixante-cinq à soixante-neuf, font des notes tirées de Machiavel, de Rousseau, & d'autres auteurs, pour servir de citations; les pièces quatre-vingt-quatre à quatre-vingt-quinze inclusivement font des matériaux de mon ouvrage périodique intitulé le *Tribun du peuple*; les cotes quatre-vingt-dix-sept à cent font d'autres matériaux pour un numéro du *Tribun du peuple*; les pièces cent une & cent-deux font encore le projet d'un article du journal. Je ne reconnois rien dans toute cette liasse qui se rapporte à l'affaire pour laquelle je suis interrogé: tout y est matériaux d'écrits politiques.

A lui représenté treize pièces composant la huitième liasse des mêmes papiers, également paraphées comme dit est, & fait les mêmes interpellations que dessus.

Après examen d'icelles, a dit: Les pièces neuf à douze font des copies de lettres du comité, indistinctement paraphées.

A lui représenté la dix-septième liasse, composée de trois pièces desdits papiers trouvés, comme dit est, paraphées comme dessus, & lui avons fait les mêmes interpellations que dessus.

Après examen, a dit: La seule première pièce est une copie de lettre du comité, transcrite pour mémoire par moi.

A lui représenté onze pièces desdits papiers composant

la dix huitième liasse, aussi paraphées comme dessus, & fait les mêmes interpellations.

Examen fait d'icelles, répond : Les sixième, onzième & treizième sont des copies de lettres du comité, transcrites par moi, pour mémoire.

A lui représenté les dix pièces composant la dix-neuvième liasse, desdits papiers, aussi paraphées, & fait les mêmes interpellations.

Après examen d'icelles, a répondu : Les deux pièces six & neuf sont transcrites par moi ; & fait mêmes observations que ci-dessus.

A lui représenté huit pièces composant la vingtième liasse des mêmes papiers, & fait les mêmes interpellations.

Après examen, a dit : La septième pièce est transcrite par moi.

A lui représenté vingt-une pièces composant la vingt-unième liasse des mêmes papiers, & fait les mêmes interpellations.

Après examen d'icelles, a dit : Il n'y a rien de moi dans cette liasse.

A lui représenté vingt-six pièces composant la vingt-deuxième liasse des mêmes papiers, & fait les susdites interpellations.

Après examen, a dit : Les vingtième & vingt-deuxième pièces sont des transcriptions faites par moi.

D. Si l'empreinte en cire noire, apposée au bas de la soixante-sixième pièce de la septième liasse, n'est pas celle du cachet que le comité avait fait graver, & qu'on a trouvé dans le lieu de son arrestation.

R. Oui, que je l'ai déclaré dans mon premier interrogatoire.

N°. VI.

Extrait du second interrogatoire subi par Robert, le 28 prai-
rial an 4, devant le même directeur du jury du canton de
Paris.

A lui représenté un paquet cacheté & ficelé, énoncé au
procès-verbal de perquisition faite chez lui le treize de ce
mois; & après que les scellés ont été reconnus sains &
entiers, ouverture faite dudit paquet, il a été reconnu qu'il
renfermoit : primò, quatre-vingt-un exemplaires, intitulés,
Doit-on obéissance à la constitution de 1793? secundò, six
exemplaires du même numéro, trois de l'*Éclaireur du peuple*;
tertiò, cinquante-quatre exemplaires d'une brochure intitulée, *Opinion sur deux constitutions*; quartò, quatre parties
de la brochure intitulée, *La rive gauche du Rhin*; quintò,
huit exemplaires imprimés, intitulés, *Réponse à une lettre*
signée M. V., publiée & adressée le trente pluviôse dernier à Gracchus Babœuf; sextò, vingt-trois exemplaires de
l'imprimé, intitulé *Adresse du Tribun du peuple à l'armée*
de l'Intérieur; septimò, deux brochures in-8°, l'une, intitulée,
Essai sur la justice primitive; & l'autre, *Dénonciation d'un*
Belge; octavò, quatorze exemplaires d'un placard imprimé,
portant ces mots, *Constitution de 1793*; *Liberté, Égalité,*
Bonheur commun; & à lui demandé s'il reconnoît ces objets,
& si c'est d'après les ordres qu'ils ont été imprimés.

A dit qu'il reconnoît ces objets, & qu'ils se trouvoient
dans la chambre où il a été arrêté, comme y ayant été ap-
portés par le comité insurrecteur, soit que les mots susdits
imprimés en partie par les ordres, soit que d'autres y aient
été réunis par lui comme relatifs à l'esprit public dans le
sens qu'on rendoit les imprimés; ce que lui répondant
ignore, ne se mêlant pas des détails d'impression.

A lui représenté les neuvième, dixième & douzième
pièces de la huitième liasse des papiers par lui paraphés
chez le ministre de la police générale, desquelles il résulte

qu'il se mêloit de l'impreffion de ces ouvrages , dont lefdites pièces contiennent les mémoires & quittances par le citoyen Lamberté ; & à lui demandé s'il reconnoît lefdites pièces , & fi tous les imprimés que nous venons de lui repréfenter ont été également faits par ledit Lamberté.

A dit que les pièces neuf & dix ne lui font pas adreffées individuellement , & que la douzième pièce paroît avoir rapport à un de fes numéros du *Tribun du peuple* , qui étoit le feul ouvrage dont il payoit l'impreffion.

A lui repréfenté la deuxième, la feizième pièces de la deuxième liaffe des papiers ci-deffus ; & à lui demandé s'il les reconnoît pour être de lui.

Après avoir vu & examiné lefdites deux pièces , a dit que ces deux pièces font de fa main & font des copies ou minutes gardées par le comité, & tranfcrites par lui comme celles fur lefquelles il s'eft expliqué dans fon interrogatoire pardevant nous.

A lui repréfenté la deuxième pièce de la troifième liaffe des mêmes papiers , fommé de la reconnoître , & de nous déclarer fi elle eft de fa main.

A dit qu'il reconnoît cette pièce ; qu'elle eft de lui , & que c'eft une copie de lettre comme celles dont il a parlé dans fes interrogatoires.

A lui repréfenté la vingt - quatrième pièce de la fixième liaffe defdits papiers ; fommé de la reconnoître & de s'expliquer , & à lui demandé par quel motif il vouloit connoître de quel département étoient les perfonnes indiquées fur ladite vingt-quatrième pièce ?

A dit que cette note eft encore une copie dont il n'eft pas l'auteur de la minute , laquelle note eft la vingt-quatrième pièce , que ces deux pièces font de fa main : la feptième eft relative à l'ordre de diftribution des différens écrits que le comité faifoit circuler , & marque les jours où chacun d'eux devoit être publié : ces objets concernant la direction de l'efprit public , regardoient lui répondant , & il l'avoue pour être tout entier de lui.

A lui représenté la troisième pièce de la quatorzième liasse, & à lui demandé si elle est de sa main.

A dit qu'il reconnoît cette pièce, qu'elle est de sa main, & est une pièce comme celles sur lesquelles il s'est expliqué dans son précédent interrogatoire.

A lui représenté les pièces quarante-trois, cinquante-cinq, cinquante-six, cinquante-sept & soixante-quinze de la quinzième liasse, les dix-huit & vingt-cinquième de la vingt-deuxième liasse des papiers ci-dessus cités : sommé de les reconnoître.

A répondu que les pièces quarante-trois, cinquante-cinq, cinquante-six & cinquante-sept, ainsi que la pièce soixante-quinze, sont des notes évidemment relatives au travail personnel & du journal de lui répondant, aucunes relatives à ses affaires & arrangemens domestiques ; & que les pièces dix-huit & vingt-cinquième sont des copies pareilles à celles dont il est mention dans sa précédente réponse.

A lui représenté une lettre commençant par la date du treize floréal, & par ces mots, *Vous êtes prévenu* ; & finissant par ceux, *Salut fraternel*, avec un B pour paraphe ; & à lui demandé s'il la reconnoît, ainsi que l'adresse, pour être écrite de sa main, & pour avoir été envoyée par lui au citoyen Clerx, n°. 10, rue Babille.

A répondu qu'il ne peut la nier, qu'il l'a écrite comme chargé par les membres du comité qui l'en ont prié, étant occupés par d'autres objets, au moment qu'il l'a fait.

No. VII.

Extrait de l'interrogatoire subi par Babeuf le 4 brumaire, an 5 de la République, devant le président de la haute-cour de justice.

Représenté au comparant la quarante-neuvième pièce de la septième liasse chiffrée par lui de la lettre B, écrite à mi-marge, commençant à la marge gauche par ces mots, une motion *sur les sociétés populaires* , & à la gauche par ceux-ci *B. s'en occupe*, & écrite au verso, jusques à environ le milieu de la page ; n'ayant cependant que sept lignes, & un mot dans la marge droite de ce verso ; sommé de reconnoître si les sept lignes de la marge gauche du recto, celles qui occupent la marge droite du même recto, & tout ce qui est écrit au verso est de son écriture, à l'exception des chiffratures faites lors de ses précédens interrogatoires.

A répondu qu'il reconnoît pour être de lui les parties de la pièce que nous indiquons dans cette pièce cotée quarante-neuvième.

A lui représenté une lettre du 21 floréal reconnue par lui, & chiffrée lors de son interrogatoire du 3 prairial, dans le post-scriptum de laquelle on lit : *le rassemblement est chez Dufour, menuisier, rue Papillon, n°. 331* : à lui demandé qui l'avoit instruit de ce rassemblement, quel jour, & à quelle heure il en avoit été instruit.

A répondu qu'il ne se rappelle pas qui l'a instruit du rassemblement de plusieurs patriotes chez Dufour ; mais qu'il le sut peu d'heures avant d'avoir écrit la lettre en question.

A lui représenté une lettre commençant par ces mots, *neuf floréal à midi & demi, le D. de S. P. à Ch. G. nous sommes réunis au nombre de trois* ; & finissant par ceux-ci, *tu peux montrer cette lettre aux meneurs dont tu es sûr* : interpellé de déclarer si cette lettre n'est pas écrite de sa main, & si les lettres initiales, *le D. de S. P. à Ch. G.* ne signifient pas *le Directoire de salut public à Charles Germain*.

A répondu qu'une fois pour toutes, il n'avoit pas d'autres éclaircissemens à donner sur aucune pièce qu'on lui représentoit que ceux qu'il avoit fournis lors de ses interrogatoires devant le directeur du jury ; que là il s'étoit expliqué en détail sur tous les objets ; que de nouvelles questions sembloient n'avoir pour but que de le faire tomber en contradiction, avec d'autant plus de facilité qu'il lui seroit très-difficile d'appliquer les réponses qu'il avoit faites alors sur

chaque objet aux nouvelles demandes qu'on paroissoit vouloir
lui faire, d'autant qu'il est presque impossible de se reconnoître aux cotes des pièces qui sont ainsi énoncées: comme
par exemple; *quarante-neuvième pièce de la septième liasse.*
Cet arrangement de liasses n'ayant pas été fait par lui & sujet à
variations, il est infiniment facile de s'y tromper. Il déclare
qu'au reste il a donné des renseignemens infiniment étendus
lors des interrogatoires ci-dessus cités, & il semble que l'on
devroit s'en contenter.

A lui observé que cette manière de répondre ne convient aucunement aux dispositions par lui annoncées de vouloir subir interrogatoire; que l'on ne peut craindre de tomber en contradiction, lorsqu'il s'agit de déclarer si une pièce
est ou non écrite de sa main; que cette reconnoissance est
absolument indépendante du numéro de la cote dans laquelle cette pièce existe ou peut exister; que nous lui avons
donné lecture de la déclaration par lui faite devant le directeur du jury, d'après l'examen de la deuxième liasse dans laquelle a toujours existé la lettre dont il s'agit; qu'il y a vu
qu'il ne s'est point expliqué sur icelle, & qu'enfin aucune
raison ne peut le dispenser de dire si elle est, ou si elle n'est
pas de lui.

A lui répondu qu'il n'étoit pas de pièce sur laquelle il ne
se fût expliqué lors de son premier interrogatoire; que sur la
représentation qui lui avoir été faite alors de toute une
liasse, il avoit indiqué celles qu'il reconnoissoit être de sa
main; qu'en conséquence c'étoit avoir dit que les autres
n'en étoient pas; qu'il lui paroissoit inutile de donner de
secondes explications; que les questions qui lui étoient faites
ne tendoient pas seulement à reconnoître l'écriture, mais
qu'elles donnoient lieu à d'autres questions secondaires qui
le fatiguoient; qu'il étoit las d'interrogatoires, & qu'il
n'avoit pas à donner d'autres éclaircissemens que tous ceux
qu'il a produits.

A lui représenté qu'il ne faut qu'un mot pour avoir ce

nier que la pièce soit de sa main ou qu'elle n'en est pas : sommé de s'expliquer par oui ou par non.

—A répondu que cet interrogatoire répétoit les précédent, & qu'en conséquence il renvoyoit aussi à la réponse précédente.

N°. VIII.

EXTRAIT de l'interrogatoire subi par Charles Germain, le 30 floréal an 4, devant le directeur du jury d'accusation du canton de Paris.

Représenté au comparant la cinquante-troisième pièce de la quinzième liasse des papiers trouvés chez Babœuf, paraphés par lui & par le ministre de la police générale, qui est une lettre datée de Paris, le vingt-six ventôse l'an quatre, commençant par ces mots, *Ch. Germain à G. Babœuf*; & finissant par ceux-ci, *qui le leur indiquera.*

R. Cette lettre est de moi, je la reconnois.

A lui représenté la cinquante-quatrième pièce de la quinzième liasse ci-dessus, énoncée, paraphée comme la précédente, qui est une lettre en date du vingt-six ventôse, commençant aussi comme la précédente, & finissant par la signature *Ch. Germain égal*, s'il veut la signer comme la reconnoissant.

R. Je la reconnois pour être de mon écriture, & je consens la signer & parapher.

A lui représenté la cinquante-neuvième pièce de la même quinzième liasse, paraphée comme les précédentes, commençant par ces mots : *Ch. Germain, tribun du peuple*, & finissant par un *post-scriptum* paraph. *Ch. G. égal*; comme de nous dire s'il la reconnoît & s'il veut la parapher.

R. Je reconnois ladite pièce; ce n'est pas de mon écriture, mais je l'approuve & je consens de la signer & parapher.

A lui représenté la dix-huitième pièce de la deuxième liasse, paraphée comme les autres, en deux parties : l'une écrite sur un carré, & commençant par la date du 9 floréal;

l'autre, sur une feuille entière, commençant par ces mots, à midi précis, & finissant vers le milieu du recto seconde page par le paraphe *Ch. G.* : sommé de les reconnoître & de nous dire s'il veut les signer & parapher avec nous.

R. Je reconnois ladite lettre en deux parties pour être de moi & de mon écriture, & je consens de la signer & parapher.

A lui représenté les trois, quatre, cinq, six, sept, treize, quatorze & première pièces de la cotte deux des mêmes papiers ci-dessus cités, & à lui demandé s'il les reconnoît pour être de son écriture.

Après examen desdites pièces, a dit : Je reconnois la première pièce susdite, les cinq, six, sept & quatorzième pour être de mon écriture ; je ne reconnois point les treizième, troisième & quatrième.

A lui représenté les cinquante-huit & cinquante-neuf pièces de la quinzième liasse des mêmes papiers : sommé de nous dire s'il les reconnoît.

A répondu qu'il les reconnoît toutes deux pour être de son écriture, & qu'il l'a déjà déclaré dans son précédent interrogatoire.

A lui représenté les deuxième & troisième pièces de la dix-septième liasse des mêmes papiers : interpellé de nous dire s'il les reconnoît pour être de son écriture.

R. Qu'il les reconnoît pour être de son écriture.

D. S'il n'étoit pas tout à-la-fois agent civil & militaire du comité insurrecteur, comme cela paroît évident par les correspondances que nous venons de lui représenter.

R. Je n'étois ni l'un ni l'autre : seulement je donnois des renseignemens à Babœuf pour sa famille, & ma correspondance n'avoit pas d'autre objet ; Babœuf ne pouvant pas sortir ; & je prenois note des différentes personnes qui, comme moi, avoient à se plaindre de la tyrannie qui pèse sur le peuple.

A lui observé que cette réponse ne paroît pas exacte, d'après ce passage d'une de ses lettres qu'il paroît avoir écrite comme agent civil du comité insurrecteur dans le cinquième arrondissement du canton de Paris, dans lequel il demeuroit: « Je suis parvenu à découvrir plusieurs ateliers: on s'occupe, dans ce moment, à en travailler les ouvriers: le zèle, l'ardeur qu'y mettent mes hommes, me donnent une vaste espérance; déja j'en connois quelques-uns qui prétendent avoir arsouillé (vous savez toute la valeur de ce terme dans la révolution) & sont tous prêts à se remettre à la besogne, pourvu que ce soit pour tuer les coquins de riches, d'accapareurs, de marchands, de mouchards, & de panachés du Luxembourg; mes groupistes vont à merveille, &c. »

R. Que lorsqu'on lui a présenté ces deux lettres, il les a avouées, quoiqu'elles ne fussent pas de lui, mais de son écriture & faites sous une dictée.

A lui représenté une lettre adressée par Babœuf à Clerx, reconnue par ledit Babœuf, & trouvée dans les papiers dudit Clerx, par laquelle Babœuf prévient Clerx que lui répondant ira le prendre dans la journée, ou au plus tard le lendemain matin, pour aller à Grenelle, à l'effet de s'abboucher avec ceux qui devoient leur livrer des poudres: laquelle pièce, signée & paraphée Clerx & Babœuf, nous lui représentons, en l'interpellant de nous dire s'il la reconnoît pour être dudit Babœuf, & s'il veut la parapher.

R. Je crois que la lettre est de l'écriture de Babœuf; mais je crois aussi qu'il lui a été permis d'écrire ce qu'il a voulu à Clerx sans ma participation; & je consens de la parapher.

N°. IX.

Extrait d'un interrogatoire subi par Nicolas Pillé, le 30 floréal, avant midi, l'an IV de la République, devant le directeur du jury d'accusation du canton de Paris.

D. Détaillez-nous, autant que vous le pourrez, la nomenclature des ouvrages que Felix Lepeletier vous a donné à copier?

R. Ça été d'abord un écrit intitulé, *Création d'un Di-*

rectoire insurrecteur; puis, successivement, diverses circulaires adressées aux agens des douze arrondissemens de la
commune de Paris, créés par ce Directoire insurrecteur.

D. Quels sont ceux que Babœuf vous a fait copier?

R. La continuation de cette correspondance avec les
douze agens.

D. Parmi ces objets-là, n'y avoit-il pas des minutes
des écrits des ouvrages destinés à être répandus parmi la
légion de police & les troupes?

R. Lors des mouvemens de la légion de police, j'ai
copié chez Babœuf un écrit intitulé, *La Légion de police
au Peuple*; & un autre, intitulé, *Réponse du Peuple à la
Légion de police.*

A lui représenté la septième liasse des pièces trouvées
chez Babœuf, contenant cent pièces, toutes paraphées par
ledit Babœuf, & par le ministre de la police.

R. La première, qui est une liste des députés à adjoindre
à la Convention, & que j'ai paraphée chez le ministre de
la police générale, est de l'écriture de Buonarotti, que j'ai vu
travailler chez Babœuf, & que je n'ai connu par son nom
que chez le ministre de la police générale : les onze pièces
suivantes, allant jusqu'à la douzième, qui sont dix listes
de ceux qui devoient composer les nouvelles autorités, sont
de mon écriture, ayant été copiées par moi sur les minutes
de Babœuf; & la douzième, aussi écrite de ma main sur
une minute de Babœuf, est la copie d'une circulaire à adresser
aux douze agens du comité insurrecteur. La quatorzième,
commençant par ces mots, *Soldats, le moment approche,*
& finissant par ceux-ci, *De la Justice,* est de l'écriture de
Buonarotti. La trente-neuvième est, en entier, de l'écriture
de Babœuf, ainsi que les quarante & quarante-unième
pièces. La quarante-deux, la quarante-troisième sont
de la main de Buonarotti, ainsi que les quarante-cinq,
quarante-six, quarante-sept ; que les quarante-quatrième &
quarante-huitième sont de l'écriture de Babœuf, l'écriture
étant sur le recto, seconde colonne; la quarante-neuvième

pièce, & l'écriture des deux colonnes, du verſo ſont de la main de Babœuf, ainſi que la totalité de la cinquantième pièce ; que les cinquante-ſix, cinquante-ſept, cinquante-huit, cinquante-neuf & ſoixantième pièces, ſont de la main de Babœuf ; que la ſoixante-unième pièce eſt la première copie que j'ai faite de la création d'un Directoire inſurrecteur ; les ſoixante-deux & ſoixante-troiſième ſont de la main de Babœuf ; la ſoixante-quatrième eſt de Buonarroti, & la ſoixante-cinquième de Babœuf ; les vingt-neuf ſuivantes, depuis le n°. ſoixante-ſix juſques & compris le n°. quatre-vingt-quatorze, ſont des copies que j'ai écrites ſur les minutes de Babœuf ; & que le ſceau empreint en cire noire ſur pluſieurs d'entre elles, étoit le ſceau du comité inſurrecteur, à ce qu'il m'a paru. Je ne connois point le ſurplus des pièces de ladite liaſſe.

A lui repréſenté les vingt-ſept pièces de la première liaſſe des papiers trouvés chez Babœuf, paraphées de ce dernier & du miniſtre de la police : ſommé de nous dire s'il en reconnoît l'écriture.

R. Les ſixième, ſeptième, huitième, neuvième, dix-neuvième & vingt-neuvième, ſont des copies faites de ma main ſur des minutes de Babœuf ; les onzième, douzième, ſeizième, ſont de la main de Babœuf ; je ne reconnois pas l'écriture des autres.

A lui repréſenté les dix-neuf pièces de la ſeconde liaſſe des papiers trouvés chez ledit Babœuf, ſommé pareillement de nous dire s'il en reconnoît l'écriture.

R. Je reconnois la ſeconde pour être de la main de Babœuf ; la dixième eſt de Buonarroti ; la onzième, partie de la main de Buonarroti, partie de la main de Babœuf ; la douzième, toute entière, eſt de Buonarroti ; la quinzième eſt la copie dont j'ai parlé plus haut, de l'écrit intitulé, Le peuple ſans-culotte de Paris à la Légion de police, écrite de ma main ſur une minute de Babœuf ; la ſeizième eſt de la main de Babœuf. Je ne reconnois pas l'écriture du ſurplus des pièces de ladite liaſſe.

A lui représenté les quatre pièces de la troisième liasse des papiers trouvés chez Babœuf, & fait pareille interpellation que dessus.

R. La seconde pièce est de l'écriture de Babœuf. Je ne connois pas l'écriture des autres pièces de ladite liasse.

A lui représenté la pièce unique de la quatrième liasse.

R. Je la reconnois pour être de la main de Babœuf.

A lui représenté la pièce unique de la cinquième liasse, idem.

R. Je la reconnois pour être de la main de Babœuf.

A lui représenté les vingt-quatre pièces de la sixième liasse, idem.

R. La septième est de la main de Babœuf; la huitième est de ma main; la dixième est de Buonarotti; les six suivantes, depuis le n°. vingt jusques & compris le n°. seize, sont des copies écrites de ma main sur la pièce dixième précédemment énoncée, laquelle est de Buonarotti; la dix-septième est de Babœuf; la dix-huitième est de Buonarotti; la dix-neuvième, vingtième, vingt-unième, sur la première page, où se trouve le paraphe; la vingt-deuxième, vingt-troisième & la vingt-quatrième, sont de la main de Babœuf. Je ne reconnois pas l'écriture du surplus desdites pièces.

A lui représenté les trente-cinq pièces de la huitième liasse des pièces trouvées chez Babœuf.

R. La quinzième & les subséquentes, jusques & compris la dix-neuvième, sont les feuilles de la minute de l'écrit intitulé : *Création d'un Directoire insurrecteur*, sur laquelle j'ai fait la copie dont est parlé plus haut, laquelle minute est de la main de Babœuf; les vingt-six, vingt-huit, vingt-neuf, trente-une, trente-deux & trente-trois, sont des minutes écrites de la main de Babœuf. Je ne reconnois pas l'écriture du surplus.

A lui représenté la pièce unique de la neuvième liasse des papiers trouvés chez Babœuf.

R. Je la reconnois pour être écrite de la main de Babœuf.

A lui représenté les trente pièces de la dixième liasse des papiers trouvés chez Babœuf, & fait même interpellation.

R. Les dix-neuf, vingt-deux, vingt-troisième, sont écrites par Babœuf. Je ne reconnois pas le surplus.

A lui représenté les neuf pièces de la onzième liasse des papiers trouvés chez ledit Babœuf.

R. La sixième est de la main de Babœuf. Je ne reconnois pas l'écriture des autres pièces.

A lui représenté deux pièces composant la douzième liasse, & fait les mêmes interpellations.

R. Je les reconnois toutes deux pour être de l'écriture de Babœuf.

A lui représenté la treizième liasse, composée de six pièces & fait les mêmes interpellations.

R. Je reconnois les quatrième & cinquième pièces pour être de l'écriture de Babœuf. Je ne reconnois pas l'écriture des autres pièces.

A lui représenté les vingt-quatre pièces de la quatorzième liasse; sommé de nous dire s'il les reconnoît.

R. Je reconnois la dix-huit, dix-neuf, vingtième & vingt-troisième, pour être de l'écriture de Babœuf. Je ne reconnois pas les autres.

A lui représenté cent deux pièces, composant la quinzième liasse desdits papiers trouvés chez Babœuf.

R. Je reconnois la première, la cinquième, la sixième, septième, huitième, neuvième, dixième, onzième, douzième, treizième & quinzième, dix-huitième, vingt-deuxième, vingt-troisième, vingt-quatrième, vingt-cinquième, vingt-septième, vingt-huitième, vingt-neuvième, trente-quatrième, trente-sept, trente-huit, trente-neuf, quarante, quarante-une, quarante-deux, quarante-trois, quarante-huit, cinquante-deux, cinquante-cinq, cinquante-six, cinquante-sept, soixante-cinq, soixante-six, soixante-sept, soixante-huit, soixante-neuf, soixante-quinze, soixante-dix-sept, soixante-dix-huit, soixante-dix-neuf.

quatre-vingt, quatre-vingt-une, quatre-vingt-deux en partie, quatre-vingt-quatre, quatre-vingt-cinq, quatre-vingt-six, quatre-vingt-sept, quatre-vingt-huit, quatre-vingt-neuf, quatre-vingt-dix, quatre-vingt-onze; quatre-vingt-douze, quatre-vingt-treize, quatre-vingt-quatorze, quatre-vingt-quinze, quatre-vingt-dix-sept, cent, cent-une & cent-deuxième, pour être toutes de l'écriture de Babœuf. Je ne reconnois pas l'écriture des autres pièces.

A lui présenté treize pièces, composant la seizième liasse, *idem.*

R. Je reconnois la neuvième & la onzième pour être de la main de Babœuf. Je ne reconnois pas les autres.

A lui présenté trois pièces composant la dix-septième liasse, *idem.*

R. Je reconnois la première pièce pour être de la main de Babœuf. Je ne reconnois pas les autres.

Lui avons représenté la dix-huitième liasse, composée de treize pièces, & fait les mêmes interpellations de nous dire s'il les reconnoît.

R. Je reconnois la sixième, la onzième, & la treizième, pour être de la main de Babœuf; je ne reconnois pas l'écriture des autres pièces.

A lui représenté la dix-neuvième liasse desdits papiers, composée de dix pièces.

R. Je reconnois la sixième & la neuvième pour être de la main de Babœuf; je ne reconnois pas l'écriture des autres pièces de ladite liasse.

A lui représenté la vingtième liasse, composée de huit pièces, & après les avoir examinées comme toutes des précédentes.

A dit: Je reconnois la septième pièce pour être de l'écriture de Babœuf; je ne reconnois pas les autres.

A lui représenté la vingt-unième liasse, contenant vingt-une pièces.

A dit: Je reconnois les pièces depuis la septième jusqu'à la dix-huitième inclusivement, pour être des copies faites de ma main ; la vingtième & la vingt-unième font également des copies de ma main, & la vingtième a été copiée fur l'imprimé du même ouvrage.

A lui repréfenté la vingt-deuxième liaffe defdits papiers trouvés chez Babœuf, de vingt-fix pièces.

Après examen pareillement fait d'icelles, a dit : Je reconnois la dix-huitième & la vingtième, la vingt-deuxième & la vingt-cinquième, pour être de l'écriture de Babœuf.

A lui repréfenté un imprimé en forme de placard, intitulé, *Le comité infurrecteur de falut public au peuple*, faifant partie des papiers trouvés chez ledit Babœuf.

Après l'avoir examiné, dit : Je reconnois ledit imprimé pour l'avoir vu chez Babœuf, où j'en ai fait une copie par fes ordres.

Nº. X.

Extrait de l'interrogatoire fubi par Jufte Moroy, le 6 meffidor an 4, devant le directeur du jury d'accufation du canton de Paris.

Demandé au comparant fi ce n'eft pas le nommé Goulard, commiffaire de police de la division de l'Obfervatoire qui lui a remis la note que l'on lui préfente, commençant par ces mots, *Goulard, électeur de 1792*, & finiffant par ceux-ci, *chez beaucoup de particuliers*; portant, au bas du recto & du verfo, une note commençant par ces mots, *Goulard a écrit cette note*, & finiffant par ceux-ci, *toutes fonctions hors le militaire* ; & voulez-vous la parapher ?

R. Oui, c'eft Goulard qui m'a remis la note repréfentée; l'écriture au bas d'icelle eft de moi; je reconnois la totalité de ladite pièce, & je confens de la parapher.

D. Si ce n'eft pas également Goulard qui a remis une autre note commençant par ces mots, *Le commiffaire de police de la fection de l'Obfervatoire*, & finiffant par ceux-ci, au bas du recto du fecond feuillet, *dont on peut adminiftrer la preuve* : portant fur le verfo dudit fecond feuillet

2ᵈ. volume. *Copie des pièces de Babœuf.*　　　　S

une note commençant par ces mots : *le cit. Goulard*, & finissant par ceux-ci : *est d'un zele incroyable* ; laquelle pièce on lui représente : sommé de dire s'il veut la signer & parapher.

R. Je reconnois cette seconde note, comme la précédente, pour être de l'écriture de Goulard, & ce qui suit sur icelle, de mon écriture, & je consens de la parapher.

A lui représenté une lettre écrite sur une demi-feuille de papier à lettre, commençant par ces mots, *liberté, égalité, bonheur commun* ; finissant, aux deux tiers ou trois quarts du recto du second feuillet, par ces mots, *courage, persévérance* ; & à lui demandé si cette lettre n'est pas de son écriture, & s'il veut la parapher.

R. Que la lettre représentée est de son écriture, qu'il consent de la parapher.

A lui représenté dix-neuf autres pièces de correspondance & notes, en date des 21, 22, 23, 24, 25, 27, 28, 29 germinal, 3, 5, 6, 7, 8, 10, 11. 17 & 19 floréal dernier ; à lui demandé si elles sont de son écriture, & s'il veut les parapher.

R. Je reconnois les dix-neuf pièces représentées pour être toutes de mon écriture, & je consens de les parapher.

D. Avec qui il entretenoit la correspondance que l'on vient de lui représenter ?

R. C'est ce que je ne savois pas ; & s'expliquant, a dit : Vers le 10 ou 12 germinal, ne me rappelant pas précisé-ment la date, un particulier à moi inconnu m'a remis un paquet cacheté, contenant des instructions en huit pages à-peu-près ; & une commission d'agent, à moi donnée, la-quelle étoit revêtue d'un cachet en cire rouge, portant l'em-preinte d'un niveau, & au-dessous, *Salut public* ; qu'ayant trouvé ladite instruction fondée sur les principes & les vertus, je l'ai acceptée.

Lui a été, au même instant, représenté un cachet en cuivre de forme quarré long, portant un niveau, & ces mots : *Salut public*,

R. Je ne connois point ce cachet, je ne l'ai point vu précédemment ; mais je vois que celui dont l'empreinte étoit sur les papiers dont je viens de parler, étoit semblable.

A lui représenté quatre listes sur quatre grandes demi-feuilles de papier marchand, rayé en rouge, & à lui demandé si ce n'est pas celle qu'il a fait passer au comité insurrecteur.

R. Je les reconnois pour être de ma main & pour les avoir envoyées audit comité, ainsi qu'une autre note que l'on lui représente, commençant par ces mots, *l'agent du deuxième arrondissement*, & finissant par ceux-ci, *courage, tout est prêt* ; & consent de les parapher.

D. Chez qui avoient été déposés les placards, guidons & couronnes qui devoient paroître au moment de l'insurrection ?

R. Chez moi.

D. Ce qu'il a fait de tous ces objets ?

R. Qu'il les a brûlés.

A lui demandé si, dans la séance tenue chez Massard, rue Neuve-Égalité, le 21 floréal dernier, vers les quatre à cinq heures de relevée, il n'a pas reçu, lui & Cazin, de l'ex-général Rossignol trois louis pour distribuer à ceux qui se mêleroient les premiers dans ces rassemblemens.

R. J'ai reçu ce jour-là trois louis ; mais j'ignore le nom de l'individu qui me les a donnés.

A lui représenté un exemplaire de tous les journaux & imprimés déposés au greffe pour servir à conviction dans le procès actuel : sommé de nous dire quels sont ceux de ces ouvrages qui lui ont été envoyés par le comité insurrecteur, & dont il a fait la distribution.

R. J'ai eu les imprimés, intitulés : *Opinion sur nos deux Constitutions* ; *l'Eclaireur du peuple* ; *Doit-on obéissance à la Constitution de 1795 ? le Peuple sans-culotte de Paris, à la Légion de police* ; *la Légion de police, à elle-même* ; *le Tribun du Peuple* ; *la Lettre de Franc - libre à son ami la*

Terreur : à l'égard de l'*Analyse de la doctrine de Babœuf*, je ne l'ai eu qu'en placard.

A lui représenté une liasse de placards, portant ces mots, *Constitution de 1793, liberté, égalité, bonheur commun* ; & un autre portant ces mots, *Ceux qui usurpent la souveraineté*, doivent *être mis à mort par les hommes libres.*

R. Qu'il a reçu des exemplaires du premier de ces placards, mais qu'il n'en a point reçu du second ; & qu'il a reçu aussi des exemplaires d'un placard portant l'article de la *déclaration des droits* publiée en 1793, qui porte, *Quand un gouvernement viole les droits du peuple*, & finissant par, *Le plus indispensable des devoirs.*

<h2 style="text-align:center">N^o. X.</h2>

Extrait de l'interrogatoire subi par Jean - Baptiste Cazin, le 22 prairial an 4.me, devant le ministre de la police générale.

A lui demandé s'il reconnoît le paquet que l'on lui représente, sur lequel est un cachet en cire molle, portant l'empreinte du cachet du commissaire de police de la section des Quinze-Vingts, pour renfermer les papiers trouvés sur lui au moment de son arrestation, & s'il reconnoît le scellé sain & entier pour être celui qui fut apposé en sa présence ?

R. Que oui.

A l'instant le scellé a été brisé ; & examen des différens papiers qu'il renfermoit a été fait pour en distraire ceux qui pourroient avoir des rapports à la conspiration dont ledit Cazin est prévenu, & la visite la plus scrupuleuse dans ces papiers a été faite, & a été seulement distrait :

Premièrement, un billet déchiré en deux morceaux, commençant par ces mots, *Je prévois que le temps pourra nuire à nos projets* ; & finissant par ceux-ci, *Je pense que s'il ne vient pas de Paris du monde, nous serons bien peu* ; & à lui demandé qui a écrit ce billet ?

R. Que c'eft lui qui l'a écrit; mais qu'il n'a pas befoin de le figner, puifqu'il déclare lui appartenir.

Nᵒ. X I.

Extrait de l'interrogatoire fubi par Jean - Baptifte Cazin, le 23 prairial en 4.ᵐᵉ, devant le directeur du jury d'accufation du canton de Paris.

D. Reconnoiffez - vous le billet que je vous préfente, commençant par ces mots, *Je prévois,* & finiffant par ceux-ci, *Serons bien peu,* pour être écrit par vous, & avoir été faifi dans vos papiers au moment de votre arreftation; & voulez-vous le figner comme vous étant repréfenté?

R. Je le reconnois pour être de mon écriture, & je veux bien le parapher.

A lui repréfenté une lettre en quatre pages, écrite fur papier à lettre, & par lui adreffée le 8 prairial préfent mois au Directoire exécutif; ladite lettre finiffant par la fignature Cazin, rue de Cotte, no. 7; & à lui demandé s'il la reconnoît pour être écrite & fignée par lui, & s'il veut la parapher comme la reconnoiffant?

R. Je reconnois ladite lettre pour être de mon écriture, & je confens de la parapher.

A lui repréfenté une lettre écrite en quatre pages, fur papier à lettre, commençant par ces mots, *Égalité, liberté;* & au-deffous, *Voilà la feule devife;* & finiffant par ces mots fur la charge du verfo dudit feuillet, *Voilà, en précis, une réponfe; falut, amitié:* figné, *Cazin;* & à lui demandé s'il la reconnoît pour être écrite par lui, & s'il veut la parapher?

R. Oui, elle a été écrite par moi, & je confens de la parapher.

A lui repréfenté la première, troifième, fixième, hui-tième, neuvième, dixième, treizième, quinzième, feizième, dix - feptième, vingt - unième & vingt - deuxième pièces de la quatorzième liaffe des papiers faifis chez Ba-

bœuf au moment de son arrestation, & paraphées par
ledit Babœuf chez le ministre de la police générale; & à
lui demandé s'il ne les reconnoît pas pour être écrites en
entier de la main de lui répondant, & en partie paraphées
par lui, & s'il veut les signer?

Examen fait desdites pièces, a répondu : Toutes les
pièces représentées sont écrites de ma main, excepté les
huit, neuf, dix, douze & treize qui ne sont pas de moi,
& que je ne connois pas; je veux bien parapher les pièces
que je reconnois seulement.

D. Ces lettres & papiers, notamment les journaux du
Tribun du peuple, & les autres écrits émanés du Directoire
auquel vous adressiez votre correspondance, n'étoient-ils pas
mis en entrepôt chez Vacret, fabricant de bas, rue Mar-
guerite, fauxbourg Antoine; & n'aviez vous pas soin, de
concert, de les faire distribuer dans les différentes réunions
que vous aviez fait former dans le fauxbourg Antoine, ainsi
que vous l'exposez dans cette même correspondance?

R. Je les ai distribués, moi, & non Vacret; si Vacret en
a distribué, ce n'est pas à ma connoissance, ni qu'il y eût
chez Vacret un entrepôt.

D. N'avez-vous pas une parfaite connoissance que l'ex-
général Rossignol devoit avoir le commandement au fauxbourg Antoine, au moment de l'insurrection.

R. J'ai bien proposé Rossignol pour commandant; mais
j'ignore s'il étoit accepté, & s'il devoit commander dans
ledit fauxbourg Antoine.

D. Si dans la séance qui eut lieu chez Massart, le 20 floréal dernier, & où lui répondant étoit, l'on n'a pas proposé
& discuté tous les moyens qui pouvoient assurer le succès
de l'entreprise projetée, & n'y avez-vous pas notamment
présenté différentes propositions qui se trouvent énoncées
dans votre lettre du 17 floréal?

R. Oui.

D. Qui vous avoit donné les listes des citoyens à employer pour l'exécution du projet, & les listes de proscription que vous avez fait passer au comité insurrecteur ?

R. Je n'ai envoyé que celles qui sont écrites par moi.

D. Depuis quand aviez-vous connoissance du projet d'insurrection dont il s'agit ?

R. Je n'en ai pas eu connoissance antérieurement aux premières instructions, qui me furent envoyées le 12 germinal.

D. Ne connoissez-vous point qui est ce qui fournissoit des fonds, & n'avez-vous pas su, notamment dans la séance tenue chez Massart, que Félix Lepeletier en procuroit ?

R. J'ai bien reçu trois louis dans la maison où se tenoit l'assemblée dont il s'agit, rue Neuve-Egalité, n°. 337. Je ne connois pas de nom celui qui me les a remis; je ne sais pas qui fournissoit les fonds; je n'ai point entendu parler de Lepeletier dans cette séance; j'observe que je ne suis pas resté pendant tout le temps qu'elle a eu lieu.

A lui demandé si ces mots, *Produite par Vacret*, qui se trouvent au bas de la liste formant la treizième pièce de la quatorzième liasse des papiers trouvés chez Babœuf, & ci-dessus à lui représentés, ne sont pas écrits de lui répondant ?

R. Oui, je reconnois cette note pour être de mon écriture.

A lui demandé quels sont les différens écrits qui lui furent portés par l'agent secondaire du comité insurrecteur, pour être distribués dans les réunions qui se tenoient fauxbourg Antoine ?

R. C'étoit *l'Ordre du jour*; *l'Eclaireur du peuple*; *Soldat, arrête*; *la Doctrine de Babœuf*; *la Lettre de Franc-Libre à son ami la Terreur*; *les Réflexions d'un démocrate*, *l'adresse de la Légion de Police aux Sans-culottes de Paris*, & *la Réponse des Sans-culottes à la Légion de Police*, & autres écrits de cette nature, dont il ne se rappelle pas les titres.

A lui représenté un cachet en cuivre jaune, à manche de bois noir, représentant un niveau, & portant ces mots, *Salut public*, & à lui demandé si les pièces qui lui étoient envoyées, & notamment la commission à lui envoyée, ne portoient pas l'empreinte de ce cachet en cire d'Espagne noire.

R. Je reconnois ce cachet pour être semblable aux empreintes du cachet apposé sur les papiers que je recevois dudit comité insurrecteur, & qui étoient en cire noire.

D. Quel jour & à quel effet devoit se faire la réunion qui devoit avoir lieu, & dont il parle dans le premier billet que nous lui avons ci dessus représenté.

R. Cette réunion devoit se faire avant-hier, jour où on annonça qu'il arrivoit un camp de dix mille hommes sous Paris, & avoit pour motif d'inviter les troupes à ne pas nous abandonner, attendu que le bruit avoit couru que les deux Conseils & le Directoire exécutif alloient quitter Paris, & que cette commune seroit mise en état de siége.

Copie du billet saisi chez Cazin, dont est question dans l'interrogatoire ci - dessus.

Je prévois que le temps pourrois nuire à nos projets; le louis est à 5000 livres, j'a ten des nouvelles ; mes je ne prévois pas que nous pourront rehunir à cé de monde pour aller au camp vu le mauvais tant, répon moi ce qu'il peut taistre dis par les mouvemens; je pence que ci il ne vien pas de Paris du monde nous ceront bien peux.

———

(Lors de l'arrrestation de Clerx , on saisit chez lui différens papiers qui ont été reconnus par lui, au nombre desquelles se trouvèrent trois grands placards conçus ainsi :)

Ceux qui

usurpent la souveraineté,

doivent être mis

à mort

par les hommes libres

Plus, trois autres grands placards, imprimés comme les précédens, en gros caractères, conçus ainſi :

CONSTITUTION
DE
QUATRE-VINGT-TREIZE.
ÉGALITÉ.
LIBERTÉ.
BONHEUR COMMUN.

N°. XII.

Copie d'une note trouvée ſur la chaiſe où étoit aſſis Buonarotti au moment de ſon arreſtation.

Tableau de la tyrannie terraſſée, Coup-d'œil ſur la Révolution & ſur les cauſes qui l'ont fait manquer.

Misère du peuple organiſée, ſi les motifs. +

Droits arrachés à ceux qui auroient pu réclamer.

Le comité inſurrecteur de ſalut public : le Peuple avance; la tyrannie n'eſt plus, vous êtes libres.

Gouvernement des riches inſolens :
La vertu ordonnoit de s'inſurger.

Nota. Buonarotti, lorſque ce papier lui fut repréſenté par le miniſtre de la police, ſoutint ne le pas connoître, refuſa de le parapher, il le fut par le miniſtre ſeul; mais l'écriture de Buonarotti eſt très-reconnoiſſable.

N°. XIII.

Extrait d'un procès-verbal de représentation d'effets, faite à Charles Germain, détenu alors en la maison d'arrêt du Temple, par le directeur du jury d'accusation du canton de Paris, le 21 messidor, an 4.

Représentation faite audit Germain d'une redingote de drap bleu de ciel, à petits boutons d'hussard, de laquelle ont été détachés trois desdits boutons, dont un du côté gauche sur le devant, un autre à la poche droite, & le troisième au coin de la taille, dans lesquels boutons avoient été trouvés trois petits morceaux de papier, dont un plus long que les autres : le premier commençant par ces mots, *Ami, tu me négliges*, finissant par ceux-ci, *Parle-moi de la pauvre petite* ; le second commençant par ces mots, *Dis-moi ce qu'on l'on a appris*, & finissant par ceux-ci, *geoliers & gardiens* ; le troisième commençant par ces mots, *En tout quarante-six personnes*, & finissant par ceux-ci : *salut, vive la République !* plus un semblable billet, trouvé dans une calotte de pareils boutons, commençant par ces mots, *Mon ami, je ne peux encore*, finissant par ceux-ci, *ton ami* ; un autre papier trouvé dans une autre calotte de bouton, commençant par ces mots, *Douze prairial, demain*, & finissant par ceux-ci, *Fiquet l'aîné* ; un autre petit billet, commençant par ces mots, *Sur l'heure*, & finissant par ceux-ci, *bon jour à vos amis*. Sommé de s'expliquer sur le tout.

A dit que la redingote lui appartient, & qu'il en requiert la remise pour se vêtir ; qu'il reconnoît les écrits ci-dessus énoncés, à l'exception de celui commençant par ces mots, *Mon ami, je ne peux encore*, & finissant par ceux-ci, *ton ami*, pour être de son écriture ; reconnoît pareillement les cinq calottes de boutons pour lui appartenir, & provenir de sadite redingote.

(Suivent les copies des billets mentionnées audit interrogatoire.)

*Copie des billets trouvés sur les boutons de la redingote
de Germain.*

N°. 1.

Ami, tu me négliges; voilà trois jours que je n'ai rien
de nouveau. Je ne parle pas de manger : mais de l'état des
choses, quel qu'il soit, bon ou mauvais, instruis-moi. Je
ne sais si j'ai tort; un pressentiment me dit que je n'aurai
rien encore aujourd'hui. Puissé - je me tromper ! car j'en
souffre fort; sans doute, le vin de Coulange est coulé bas : &
Fion n'as tu pa le voir encore ? Je sens que tu as bien de la
peine; mais quel bonheur qu'ils ne t'aient pas pris aussi !
parle-moi de ta pauvre petite.

N°. 2.

Dis-moi ce que l'on a pris chez toi; que disent les
Feru, les Morin, &c.? La société chrétienne se tient-elle
toujours, & les Chinois aussi? Ah! mon ami, mon cher
ami, si je ne reçois des nouvelles, je suis foutu. Tu as une
belle occasion pour m'en envoyer. Tu vois que moi, de tout
bois je fais flèches; ne m'oublie donc pas : écris-moi, je te
prie. Quand lâcheront - ils la petite, les scélérats ? nous
sommes six ici, Babœuf, Darthé, Massart, Didier, Buonaroti ; nous sommes tous au secret, & nous avons une
garde de quarante grenadiers distribués dans les deux cours.
Il y a six personnes, geoliers & gardiens.

N°. 3.

Trois : en tout quarante-six personnes ; que les patriotes
se gardent d'être dupes , ils perdroient la République : il
vaut mieux que nous tombions qu'elle. J'ai été interrogé au
palais de justice par le directeur du jury. J'ai avoué toutes
mes lettres au Tribun , même celles qui, quoique de mon

écriture, n'étoient pas de moi. Je ne puis donc l'échapper : cependant j'insiste pour que les patriotes, ne fassent rien que sous bonne & sûre caution : dis cela aux amis. Je t'embrasse & eux : où est détenue Julienne ?

Salut, vive la République !

N°. 4.

Mon ami, je ne peux encore te donner réponse de Fion ; il me paroît même d'après ce que Coulange m'a dit, que Fion paroissoit être sûr que l'on le soupçonnoit de demander cela pour moi ; je te prie donc d'écrire un mot pour que je puisse lui porter ; je n'ai pu encore avoir aucune entrevue avec lui... Il m'a fait dire tout-à-l'heure que je le verrois demain soir : ainsi tu peux m'écrire d'ici à ce temps. Demain sans faute, je reçois le vin de Coulange ; ma femme n'est pas encore libre, quoiqu'il m'avoit été assuré qu'elle alloit sortir.

Je cours ; je ne néglige rien pour la ravoir à la liberté ; on me promet qu'elle va être rendue à sa famille. Ainsi soit-il.

Rien encore n'est annoncé de nouveau : tous les partis paroissent s'observer ; on seroit embarrassé de savoir celui qui a eu le dessus ; on est assez embarrassé de ne rien trouver contre Drouet ; je crois qu'ils vont être obligés de le rendre à la liberté.

Ton ami. . . . . . .

N°. 5.

SUR L'AIR : *Je m'en fous.*

Au terme d'une vie honteuse,	la mort.
Je le conçois, elle est affreuse,	la mort.
Mais qu'est-ce quand on a vécu	
Pour la patrie & la vertu ?	la mort.

Lorsque des tyrans on médite	la mort;
Qu'espérer de l'inréussite ?	la mort.
Vainqueur j'aurois fait mon devoir;	
Vaincu je saurois recevoir,	la mort.

Amis, voyons avec courage	la mort.
Chantons : Plutôt que l'esclavage,	la mort !
Le peuple un jour sur nos bourreaux	
Vengera de ses vrais héros	la mort.

Qu'importe comment on subisse	la mort ?
Sans honte elle n'est pas supplice,	la mort.
Les combats ou le turpagen,	
Illustrent du bon citoyen	la mort.

N°. 6.

Amis, j'occupe maintenant les appartemens de Caper; c'est-à-dire que ma savatte est traînée sur le parquet qu'ont foulé ses augustes pantoufles, & que des bouffées de ma jupe je purifie le lambris long-temps phlogistiqué par les vapeurs baulsiques de ses royaux soupirs : juge d'après cela si je suis bien.

Bon jour aux vrais amis.

---

12 Prairial, demain je t'enverrai ma redingote ; tu visiteras les boutons croisés ainsi X ; tu feras coudre de suite ce que. . . . . & me la renverras.

Fais de suite aussi compléter les boucons , je compte que tu useras de cette commodité pour me donner de longues nouvelles.

Que les patriotes se gardent & songent à vendémiaire; nous préférons périr tous, ou aller à la Guiane, que de nous voir tomber dans le piège.

Tu envelopperas quelque chose avec du papier blanc. Bon
jour, je t'embrasse de la part des amis.

Qu'est devenu Fiquet l'aîné ? *Signé, Ch. Germain.*

N°. XIV.

*Copie d'un billet trouvé dans une soupe apportée par la femme
Didier à son mari.*

E J'ai eu le plaisir de te voir, ainsi que ma compagnie; votre
arrestation n'a pas eu l'effet (*deux mots illisibles*) n'a pu le
changer cette fois; on connoît bien quel font ceux qui fans
arrêté, les affiches, les proclamations n'a pas eu l'effet qu'on
attendoit; je ne connoît d'arrêté, d'une part Babœuf &
Commis, Bonnarote, enfuite toi; Darthé, Germain,
Droit, Ricord, Laignelot & quelques autres; un invalide
m'a dit qu'il y avoit quelque officier d'arrêté chez eux, qu'on
difoit être aristocrates; on dit que Macé, bonnetier, a un
mandat d'arrêt; il est caché, il ne devoit rien craindre : il
a dîné avec Barras le jour de votre arrestation, d'Oppette y
est pour quelque chose; depuis l'arrestation des confpirateurs, le pain est augmenté de 5 liv., dans des endroits
10 liv., dans d'autre, & tout à proportion; Pelerier, Rof-
fignolle, Fyon, Antonelle, ne font pas arrêté comme on
le difoit, & sûrement plusieurs autres confpirateurs de cette
trempe; car je ne les connois pas tout : on ne parle pas de
beaucoup d'accufation dans les fections qu'on a reconnu,
l'état-major des fections; je voudrois favoir ce qu'il y avoit
de numéraire dans l'armoire; je ne fais ce qu'ils en ont fait,
il ne m'en ont pas donné; il font venu fix de la Butte-des-
Moulins, il ont resté huit heures à la maifon, & pour ne
rien trouvé du tout, hors trois chanfons écrit à la main, &
qu'il ont fait mention fur le procès-verbal. Tiffot n'étoit pa
chez lui, & n'a pas été arrêté; on est venu ce matin che
Reys pour l'arrêter, il est fauvé; on a mis les fcellés.

No. XV.

Du 22 messidor an 4.

DÉCLARATIONS DE TÉMOINS.

C. Babœuf et autres. (1)

Cejourd'hui vingt-deux messidor du matin, l'an quatre de la République française, une & indivisible, je soussigné André Gerard, juge, l'un des directeurs du jury d'accusation du canton de Paris, département de la Seine, réunis au Palais de justice, étant en mon cabinet, assisté du commis-greffier, assermenté dudit tribunal, aussi soussigné, ai reçu les déclarations de témoins ci-après nommés,

Est comparu le citoyen Alexis-Joseph Harger, âgé de soixante ans, expert écrivain à Paris, lequel, après que lecture lui a été par nous faite des noms, surnoms, âge, qualités, pays de naissance & demeure des prévenus, & qu'il a déclaré n'être parent, allié, serviteur ni domestique desdits prévenus ;

Et sur la remise à lui faite des pièces de comparaison ci-après énoncées, produites pour connoître par leur moyen les auteurs de différentes pièces à conviction qui sont au procès ; lesquelles pièces de comparaison sont ; savoir, 1o. à l'égard du prévenu Babœuf, une lettre missive & par lui écrite au Directoire exécutif, en date du vingt-trois floréal an quatre, contenant trois pages & demie, signée *G. Babœuf*, commençant par ces mots : *Regarderiez-vous au-dessous de vous, &c.* ?

2o. A l'égard du prévenu Buonarotti, deux missives signées *Buonarotti*, l'une datée du vingt prairial an 4, l'autre du vingt-six dudit mois ; la première, composée d'une

---

(1) Ces témoins sont des experts écrivains qui constatent que quelques-unes des pièces saisies avec Babœuf, sont de l'écriture des principaux accusés.

page, & la deuxième, de trois pages; plus un écrit tracé sur un linge, contenant douze lignes & demie: ces trois pièces signées & paraphées, au desir d'un interrogatoire du vingt-neuf dudit mois.

3°. A l'égard du prévenu Darthé, une lettre missive signée *Darthé*, datée du vingt-six floréal an quatre, adressée au ministre de la police; un écrit sur une bande de papier, contenant deux lignes, dont la première commence par ces mots *Dufour, menuisier*; un petit carré de papier entièrement rempli d'écriture des deux côtés, n'ayant ni date ni signature, commençant d'un côté par ces mots, *On m'a représenté*; & finalement une petite bande de pareil papier, aussi écrite des deux côtés, laquelle est signée *Darthé*, & commence, au côté opposé à la signature, par ces mots: *J'avois conseillé.*

4°. A l'égard du prévenu Germain, cinq pièces: la première, sur une demi-feuille de petit papier écrite des deux côtés, commence par ces mots: *Ce matin les légionnaires*; elle est signée *Ch. G.*

La seconde, sur une feuille, de petit papier, contient deux pages & demie; elle est signée comme la précédente, & commence par ces mots: *Paris, à huit heures du soir.*

Les trois autres sont sur des demi-feuilles de papier, & sont cotées cinq, six & septième pièces; leur contenu fait suite; la première page du premier feuillet commence par ces mots: *Ce n'est pas à nous à décider*: la première du second feuillet commence par ceux-ci, *Du Luxembourg*; & la première du troisième feuillet par ceux-ci, *Efficacement pour le jour.* Ces trois feuilles forment cinq pages & demie, & la demi page, composée de huit lignes trois mots, finit par ceux-ci: *Ils seroient nuls à-peu près.* Au-dessous de ces mots est un *G* majuscule jetté servant de signature.

Lesdites pièces remises audit expert, ainsi que toutes celles formant les vingt-deux liasses de pièces à conviction à l'effet par lui de les examiner & comparer entre elles pour

pour déterminer celles que chacun de ces prévenus pourroit avoir écrites.

Déclare qu'examen fait de toutes ces pièces il en a reconnu un grand nombre être de la main du prévenu Babœuf, sur toutes & chacune desquelles ledit expert avoit fait diverses observations tendantes à la démonstration de ce fait ; mais attendu la reconnoissance que ce prévenu en a faite depuis, ledit expert se borne, à l'égard dudit Babœuf, à la pièce intitulée, *Liste des démocrates à joindre à la Convention nationale*, faisant la première de la septième liasse, sur laquelle pièce, qui est à quatre colonnes, il y a beaucoup de mots tracés par ce prévenu.

D'abord, ceux formant l'intitulé, & d'autres, tels que ceux-ci *Réunion sur-Oise*, troisième ligne, deuxième colonne de la première page ; *Dubreuil de Givet*, sixième ligne ; *Colombet de Fréjus*, quinzième ligne ; *Rhône - & - Loire*, trente-neuvième ligne de la troisième colonne. Plus, une quantité d'autres mots à la quatrième colonne de ladite première page ; quelques mots de la seconde colonne, deuxième page, & les deux petites lignes de la troisième page : tous les caractères de ces mots & lignes ont la plus grande identité avec ceux de la missive de comparaison du vingt-trois floréal ; c'est la même forme, le même goût, & le même ensemble. Pour se convaincre de l'unité d'auteur, il ne faut que comparer l'*R* du mot *Réunion*, troisième ligne, seconde colonne de ladite pièce, à celle du mot *Regarderiez* première ligne, première page, du contexte de la missive ; le *D* du mot *Dubreuil*, sixième ligne, à celui du mot *Dédaignerez*, huitième ligne, troisième page de la missive ; enfin, l'*F* au mot Fréjus de la quinzième ligne de ladite pièce à conviction, à celle du mot *France*, anté-pénultième ligne de la quatrième page de ladite missive de comparaison. Comme ces lettres sont d'une forme très-particulière, qu'elles renferment des habitudes individuelles, dépendantes du mouvement, leur identité dans ces pièces ne laisse rien à desirer sur l'unité d'auteur entre elles.

2^d. volume. *Copie des pièces de Babœuf.*   T

Rapprochement fait des pièces de comparaison reconnues par le prévenu Buonarotti, des pièces à conviction, étant aux vingt-deux liasses précédemment citées ; ledit expert a reconnu les quatorze suivantes être dudit prévenu en totalité ou en partie, savoir,

Dans la deuxième liasse, celle cotée dix, qui est écrite à mi-marge des deux côtés, & intitulée : *liste des patriotes propres à commander.*

Celle cotée onze, intitulée : *Armes & effets de guerre* ; celle cotée douze, intitulée : *État des patriotes propres à être employés dans les mouvemens.*

Dans la sixième liasse, la dixième pièce, composée de deux feuilles à mi-marge, intitulée : *Le Directoire aux Agens* : excepté dans cette pièce, trois lignes en marge de la deuxième page, six en marge de la troisième, douze lignes & deux mots en marge de la quatrième, & onze lignes à la fin de la sixième page, lesquelles exceptions sont de la main du prévenu Babœuf.

La dix-huitième pièce de ladite sixième liasse, qui est écrite à mi-marge des deux côtés, sur un carré de papier, & intitulée : *Supplément à la liste des hommes propres à commander.*

Dans la septième liasse, la majeure partie de celle à quatre colonnes, intitulée, *liste des démocrates à joindre à la Convention nationale,* dont il a été déja parlé à l'égard du prévenu Babœuf.

La quatorzième de la même liasse, qui est écrite à mi-marge sur deux petites feuille de papier, & qui commence par ces mots : *Soldats, le moment approche.*

La quarante-deuxième de la même liasse, qui est sur une demi-feuille de petit papier, & intitulée : *Égalité, liberté, bonheur commun* ; elle commence par ces mots : *En vertu de l'arrêté du Comité insurrecteur.*

La quarante-troisième, même liasse, étant à mi-marge sur une demi-feuille de papier à la tellière, ayant, après les mêmes mots cités au même article, ceux-ci : *Au nom du peuple français, le comité insurrecteur de salut public.*

La quarante-cinquième, aussi à mi-marge sur une demi-feuille de papier, est intitulée, *Le Directoire insurrecteur de salut public*, au-dessous des mots, *Égalité, liberté, bonheur commun.*

La quarante-sixième, qui est intitulée *idem*, sur une petite demi-feuille, à mi-marge, & qui commence par ces mots, *Le Comité insurrecteur de salut public.*

La quarante-septième, même liasse, qui est aussi à mi-marge sur un pareil papier, qui est intitulée, *le comité insurrecteur de salut public*, & qui commence par ces mots : *Considérant que par le fait seul.*

La soixante-quatrième liasse écrite à mi-marge sur demi-feuille de papier à la tellière, & intitulée : *Aux agens.*

Dans la huitième liasse, en marge de la pièce trente-cinq, laquelle fait suite à la pièce trente-quatre, est écrite transversalement au *recto* d'icelle par ledit *Buonarotti*, la note suivante : *Menou, aux boulevards, près le pavillon Montmartre, n°. 28 ou 39.*

Pour démontrer que ces quatorze pièces à conviction sont, chacune, en totalité ou en partie de la main du prévenu *Buonarotti*, dont les écritures de comparaison sont celles étant sur le linge, & aux deux missives des 20 & 26 prairial ci-devant énoncées, le déclarant observe que les facultés de cette main sont de donner aux caractères qu'elle trace plus de tendance à la ligne perpendiculaire & à celle oblique, de gauche à droite, qu'à la ligne oblique de droite à gauche ; que ce fait est démontré par les caractères qui sont sur le linge, qui ont été tracés sans déguisement ni méditation par ledit *Buonarotti* ; que si les caractères des missives de comparaison présentent des effets contraires, c'est par suite de l'attention qu'y a apportée leur auteur, qui sans doute avoit des raisons pour serrer ses caractères bien plus qu'il ne fait ordinairement, & pour donner une autre pente ; mais,

quoi qu'il en soit de cette simulation, les habitudes individuelles qui se trouvent dans plusieurs des caractères de ces
missives, notamment dans les s placées à la fin des mots,
lesquelles sont allongées au-dessus & au-dessous des autres
caractères, comme ne le sont jamais des S finales, rendent
ces missives bonnes & propres à la comparaison pour laquelle
lesdites pièces ont été produites.

En rapprochant donc ces diverses écritures de comparaison des onze pièces de conviction ci-devant citées, on y voit
les mêmes facilités de main, la même situation de plume,
la même forme & la même direction dans les lettres, & enfin les mêmes habitudes individuelles dans les *b*, *c*, *h*, *l*, *r*
de formes majuscules qui sont ainsi figurées *B*, *C*, *H*, *L*, *R*,
dont l'identité & le tact si naturels dans les unes & les
autres pièces, ne permettent pas de douter que ces lettres ne
soient les productions d'une même main, vu que leur réunion au même degré, dans les productions de plusieurs, est
physiquement impossible. A cette observation sur les lettres
majeures, que l'on pourroit étendre sur presque toutes celles
de l'alphabet qui sont tracées aux dernières lignes étant
sur le linge, en les comparant à celles qui sont aux pièces
à conviction, notamment au commencement des lignes de
celle à quatre colonnes (la première de la septième liasse),
on peut ajouter les observations relatives aux lettres mineures;
savoir, au *C*, dont la dernière partie est alongée horizonta-
lement & non liée à la lettre suivante; aux *T*, qui, à la fin
des mots, sont ainsi figurés *t* dans les missives & pièces à
conviction; aux *m* & *n* du genre de bâtarde, dont les jambages ont diverses directions; aux *S* qui, à la fin des mots,
sont en cette forme *ſ* : ce qui ne se voit dans aucune autre
écriture. Or toutes ces identités dans les pièces de question
& de comparaison prouvent, ou jamais rien ne pourra être
prouvé, que l'auteur des deux missives & de l'écrit tracé
sur le linge, est incontestablement celui qui a écrit les quatorze pièces à conviction précédemment analysées.

Examen fait des pièces de comparaison reconnues par

le prévenu Darthé, & rapprochement fait de ces pièces de toutes celles à conviction, formant les vingt-deux liasses dont il a été parlé, ledit expert est demeuré convaincu que les vingt six pièces désignées ci-après ont été écrites par *ledit Darthé*;

Savoir, de la première liasse :

Celle cotée *première*, excepté l'intitulé portant : *Liste d'hommes propres au commandement*, & ces mots *Arcis*, 19 *floreal*, lesquels mots & intitulé sont du prévénu *Babœuf*; tout le surplus de cette pièce est de *Darthé*, ainsi que les suivantes.

La deuxième pièce de ladite liasse, intitulée : *Arsenal*.

La troisième, intitulée : *Bon-Conseil*.

La quatrième, intitulée : *Bonnet-Rouge*.

La cinquième, intitulée : *Brutus*.

La dixième, qui est rayée & dont l'intitulé est : *Fauxbourg Montmartre*.

La quatorzième, intitulée : *Gravilliers*.

La quinzième, intitulée : *Homme-Armé*.

La seizième, intitulé : *Lepelletier*.

La dix-septième, intitulée : *Lombards*.

La dix-huitième, intitulée : *Marchés*.

La vingt-deuxième, intitulée : *Piques*.

La vingt-quatrième, intitulée : *République*.

La vingt-septième, intitulée : *Tuileries*.

De la deuxième liasse, une partie de la dix-neuvième pièce qui est sur une demi-feuille de papier, & qui commence par ces mots : *Paris, pour la trésorerie*.

De la sixième liasse, la neuvième pièce portant ces mots : *Le directoire insurrecteur de salut public, aux agens des douze arrondissemens.*

La pièce vingt-un de la même liasse, c'est-à-dire, les huit lignes qui sont écrites sur le second recto de la feuille composant cette pièce.

De la septième liasse, la troisième pièce, qui est une

demi-feuille de papier, dont les premiers mots sont : *De leur habillement , équipement.*

La quinzième pièce, qui est une demi-feuille de papier à lettre , commençant par ces mots : *Le funeste effet.*

La quarante-neuvième, qui est aussi une demi-feuille de papier à lettre , écrite à deux colonnes ; quant à la première de ces colonnes seulement, qui commence par ces mots : *Une motion sur les sociétés.*

La quatre - vingt - quinzième , sur une pareille demi-feuille , laquelle est datée, en tête, *Paris : le 17 germinal,* & au-dessous est écrit *G. Babœuf* à *Drouet.*

De la huitième liasse.

Les trente-quatre & trente-cinquième pièces, qui sont deux demi-feuilles de papier à la tellière , dont le contenu fait suite , ce qui ne doit ne la faire considérer que comme une seule pièce séparée en deux partie. La première page commençoit par ces mots , *Tuer les cinq ;* actuellement elle paroît commencer par ceux-ci , *Les sept ministres.* Ce changement provient de ce que le prévenu Babœuf, lorsqu'il a parafé ladite pièce, a couvert avec la fermeze qui suit son B les trois mots qui formoient la première ligne de ladite pièce. Cette fermeze, qui est un trait oblique, montant de gauche à droite, ne couvroit d'abord du mot *cinq* que la sommité des lettres ; un second trait ajouté au-dessous du premier, en rendant ledit premier trait plus épais , a couvert davantage les caractères dudit mot *cinq* , que l'on découvre cependant encore assez distinctement pour n'avoir aucun doute sur ce mot. Quant aux deux premiers mots , il ne peut y avoir plus de doute sur les caractères qui les formoient. On distingue encore le T, première lettre dont la sommité & la base ne sont point couvertes ; on distingue aussi les bases des lettres *U. E. R.* dudit premier mot; on voit même par la dernière des petites courbes qui restent visibles de ce mot, que l'R. étoit en cette forme *V.* Par ce qui reste de la lettre *L* à sa sommité & à sa base, & des deux autres lettres à leur base seulement, on est convaincu que ce deuxième mot étoit le mot *les* ; & enfin que ces trois mots ont pour auteur celui du surplus de la pièce.

De la quinzième liasse, la troisième, qui est une chanson de cinq couplets, intitulée : *Air du vieillard républicain.*

La quatre-vingt-deuxième pièce de cette même liasse, qui est d'une même feuille de papier, les caractères tracés sur le verso seulement, lequel commence par ces mots : *Bachelard, horloger.* Le reste de cette pièce est du prévenu *Babœuf.*

La quatre-vingt-troisième pièce, qui est aussi une demi-feuille de papier dont les deux côtés ont été écrits par le prévenu *Darthé* ; savoir, le recto, à compter seulement du quatrième article, numéroté 545, les premières lignes ayant été tracées par le prévenu *Babœuf.*

Comparant donc toutes ces pièces à celles de comparaison dudit *Darthé*, ledit expert déclare avoir trouvé la plus grande identité dans les caractères des unes & des autres, même dans ceux de la missive adressée au ministre de la police, quoique, pour ceux ci, l'auteur ait adopté le genre de l'écriture ronde, qui n'est pas celui dont il se sert ordinairement. Malgré cette différence, on voit par la situation pleine de la plume, par la conduite des liaisons, par leur arrangement dans les jambages, par la tendance de ces derniers à la courbe ; enfin, par un grand nombre de semblables habitudes caractérisées de la même manière dans les unes & les autres pièces, que les écritures des vingt-six à conviction, précédemment citées, ont été tracées naturellement par le prévenu *Darthé.*

Pour démontrer ce fait, le déclarant va indiquer dans les pièces de comparaison, notamment dans celles sous les numéros, 34 & 35 de la huitième liasse, une partie des identités les plus frappantes : ce que l'on trouvera de même dans les autres pièces à conviction, en les rapprochant des susdites de comparaison.

1°. Les D ma ontre les mots *Des, Darthé, Dupuis*

des premières lignes de la missive au ministre , celui du mot *Dufour* de l'Adresse , ceux des mots *Dufour*, *Didier*, quatrième & huitième lignes, première page du carré de papier ; la première partie de tous lesquels *D* est très-penchée, où le trait de la base est horizontal , où la partie remontante coupe la partie descendante , se trouvent de même forme, de même genre & de même goût, aux diverses pièces à conviction : notamment au mot *Disposer*, vingt-neuvième ligne , première page de la pièce trente-quatre & trente-cinq de la huitième liasse ; aux mots *Dijon*, *Delnos*, douzième & vingtième lignes , quatrième page de ladite pièce. L'identité de ces *D* , leur emploi comme lettres majeures au commencement de mots qui ne l'exigent point , ne laissent aucun doute qu'ils sont d'une même main.

2°. Il en est de même des *B* majeurs qui sont aux mots *Buonarotti*, deuxième ligne, première page ; *Braver*, dernière ligne , deuxième page du carré de papier de comparaison, qui, par leur forme, leur pente, ne font qu'un avec ceux répandus dans les pièces à conviction, comme le prouvent les deux mots *Boulanger* & celui *Béthune* , étant à la seconde ligne , première page, dixième & vingt-huitième lignes , quatrième page de la pièce cotée trente - quatre & trente-cinq de la huitième liasse.

3°. Les *L* qui sont aux mots *l'adresse* , troisième ligne ; *Legnelot*, huitième ligne ; *Leclerc*, onzième ligne ; *l'Éclaireur* , *Libre* , quinzième ligne du carré de papier de comparaison, dont la partie descendante est roide par l'effet de l'action dominante du poignet, sont absolument les mêmes que celles répandues dans les vingt-six pièces à conviction, & qui commencent plusieurs des lignes de la première page de la pièce cotée trente - quatre.

4°. L'auteur desdites pièces de comparaison a deux habitudes différentes à l'égard des *P* mineurs ; en en-doublant toujours la queue. Aux uns, cette queue a une tendance à la courbe, & la dernière partie formant le corps de la lettre eſt très-courbée, lorſqu'aux autres, les traits de la queue ſont roides & penchés; & la dernière partie, au lieu d'être arrondie, eſt redeſcendue ſur la partie remontante de la queue. Ces deux genres de *P* ſe trouvent au mot *Papillon* de l'Adreſſe de comparaiſon; aux mots *prévenu*, *précédés*, de la miſſive; aux mots *pièce*, *département*, *répondre*, *pourroit*, *plus*, première, ſeconde, dix-huit, vingtième & vingt-uniè-me; première page du carré de papier, & également dans les pièces à conviction citées. Le ſeul mot *peuple* qui eſt à la vingt-cinquième ligne, première page de la pièce cotée trente-quatre & trente-cinq, les renferme tous deux: or la réunion de ces deux habitudes dans une même lettre aſſure de plus en plus l'unité d'auteur, entre ces diverſes pièces de queſtion & de comparaiſon.

5°. Ce qui l'aſſure encore d'une manière péremptoire, ce ſont non-ſeulement les *S* minuſcules qui ſont très-courbées & boutonnées; mais encore les doubles *S* qui renferment des particularités dans leur aſſemblage, & qui ſont de même forme, de même genre & de même goût dans les pièces à conviction qu'aux pièces de comparaiſon, comme le prouve le rapprochement du mot *poiſſonnière* de l'Adreſſe, des mots *l'adreſſe*, *aſſiſté*, troiſième & huitième lignes du carré de papier; du mot *paſſer*, de la petite bande de papier ſervant de complément à ce carré; aux mots *baſſe*, *néceſſaire*, *claſſe*, *huſſards*, *chaſſeurs*, cinquième, dix-huitième, vingt-quatrième, vingt-ſeptième & vingt-huitième lignes, première page de la pièce à conviction, cotée trente-qua-trième, & à preſque tous les mots contenant deux *S*, qui ſont répandus dans vingt-ſix pièces à conviction de cet auteur.

6°. Si, nonobſtant toutes ces identités, il reſtoit encore quelques doutes ſur l'unité d'auteur entre ces pièces de comparaiſon & de conviction, le rapprochement du mot *chez*, du carré de papier, neuvième ligne, première page d'icelui, du mot *chez*, avant-dernière ligne, première page de la pièce cotée trente-quatre, ne pourroit que les lever.

L'écart du *C* & de l'*H*, la liaison de ladite lettre *C* & celle de l'*H*, la forme de cette dernière lettre & des deux suivantes, l'ensemble enfin de ces deux mots est tel, qu'il est impossible qu'ils soient les productions de deux mains : & s'ils sont d'un seul auteur, il en est ainsi de toutes les vingt-six pièces à conviction ci-devant citées, où se trouvent les mêmes habitudes dans la forme & l'ensemble des caractères qui les composent.

Examen fait des pièces de comparaison tracées par le prévenu *Germain*, & rapprochement fait de ces pièces à trois autres de conviction non reconnues par ledit prévenu, dont l'une est sur une bande de papier commençant par ces mots, *Je ne sais si vous êtes*, les deux autres sont sur des demi-feuilles de papier à lettre. La première, cotée treize, commence par ces mots, *J'ai vu, ce matin, Massard*; la seconde, cotée troisième, commençant par ceux-ci, *Nous devons-nous réunir*; le déclarant s'est persuadé, par son examen, que la première de ces trois pièces, celle qui commence par *je ne sais si vous êtes*, n'est point du prévenu Germain; qu'elle ne peut lui être attribuée. Les caractères de cette pièce ont une sécheresse dans le toucher, que n'ont point ceux des pièces de comparaison; ils sont généralement plus angulaires, & les habitudes dans la forme & l'assemblage de ces caractères sont très-opposées à celle que l'on reconnoît dans lesdites pièces de comparaison. Quant aux deux autres pièces à conviction, elles sont bien réellement du prévenu Germain, ainsi que beaucoup d'autres qui sont dans les liasses, & que le déclarant n'annonce pas ici, à cause que ledit Germain les a reconnues. En se bornant donc aux trois qu'il a été chargé de vérifier, il va démontrer par les observations suivantes, que celles qui commencent par ces mots : *J'ai vu, ce matin Massard* ═ *Nous devons-nous réunir*, ont été tracées par ledit Germain.

La situation de la plume, le degré d'appui, la direction des lettres, les habitudes individuelles dans leur forme & leur assemblage, se trouvant exactement les mêmes dans ces deux pièces à conviction que dans les pièces de comparaison du prévenu Germain, comme le prouvent les *C* majeurs qui sont jetés en-dessous & non bouclés à leur sommité; les *C* mineurs qui sont pochés d'encre, & toujours élevés, contre l'usage, au-dessus de la sommité des autres lettres, quelque place qu'ils occupent dans les mots; les *D* majeurs, dont la première partie est très-penchée, & précédée d'un trait oblique en montant, dont la seconde la coupe au-dessous de sa sommité, & dont l'emploi est très-fréquent dans lesdites pièces, aux mots qui n'exigent point de lettres majeures; les *P* majeurs, dont le trait descendant formant leur première partie, n'est dans lesdites pièces qu'une espèce de point vers la base de la partie remontante; les *R* aussi majeures, qui sont commencées comme les *P*, & dont la partie descendante est brisée & bouclée au milieu; les *g* mineurs, comme ceux des mots *Rossignol* & *agens* de ces deux pièces de question, où la dernière partie de l'*O* est croisée par la partie descendante; les *P* mineurs à queue doublée, qui sont rarement arrondis à leur partie finale, & dont le passage aux différentes lettres qui les suivent, est exactement le même : la réunion de tant d'objets aussi particuliers, ne pouvant se trouver dans les productions de deux mains, il en résulte que ces pièces de question & de comparaison sont d'une seule.

Pour déterminer quelques-uns des objets que le déclarant vient de citer, il indique le *D* majeur du mot *Discrétion*, troisième ligne de la première pièce de question; celle commençant par ces mots, *J'ai vu, ce matin, Massard*; ceux des mots, *Dernières*, *Drouet*, troisième & sixième lignes de l'autre pièce, commençant par ces mots, *Nous devons-nous réunir*, pour les comparer à ceux des mots *Disoient*, 7e. ligne; *Détacher*, 9e. ligne; *Devoient*, 10e. ligne; *Défenses*, 12e. ligne; *Deux*, 15e. ligne, première page de la pièce de comparaison, commençant par ces mots : *Ce matin, les légionnaires*. Il indique aussi, ledit expert, les lettres *X*, *&*, des unes & des autres pièces, dont la configuration eſt très-particulière, & dont l'identité entre elles eſt déciſive; & encore le *V* majeur du mot *Vu*, première ligne de la pièce à conviction, cotée *treize*; & celui du mot *Voulpit*, huitième ligne de la pièce de comparaiſon, cotée *première page*, qui, par leur forme alongée & leur pente, aſſurent de plus en plus que l'auteur des pièces e comparaiſon eſt celui de ces deux pièces de queſtion. Une habitude très-particulière de l'auteur de ces pièces de comparaiſon eſt de boucler la queue des lettres *Q*, comme il eſt d'uſage à l'égard de celle de *G*; & cette habitude, très-caractériſée dans leſdites pièces de comparaiſon, ne ſe voit pas dans celles de queſtion ci-devant déſignées, ce qui ſembleroit détruire les obſervations précédentes. Mais le déclarant obſerve que cet auteur fait auſſi accidentellement les *Q*, tels qu'on les voit; ſavoir, l'un au mot *Que*, ſixième ligne de l'une des pièces de queſtion; & l'autre, au mot *Quatre*, ſeconde ligne de l'autre pièce; ſavoir, à queue doublée, dont les deux traits ſont détachés comme celui dudit mot *Que*; & à queue ſimple, comme celui du mot *Quatre*: voir pour cela le mot *Que*, dix-ſeptième ligne, première page de la pièce de comparaiſon, commençant par *Paris*, *à huit heures du ſoir*, où non-ſeulement la lettre *Q* eſt de même, mais dont l'identité eſt parfaite à l'égard de tout le mot, & celui de queſtion que l'on vient de citer; voir auſſi, pour le *Q* du mot *Quatre*, celui du mot *Quartier*, vingtième ligne, ſeconde page de la pièce de comparaiſon, cotée *Cinq* : or ces deux lettres *Q*, qui d'abord paroiſſent contredire les obſervations précédentes, les corroborent, en les voyant les mêmes dans les écrits de comparaiſon.

De toutes leſquelles remarques & obſervations il réſulte, ainſi que le penſe ledit témoin expert, dans toute l'intégrité de ſa conſcience,

1°. Que le prevenu Babœuf, auteur d'une grande quantité de pièces à conviction, l'eſt auſſi de différentes corrections & additions à la pièce intitulée, *Liſte des démocrates à joindre à la Convention nationale*, qui eſt la première de la septième liasse, & même des caractères formant le titre de ladite pièce ;

2°. Que le prévenu Buonaroti est auteur de la majeure partie de cette même liste, & de treize autres pièces; savoir, des onze, douze & treizième de la seconde liasse ; des dixième & dix-huitième de la sixième liasse ; des quatorzième, quarante-deuxième, quarante-troisième, quarante-cinquième, quarante-sixième, quarante-septième & soixante-quatrième de la septième liasse ; & encore d'une note en marge de la trente-cinquième pièce de la huitième liasse ;

3°. Que le prévenu Darthé est auteur en totalité ou en partie de vingt-six pièces; savoir, de la totalité (sauf le titre de la première), de quatorze pièces de la première liasse, les première, deuxième, troisième, quatrième, cinquième, dixième, quatorzième, quinzième, seizième, dix - septième, dix - huitième, vingt - deuxième, vingt-quatrième & vingt - septième ; d'une partie de la dix-neuvième pièce de la seconde liasse ; de la neuvième pièce de la sixième liasse, & d'une partie de la vingt-unième pièce de la même liasse ; de la treizième pièce de la sep-tième liasse, de la quinzième pièce de la même liasse, d'une partie de la quarante-neuvième & de la totalité de la quatre-vingt quinzième pièce, même liasse ; des trente-quatrième & trente-cinquième pièces de la huitième liasse, lesquelles n'en font qu'une par leur contexte qui fait suite, & dont la première ligne contenant ces trois mots, *Tuer les Cinq*, se trouve couverte en partie par le trait d'une fermeze faisant suite à un B majeur, mis au haut de la première page de cette pièce ; de la troisième pièce de la quinzième liasse; de la quatre-vingt-deuxième pièce de cette même liasse, en égard seulement aux caractères du *verso* de ladite pièce ; enfin, qu'il est auteur de la presque totalité de la quatre - vingt - quinzième pièce de ladite quinzième liasse ;

4°. Que le prévenu Germain, auteur d'une grande quantité de caractères étant aux pièces de conviction, formant les vingt-deux liasses ci-devant énoncées, nomment des mots *Ch. Germain* qui sont à la deuxième colonne, première pièce de la septième liasse, est aussi auteur de deux pièces à conviction : l'une, cotée treize, commençant par ces mots : *J'ai vu, ce matin, Massard* ; l'autre, cotée troisième, commençant par ceux-ci : *Nous devons nous réunir* : lesdites pièces faisant partie de celle de la seconde liasse ; mais qu'il ne l'est pas d'une autre pièce commençant par ces mots, JE NE SAIS SI VOUS ÊTES, laquelle est la quatrième de la même liasse.

Qui est tout ce qu'il a dit savoir.

Lecture à lui faite de sa déclaration, a dit icelle contenir vérité, y a persisté, a requis salaire, & a signé avec nous & ledit commis-greffier; & toutes les pièces de question & de comparaison sur lesquelles ledit témoin expert vient de s'expliquer ont été signées & paraphées dudit témoin seulement, l'ayant été précédemment de nous & dudit commis-greffier.

Signé, Gerard, Harger, Debelle.

Est aussi comparu Jean-François Guillaume, expert écrivain, âgé de soixante-un ans, demeurant à Paris rue Geoffroy-Langevin, no. 318, division de la Réunion : lequel, après avoir eu connoissance des noms, âge, qualité & demeure des prévenus, a dit n'être parent, allié, serviteur ni domestique des prévenus & plaignans.

Et sur la remise à lui faite de différentes liasses, il a examiné, 1°. celles cotées sept, contenant cent pièces, dans le nombre desquelles il déclare avoir observé d'abord celle cotée première, ayant pour titre, *Liste des démocrates à adjoindre à la Convention nationale*, laquelle est écrite sur une demi-feuille de grand papier, divisée en quatre colonnes, dont la première & la troisième contiennent les noms *des départemens*, & la seconde & la quatrième, celui *des patriotes*. Tous ces noms étoient primitivement d'une seule main ; mais ils ont éprouvés des corrections & addi-

tions qui sont de deux ou trois auteurs , ainsi que les rapprochemens le feront voir.

Celle cotée quatorze , écrite à mi-marge sur deux demi-
feuilles de papier plié en deux, commençant sur le premier
recto par ces mots , *Soldats, le moment approche* , & finissant
sur le troisième *verso* par ceux-ci , *faire pâlir les oppresseurs
de la patrie.* Toute ladite pièce , tracée par la même main ,
ainsi que les renvois , ratures & corrections ;

Celle cotée quarante-deux , laquelle est un modèle de
logement à délivrer par les comités révolutionnaires ;

Celle cotée quarante-trois , laquelle est un modèle de
passe-port pour les chargés de mission ;

Celle cotée quarante-cinq , écrite à mi-marge & contenant trois articles , est un modèle d'arrêté *du comité insurrecteur de salut public* ;

Celles cotées quarante-six & quarante-sept sont , comme
la précédente , des modèles *d'arrêtés du comité insurrecteur de
salut public* : la quarante-sixième en deux articles , & la quarante-septième en quatre articles ;

Enfin , celle cotée soixante-quatre , écrite à mi-marge ,
laquelle est un modèle de circulaire datée, seize floréal , &
adressée aux agens ;

2°. Après l'examen de cette septième liasse , il passe à
celle cotée deux , contenant dix-neuf pièces : dans le nombre
d'icelles , il auroit encore observé celle cotée dix , écrite à
mi-marge sur le *recto* d'une demi-feuille de papier , & portant pour titre : *Liste complémentaire des patriotes propres à
commander.* Ce travail paroît incomplet.

Celle cotée onze , écrite sur une demi-feuille de grand
papier pliée en deux , & divisée en deux colonnes ; la première portant pour titre , *Armes & effets de guerre*; & la
seconde, *Subsistances*; en marge de chacune sont des chiffres
marquant l'arrondissement.

Celle cotée douze, écrite sur la demi-feuille , séparée de
la précédente , pliée & divisée, comme elle, en deux colonnes ; la première portant pour titre, *Etat des patriotes*

propres à être employés dans le mouvement; la seconde sans titre.

3°. Puis passant à l'examen de celle cotée sixième, contenant vingt - quatre pièces, dans le nombre d'icelles il auroit observé celle cotée dix, écrite à mi-marge sur deux feuilles de papier, & portant pour titre, *Circulaire aux agens*; cette circulaire contient vingt-deux articles tous de la même main; mais les renvois, ratures & corrections sont de mains différentes.

Celle cotée dix-huit, intitulée, *supplément à la liste des hommes propres à commander*, & contenant cinq noms.

Rapprochement fait entre eux de tous ces contextes, le déclarant les estime être les productions naturelles de l'auteur qui les a tracés, ainsi que le prouvera le résultat du rapprochement fait desdits contextes aux pièces de comparaison suivantes:

1°. A deux lettres adressées par le prévenu Buonarotti au directeur du jury d'accusation, des vingt & vingt-six prairial dernier;

2°. A une autre lettre écrite par le même sur du linge & adressée à sa femme.

Cette dernière pièce de comparaison est remarquable; en ce que la difficulté d'écrire sur du linge rend intéressantes toutes les identités qui se rencontrent entre les caractères de ces trois écrits.

Ayant rapproché d'abord desdites pièces de comparaison, celle de la septième liasse, cotée première, il a remarqué les lettres *a*, initiales des noms de *départemens*, ainsi que les lettres B, C, D, I, L, L, P & T, majeures aussi initiales de question. Rapprochement fait des lettres A de question, des A des mots *au directeur*, *au Temple*, de chaque lettre de comparaison. des C majeurs de question, de ceux des mots *ces*, *ce*, première des cinq & 14ᵉ lignes du premier *recto* de la lettre de comparaison du vingt-six prairial, rien de plus facile à reconnoître que l'identité de

forme

forme & d'habitude desdites initiales *A* & *C* indique unité d'auteur.

Les lettres *D* du mot *directeur*, de comparaison de chaque lettre des mots dites seizième ligne, premier recto, dites huitième ligne verso, & dans la troisième ligne, deuxième recto de la lettre du vingt-six prairial, rapprochées des initiales *D* de question, donnent le même résultat. La lettre *E* des mots *Eure* de question, présente une identité frappante avec celle du mot *&*, dite septième ligne verso de la même lettre de comparaison. *T* de chaque mot *Temple*, de comparaison, ainsi que du mot *toute*, onzième ligne, premier recto de la lettre de comparaison du vingt-six prairial, & *toutes*, seizième ligne, verso d'idem, ainsi que du nom *Thérèse*, aussi de comparaison, tracé sur le linge, dixième ligne, ont la plus grande identité avec celui de question, initial du nom *Tarn*, verso, & à tous ces *T*. En tranchant, on aura la lettre *F* du nom *Finistère*, de question. La lettre *I* & *J* initiales de question sont identiques avec ceux des mots, *Il* & *Je*, première & cinquième lignes de comparaison de la lettre du vingt, & avec les lettres semblables, première & neuvième lignes de celle du vingt-six prairial ; la tête en est sur-tout remarquable ; les cinq lettres *L* initiales de question ont la plus grande identité avec celle du mot *Lors*, dernière ligne verso de comparaison. Le *P* des mots *prairial* des dates, & *Pesez*, dixième ligne, deuxième recto de la lettre du vingt-six, sont d'un goût si particulier à l'auteur de comparaison, qu'il est impossible de ne pas le reconnoître dans la forme de ceux de question. Enfin, les lettres *B* de cet écrit de question, n'ayant avec ceux des signatures de comparaison que des conformités un peu éloignées, à raison de l'illisibilité de cette signature, le déclarant se contentera de les rapprocher de toutes ces syllabes *Bu*, tracées sur le linge ; il observe qu'il est impossible de n'y pas reconnoître la manière de l'auteur de comparaison.

Après avoir rapproché les lettres majeures ci-devant citées, il ne reste plus au déclarant qu'à faire le rapprochement des caractères mineurs : tous sont d'une forme & d'un ensemble si particulier, qu'il lui paroît indifférent de citer l'un plutôt que l'autre ; cependant, pour ne-pas multiplier les citations & établir la preuve d'unité d'auteur, il ne s'attachera qu'à faire observer les lettres *D*, *R*, *S*, *V* & *X*.

1°. La lettre *D*, mineure, est celle dans laquelle on peut remarquer le plus d'incertitude de forme ; cependant, la partie descendante est presque par-tout une espèce de mauvais *E*, & cette habitude est égale dans les *d* de question & ceux de comparaison.

2°. Les lettres *r*, *s*, mineures, sont de deux espèces particulières & remarquables ; celle de *coulée*, telle qu'elle seroit aux mots *recevoir*, *rien*, & *relatif*, cinq, six & septième lignes de la lettre de comparaison du vingt prairial ; aux mots *recours*, première ligne ; & *rigueur*, onzième ligne, premier verso de celle du vingt-six dudit ; & au mot *rien* tracé, sur le linge, 7e. ligne, & celle de bâtarde dont l'auteur fait le plus d'usage : on en voit peu de l'autre espèce dans ses écrits : il ne se l'est rendue familière que depuis le vingt prairial ; car on n'en apperçoit pas d'autre dans sa lettre du vingt-six, & dans ses paraphes du vingt-neuf dudit. Quoi qu'il en soit, on n'a dans la pièce de question susdite de la main du prévenu *Buonarotti*, que de la forme bâtarde ; cette forme lui est si particulière, qu'il ne faut que rapprocher ses lettres *r* de celles répandues dans la lettre du vingt prairial, & tracées sur le linge, pour être convaincu que toutes n'ont qu'un seul & même auteur, en ce qu'elles sont le résultat d'un goût & d'une habitude unique.

3°. Les lettres *S* longues, tant de question que de comparaison, sont évidemment d'une habitude invincible, surtout placées à la fin des mots. Cette identité suffiroit seule pour établir l'unité d'auteur.

4°. Les lettres *V* des noms *Aveyron* & *Calvados* de question, sont tellement identiques avec ceux des mots *vi*

& *n'avons*, troisième ligne de la lettre du vingt-cinq prairial, *votre* & *vous*, première ligne de celle du vingt-six dudit, qu'elles ne font qu'ajouter aux preuves déja acquifes de l'unité d'auteur.

5°. Les lettres *X* du mot *veux*, fixième ligne de la lettre du vingt prairial, des mots *auxquelles* & *fix*, troifième ligne de celle du vingt fix dudit, rapprochées de celle du nom *Deux-Sèvres*, donnent le même réfultat.

En faifant fur ceux des noms des patriotes qui font de la main du prévenu Buonarotti & faciles à diftinguer, les mêmes rapprochemens que fur ceux des départemens, on trouveroit encore les mêmes réfultats : on ne fera obferver ici que le nom *Buonarotti*, pour montrer combien les lettres *B u* font identiques avec les mêmes lettres tracées fur le linge, & comme ce nom diffère des fignatures de *Buonarotti*, quoique le tout foit de la même main.

Le déclarant ne s'expliquera fur les autres pièces tracées par le même prévenu, que d'après les mêmes citations: ainfi, fur celle cotée 14ᵉ, il fe contentera d'indiquer les lettres majeures *P* & *C*, troifième ligne; *L* feizième ligne, premier recto; les lettres *B* & *T*, dixième ligne, premier verfo; la lettre *P*, troifième ligne, deuxième recto; la lettre *P*, feptième ligne de correction, deuxième verfo; *T*, troifième ligne, troifième recto; enfin, le *P*, dernière ligne, troifième verfo.

A l'égard des lettres mineures, il préfentera les lettres *D*, *R*, *S*, *V* & *X* de toutes les pages; car le tout étant de la main du prévenu Buonarotti, il fe réfère aux obfervations déja faites fur chacune de ces lettres.

Sur celle cotée quarante-deuxième, il citera les majeures *B*; *E*, *C*, *L*, *P*, puis le *V* mineur du mot *vertu*, première ligne; l'*r* du mot *rue*, fixième ligne, lefquelles font femblables à celles des mots *recevoir*, *rien* & *relatif*, cinq, fix & feptième lignes de la lettre de comparaifon du vingt prairial; & enfin les *S* longues employées comme dit eft.

Sur la quarante-troisième, il fera observer les deux *P* majeurs, le *T* du mot *taille*, & la lettre *F* du mot *française*; les autres observations communes avec les précédentes.

Sur les pièces cotées quarante-cinq, quarante-six & quarante-septième, le déclarant se réfère aux mêmes observations.

Enfin, le déclarant les étendra encore à la pièce cotée soixante-quatrième de la même septième liasse.

Deuxième liasse.

De cette deuxième liasse, la pièce cotée dix, intitulée, *Liste complémentaire*, &c., & datée *du 13 floréal*, contient un nombre considérable d'identités : 1°. Les lettres majeures *B* des deux colonnes; 2°. les lettres majeures *L*, quatrième & cinquième lignes, première colonne; 3°. la lettre majeure *E* du mot *Énergique*, dernier de la seconde colonne; 4°. les lettres *P* des noms *Porquet*, *Petit*, *Piques*, *Perte* & *Poseur*, première colonne, ainsi que du mot *Patriotes* du titre cinq; les *T* aussi majeurs des mots *Trésor*, *Tapissier*, *Tuileries*, première colonne; le déclarant se contentera d'indiquer parmi les mineures les lettres *R* bâtarde & *S* longues.

Sur celle cotée 11.ᵐᵉ, le déclarant ne peut que répéter les citations déja faites sur la précédente; il ajoutera par surabondance, qu'on peut encore voir combien la forme des *F* des mots *Floréal*, & en abrégé *Fauxbourg*; première colonne; & *Farines*, premier mot de la seconde, sont, au tranchant près, identiques avec les *T* des mots *Temple*, de comparaison; & enfin, que l'identité des lettres *S* & *X* mineurs ne peut faire douter de la main qui les a tracées sur cette dernière pièce, sont une correction & une addition d'une autre main.

Sur la pièce cotée douzième, le déclarant indiquera les majeures *B*, *C*, *F*, *L*, *T*, ainsi que les mineures ci-dessus citées.

Sixième liasse.

Sur la pièce de cette sixième liasse cotée dixième, il est facile de remarquer l'identité de la lettre L, majeure du titre, & les autres répandues dans les six pages de cette pièce, avec celle du mot *lors*, dernière ligne, *verso* de comparaison : les lettres majeures A & D du titre, & les lettres T & P, première & dernière lignes du premier *recto*, sont identiques avec celles de comparaison : on peut s'assurer en même temps de l'identité des lettres C & D majeures, ainsi que de celle des lettres mineures D, R, S, V & X, répandues dans cet écrit ; le déclarant croit devoir faire observer que la correction écrite sur le premier *verso*, celles écrites sur le second *recto* & le second *verso*, les six dernières lignes exceptées ; celles écrites sur le troisième *recto*, trois ou quatre mots exceptés, & les onze dernières lignes du troisième *verso*, sont d'une autre main.

Enfin, sur la dix-huitième, qui est un supplément *à la liste des hommes propres à commander*, le déclarant se réfère aux observations précédentes qu'il est facile d'étendre aux mêmes lettres de cette pièce, cotée dix-huitième, laquelle est divisée en deux colonnes.

Huitième liasse.

Dans cette liasse existent les mots tracés en marge de la pièce cotée trente-cinq, *recto* : *Menou*, près *du pavillon Montmartre*, nº. 28 ou 39. Tous ces caractères, & particulièrement les lettres B, V, X & S longues, présentent les mêmes identités que les précédens. Le déclarant a d'iceux la même opinion, & terminera ici le rapprochement des caractères tracés par le prévenu *Buonarotti*.

Revenant à la septième liasse, le déclarant a observé que sur la pièce d'icelle cotée première, il y avoit nombre d'additions & de corrections de différentes mains : ayant rapproché ces additions & corrections de différentes mains, des écrits tracés & reconnus par le prévenu *Babœuf*, il est demeuré convaincu que le plus grand nombre, ainsi que le

titre, étoient de sa main ; & par la comparaison qu'il va
en faire avec la lettre que ce prévenu a adressée au Directoire,
le 23 floréal an 4, il pense qu'on aura, ainsi que lui, l'intime conviction que ces caractères ne peuvent être émanés
que de ce *prévenu* : d'abord, la pente des caractères, leur
forme, & la situation de la plume, sont de la plus grande
identité avec ce que présente la lettre de comparaison, &
peut servir à indiquer tout ce qui est de sa main : ainsi le
titre, les mots *Trevoux*, de *Réunion-sur-Oise*, *Dubreuil* de
Givet, de *Narbonne*, d'*Arles*, &c., sont évidemment
émanés de G. Babœuf. Ces noms se trouvent dans les
colonnes consacrées aux noms des *démocrates*; car dans
celles destinées aux noms des départemens, il n'y a de sa
main que le nom *Rhône-&-Loire*. Passant au rapprochement
particulier, il présentera 1°. le mot *démocrates* du titre,
rapproché du mot *démocratie*, quatrième ligne, premier
verso de comparaison; les lettres M, N & T, mineurs,
avec le tranchant de ceux-ci ; les lettres A & leurs accens. Ces rapprochemens suffiroient seuls pour convaincre
de l'identité d'auteur : mais comme il est facile d'en ajouter
d'autres, attendu que tous ces caractères ont été tracés
naturellement, qu'ils n'ont rien de factice & d'imité, il
en résulte que cette réunion d'identités est absolument particulière, & ne peut indiquer qu'un individu. Pour continuer le rapprochement, le déclarant citera les mots de
question *Réunion-sur-Oise*. Quelle identité entre ces
caractères & ceux de comparaison, particulièrement entre
cette lettre R & celles des mots *République* & *Regarderiez*, date & première ligne du premier *recto* de comparaison ! On peut étendre cette observation aux noms de
question *Robin* & *Renaud*, quatrième colonne. La lettre G
du mot *Givet*, deuxième colonne ; ceux des noms *Geoffroy*
& *Gonnet des Gardes-Françaises*, quatrième colonne, sont
identiques avec ceux des signatures & paraphes de ladite
lettre de comparaison; la lettre N du mot *National* du titre
donne le même résultat rapproché de celle du mot *N*, trei-

zième ligne, *recto* de comparaison. Pour ne rien laisser à désirer sur ce rapprochement, le déclarant ajoutera celui des lettres majeures M & P des noms *Maréchal*, *Monroy*, *Pillé* de *Montargis*, avec les lettres M des mots *Mais*, vingt-cinquième ; *Moy*, vingt-neuvième & trente-septième lignes de comparaison, & les lettres P du mot *Paris*, date de comparaison ; *Peuple*, dix-septième ligne ; le tout premier *recto* de comparaison, & autres ; celui de la lettre V du nom *Vacret* avec ceux des mots *vous*, vingt-neuvième ligne, premier *recto* ; *vous*, quatrième ligne, premier *verso*, &c. ; enfin, celui de la lettre B du nom *Bulles*, quatrième colonne, avec ceux du nom *Babœuf*, signature & paraphe du prévenu : tous ces rapprochemens sont plus que suffisans pour établir l'unité d'auteur.

Le déclarant ajoute qu'il est facile de reconnoître la main dudit prévenu dans la plupart des additions & corrections qui se voient aux autres pièces attribuées à Buonarotti ; & c'est par cette observation que le comparant terminera sa déclaration relativement audit Babœuf.

Sur les différentes pièces attribuées au prévenu *Darthé*, le déclarant s'expliquera principalement sur celles de la huitième liasse, cotée trente-quatre & trente-cinquième, lesquelles, quoique faisant suite, supposent des parties antécédentes & subséquentes. Ces parties semblent exister, 1°. dans la pièce, deuxième liasse, cotée neuf, où sous les noms de *tableau des opérations essentielles*, on indique des opérations propres à figurer à côté de celles qu'offrent lesdites pièces de la huitième liasse, cotée trente-quatrième & trente-cinquième, quoiqu'elle soit écrite, & par une autre main, & sur d'autre papier.

2°. Dans la pièce de la septième liasse cotée treize, laquelle dite pièce est entièrement de la main du prévenu *Darthé*, & écrite sur du papier semblable à celui des pièces de la huitième liasse, cotées trente-quatre & trente-cinq.

3°. Dans la pièce de la seconde liasse cotée dix-neuf,

laquelle est, comme les précédentes, de la même main, &
sur du même papier.

Revenant donc aux pièces de la huitième liasse cotées trente-
quatrième & trente - cinquième, ainsi qu'à celle de la
septième liasse cotée treize ; il observe à l'égard desdites
pièces que, quoique tracées par la même main, elles ne
l'ont pas été avec la même célérité. L'inspection seule des
caractères suffit pour s'en convaincre ; & pour établir l'unité
d'auteur, le déclarant offrira la situation de la plume, la
pente des caractères, la forme invariable de quelques-uns :
telle que celle des P, des L majeures, des S redoublées.
L'emploi de ces caractères est si fréquent, qu'il a cru inutile d'en citer quelques-uns. Que si l'on veut ajouter à ces
identités, on peut rapprocher le mot *tyrans*, première ligne,
& le mot *ennemis*, douzième ligne, *verso* de la pièce cotée
trente-quatre, des mêmes mots dix-huitième & vingtième
lignes *recto*, de celle cotée trente-cinquième ; plus, le mot
tyrannie, ante - pénultième ligne *recto* de la pièce cotée
trente-quatre, du même mot ; quinzième ligne, *verso*, de celle
cotée trente-cinq. L'identité de main une fois établie entre
les caractères de ces deux pièces par les rapprochemens ci-
dessus indiqués, il ne reste plus à établir que celle des mots,
tuer les cinq, première ligne de la pièce cotée trente quatrième, & en partie couverte par la termeze du paraphe de
G. Babeuf. D'abord il est évident que ces caractères sont li-
sibles ; que la pente & la forme d'iceux est identique avec
celle des mots suivans, ainsi que le prouve l'identité du mot
les, rapproché du mot *les*, vingt-quatre, vingt-six & vingt-
neuvième lignes de cette page celle du *c* du mot *cinq*,
avec celui du mot *commandant*, quatrième ligne, même
page ; enfin, celle des lettres *in* avec les mêmes du mot
ministre, deuxième ligne, & celle de la lettre *q* avec tous
ceux de la même page : d'où il faut conclure que c'est la
même main qui a tout écrit.

Avant de rapprocher ces deux pièces d'une lettre écrite
sur un carré & une petite bande de papier, & souscrite

Darthé, nom du prévenu, le déclarant a cru devoir s'affurer de l'état de cette lettre. En ayant donc obfervé les caractères, il les a trouvés tracés naturellement au courant de
la plume, fans héfitation ni fimulation quelconque ; & s'étant
pénétré des habitudes de l'auteur de cette lettre, il y a reconnu celles de l'auteur des pièces de queftion fufdites, dans
la forme des lettres majeures, des *p* & des *f* fimples &
doubles. A ces identités qu'il ne fait qu'indiquer, il ajoutera celle des lettres majeures B, des noms *Bœhœuf*, *Buo-
naretti* & *Babille*, deux, fix, fept, & onzième lignes, premier côté, de ceux des mots *Boulanger*, deuxième ligne ;
Bethune & *Boulangers*, dixième & vingt-huitième *verfo*,
de la pièce cotée trente-cinquième. Les majeures D des
noms *Dufour* & *Drouet*, quatrième & quatorzième lignes de
ce premier côté, ainfi que de la fignature *Darthé*, de comparaifon, font identiques avec ceux des noms *Dijon* &
Delnot, douzième & vingtième lignes, *verfo* de la pièce cotée
trente-cinquième. A ces obfervations le déclarant pourroit en
ajouter fur les lettres mineures *b*, *f*, & z ; mais il eftime les
précédentes contenir une réunion particulière d'habitudes
fuffifantes pour établir l'unité de l'auteur.

Afin de prouver l'unité d'auteur entre toutes les pièces
citées ci-deffus, & celle de la feptième liaffe cotée treizième, le déclarant fera obferver, outre le papier de cette
pièce, dont la pâte & la marque font les mêmes, les caractères qui y ont été tracés, dont la forme & les habitudes
font tellement celles du prévenu *Darthé*, que l'identité eft
frappante. Auffi le déclarant ne fera-t-il qu'indiquer à l'œil
obfervateur, les lettres *L* majeures, les lettres *P* & *S* mineures fimples & doubles, ainfi que les lettres *B*, *F* & *Z*
auffi mineures.

Sur la pièce de la feptième liaffe, cotée quinze, le déclarant fe réfère à fes obfervations précédentes.

Sur celle cotée quarante-neuvième de la même liaffe, il
ne préfentera que les B majeurs ligne trois, & vingt-deux
première colonne feulement.

Et sur celle cotée quatre-vingt-quinze , toutes les obfer-vations précédentes : il ajoutera feulement que rien n'eft plus frappant que l'identité de ces mots du titre *G. Babœuf à Drouet* , avec les pièces de comparaifon.

Sur celles de la fixième liaffe fe trouve peu d'écritures ; obferver les *B* des *L* majeures & *S* doubles , de celle cotée neuf , & les lettres mineures *B* , *P* , *S* fimples & doubles , de celle cotée vingt-unième. deuxième recto.

Les pièces de la première liaffe , cotée une , deux , trois , quatre , cinq , dix , quatorze , quinze , feize , dix-fept , dix-huit , vingt-deux , vingt-quatre & vingt-fept , ne conte-nant chacune que quelques noms , le déclarant leur appli-quera collectivement les obfervations précédentes , & fera remarquer particulièrement les *B* des noms *Brutus* , *Bon-confeil* , *Bonnet-rouge* , &c.

La pièce de la feconde liaffe cotée dix-neuf , & écrite en entier de la main de *Darthé* ; le déclarant l'adjoindra à celle de la huitième liaffe , cotée trente-quatrième & trente-cinquième , c'eft le même papier , ce font les mêmes ca-ractères à obferver , & on peut bien affurer qu'elle en eft par le fens une partie additionnelle.

Le déclarant ne peut que fe référer à fes précédentes obfervations , à l'égard des pièces de la quinzième liaffe cotée troifième & quatre-vingt-deux verfo & quatre-vingt-trois , & terminera ici fes obfervations fur les écrits tracés par le prévenu *Darthé*.

Paffant enfuite à l'examen des pièces attribuées à Charles Germain , autre prévenu , le déclarant a obfervé dans la feconde liaffe , les pièces cotées troifième & treizieme fignées des initiales *Ch. G.* , & une troifième anonyme ; les deux pre-mières écrites , l'une fur un quarré de papier , & datée du vingt floréal , & l'autre fur une demi-feuille de papier à lettre , & datée du dix dudit , font toutes deux des billets dits , *Rendez-vous.* Ils font tracés avec cette négligence ordinaire dans ces fortes d'écrits : en conféquence les caractères en font négligés , & par conféquent naturels , & très-propres à indiquer leur auteur. Les ayant rapprochés des pièces de la même liasse cotées cinq, six, sept, quatorze & dix-septième signées *Ch. G.*, & de lui paraphées, ce rapprochement a donné lieu aux observations suivantes.

D'abord il est évident que les pièces cotées cinq, six & septième, & qui font suite, ont été tracées par la même main, ainsi que le prouvent le degré de vitesse, la forme des lettres, & leur ensemble, enfin toutes les habitudes qui s'y remarquent : les mêmes preuves pouvant s'étendre à celles cotées quatorze & dix-septième, il est évident que ce qui se dit de l'une, peut se dire également de toutes, & partant, qu'elles sont toutes également propres à la comparaison dont il s'agit.

Rapprochement fait des caractères desdites pièces, de ceux du billet du vingt floréal, le déclarant a observé entre ceux-ci, la date exceptée, & les autres, toutes les identités qui indiquent l'unité d'auteur ; la forme des lettres majeures *D* & *R* du billet est identique avec celle des mêmes lettres des lignes première, deuxième, troisième, & autres, recto de la pièce de comparaison, cotée sixième ; les lettres *P* aussi majeurs des mots *principaux*, troisième ligne, & *preuve* septième ligne du billet, ont la même identité avec ceux des quatrième & cinquième lignes du même recto : le mot *office*, dernier de la septième ligne recto de comparaison, rapproché du mot *officieux*, sixième ligne du billet de question ; enfin les lettres mineures *P, Q, V*, & autres, que tout œil peut appercevoir, offrant une réunion d'identités plus que suffisantes pour établir l'unité d'auteur ; tant il est physiquement impossible qu'une telle réunion puisse se rencontrer dans deux mains.

Ayant le même jugement à porter sur celui du dix floréal, le déclarant indiquera les mêmes rapprochemens de caractères & la même exception de date que sur le précédent ; il ajoutera d'abondant, l'identité des monogrammes, &c. celle de la lettre M du nom *Massard*, première ligne du billet, avec celle du nom *Marceau*, première ligne du susdit recto de comparaison, & celle de la lettre J des mots première & seconde lignes de question avec la même lettre J du mot *Judicieux* dernière ligne du même *recto* de comparaison.

Quant au billet coté, étant dans la même deuxième liasse, & commençant par ces mots, *Je ne sais si vous êtes*, le déclarant n'a trouvé, dans ce billet, aucune identité qui puisse le porter à l'attribuer à Ch G. Les caractères de celui-ci offrent, au contraire, des différences d'autant plus faciles à appercevoir, qu'ils ont été tracés naturellement : d'ailleurs, Ch. Germain lui paraît avoir l'habitude de souscrire tout, ou de sa signature, ou d'une espèce de paraphe ; or, ici on n'apperçoit nulle trace de l'un ou de l'autre : on y apperçoit aussi quelque différence dans l'orthographe, telle qu'un *t* au nom Massart, tandis que le prévenu l'écrit toujours avec un *d* : ainsi il croit avoir démontré que ce billet n'est point émané de Ch. Germain.

De toutes lesquelles remarques & observations, l'expert déclarant fait résulter qu'il en a l'intime conviction : 1°. Que le prévenu *Buonarotti* a écrit la plus grande partie de la pièce de la septième liasse, cotée première & intitulée, *Liste des démocrates à adjoindre à la Convention nationale* ; qu'il a aussi écrit en entier celle cotée quatorze, ainsi que celles cotées quarante-deux, quarante-trois, quarante-cinq, quarante-six, quarante-sept & soixante-quatre de la même liasse ; qu'il a également écrit celles de la seconde liasse, cotées dixième, onzième & douzième : enfin qu'il a encore écrit celles cotées dixième & dix-huitième de la sixième liasse, ainsi que quelques mots en marge de la pièce cotée trente-cinq, *recto* de la huitième liasse.

2°. Que le prévenu *G. Babœuf* a écrit naturellement la plus grande partie des additions, corrections & substitutions étant à la liste indiquée ci-dessus, ainsi qu'à nombre d'autres pièces écrites par *Buonarotti*.

3°. Que le prévenu Darthé a écrit en entier les deux pièces de la huitième liasse, cotées trente-quatre & trente-cinq ; qu'il a également écrit celles de la septième liasse, cotées

treize, quinze, quatorze-neuf & quatre-vingt-quinze; qu'il
a auffi écrit celles de la dixième liaffe, cotées ... & vingt-
unième, ainfi que les pièces de la première liaffe, cotées une,
deux, trois, quatre, cinq, dix, quatorze, quinze, feize, dix-
fept, dix-huit, vingt-deux, vingt-quatre & vingt-feptième;
enfin, qu'il a encore écrit celle de la deuxième liaffe, cotée
dix-neuvième, ainfi que celle de la quinzième liaffe, cotée
trois, quatre-vingt-deuxième, verfo, & quatre-vingt-troi-
fième.

4°. Que le prévenu Charles Germain a écrit les deux billets
de la deuxième liaffe, cotés troifième, treizième, & datés des
vingt & dix floréal; mais qu'il n'a pas écrit celui de ladite
liaffe, coté & commençant ainfi : *Je ne fais fi vous êtes*.

Qui eft tout ce que le comparant a dit favoir.

Lecture à lui faire de fa déclaration, a dit icelle contenir
vérité, y a perfifté, a requis falaire, a paraphé feul les pièces
qui l'ont été par nous précédemment, & avec nous celles qui
ne l'avoient point encore été, & fur toutes lefquelles le déclarant vient de s'expliquer, & a figné la préfente avec nous & ledit
commis-greffier. *Signé*, GERARD, GUILLAUME & DEPELLE.

☞ *ERRATA.* C'est par erreur que dans la huitième liasse on a annoncé les pièces 15 à 20 comme copie de la 60e de la septième liasse, ce qui n'est exact que pour les pièces 20 à 25.

Voici la copie des 15e, 16e, 17e, 18e & 19e pièces de la huitième liasse.

Pièces 15e, 16e, 17e, 18e & 19e *de la huitième liasse.*

LIBERTÉ.　　　ÉGALITÉ.

BONHEUR COMMUN.

Création d'un Directoire insurrecteur.

Des démocrates français, &c. (Copier en entier l'acte de création dans l'organisation des agens d'arrondissemens municipaux.) (1)

Organisation des agens militaires , leurs fonctions & leurs rapports de communications avec les agens intermédiaires.

Le Directoire secret de salut public a résolu ce qui suit :

Article 1er. Il y aura des agens révolutionnaires (*un mot rayé*) principaux employés secrètement auprès des différens corps armés placés dans l'intérieur & autour de Paris.

II. Le nombre de ces agens n'est point déterminé ; il en sera établi autant que les circonstances paroîtront le rendre nécessaire.

III. Chacun de ces agens est chargé de former & de diriger l'esprit public des soldats en général, & en particulier des corps & bataillons qui lui seront assignés.

IV. Cet esprit public militaire sera stimulé & alimenté

---

(1) Ce renvoi ainsi énoncé, ainsi que tous ceux de même genre qui se trouveront ensuite, sont tels dans la minute de la main de Babœuf.

par les agens ; d'abord, en facilitant la propagation des (*six mots rayés*) journaux & autres (*un mot rayé*) écrits populaires, ensuite en donnant lieu à des entretiens habituels & à des discussions fréquentes sur les droits du peuple, sur sa situation présente & sur la situation de l'armée.

V. Ces agens tiendront note du thermomètre journalier de l'esprit militaire ; ils rendront compte, dans ces notes, des dispositions plus ou moins favorables de la masse des soldats ; ils signaleront les individus qu'ils remarqueront les plus capables d'aider la marche du mouvement qu'il convient d'amener ; ils indiqueront le genre d'emploi ou la tâche révolutionnaire auxquels ils croiront que chacun de ces individus est propre ; ils désigneront pareillement les intrigans, les esclaves, les petits tyrans subalternes, & ils rendront compte des entraves & des oppositions mises par ceux-ci au développement de l'énergie, à l'inspiration des bons principes & des idées régénératrices.

VI. Il y aura des agens intermédiaires pour entretenir les communications entre les agens principaux & le Directoire secret.

VII. C'est à ces agens seuls que les agens principaux remettront les notes de leurs observations journalières.

VIII. Les agens intermédiaires iront chercher successivement ces notes, tous les jours ou de deux jours l'un, au domicile même de chacun des agens principaux.

IX. La présente organisation avec celle du Directoire secret & l'instruction suivante, seront remises à chacun des agens principaux.

Premiere instruction du Directoire secret adressée à chacun des agens militaires principaux.

CITOYEN,

Il n'en est pas des temps de crise, &c. (Copier littéralement jusqu'à ces mots : « Tout nous a annoncé ce qu'il » seroit capable de faire s'il appercevoit à sa tête des conduc- » teurs dignes de toute sa confiance. »)

Animés

Animés par de telles diſpoſitions, nous avôns été immédiatement conduits à jetter nos regards ſur des hommes
capables de nous ſeconder dans la plus glorieuſe carrière.
C'eſt vous, Citoyens, qui, ſoit par une ſuite de conduite
& par des actes multipliés d'un civiſme pur pendant tout le
cours de la révolution, ſoit par des épreuves terribles dans
les jours de perſécution de tout ce qui fut patriote & vertueux; c'eſt vous ſur qui ceux qui ſe ſont conſtitués les premiers vengeurs de la patrie trahie, ont porté leurs vues pour
tranſmettre leur première confiance,& vous déléguer les premières & principales diviſions des opérations.

La portion du dépôt que le Directoire ſecret de ſalut public vous communique eſt précieuſe & importante. Sa garde
exige beaucoup de diſcrétion, de prudence, d'activité &
d'amour pour le bien de tous: elle exige toutes les vertus
d'hommes tels que le Directoire vous a cru être.

Le Directoire ſecret a peſé ſon organiſation fondamentale,
& celle de ſes rapports avec vous, dans la balance de la ſageſſe & de la circonſpection. Il a cru devoir créer des agens
principaux auprès des différens corps armés, placés dans
l'intérieur & à la circonférence de la commune de Paris,
& il a tellement combiné leurs moyens de communication
avec lui, que la correſpondance ſera preſque directe, ſans
cependant que chacun de ces agens puiſſe connoître les membres du Directoire.

La raiſon de cette précaution, &c. (Tout le paragraphe
exactement, juſqu'à la fin rendue par ces mots : *Le déconcert
& la terrification des plus courageux citoyens.*)

Ce ſont là, républicains, &c. (Copier encore le paragraphe juſqu'aux mots, *Également inébranlables de douze
hommes,* au lieu deſquels il faut mettre, *Également inébranlables de pluſieurs hommes.* Copier enſuite exactement
juſqu'à la fin du paragraphe : *Vous l'appercevriez dans tous
ſes actes.*)

En même temps que nous nous ſommes armés, &c.
(Tout le paragraphe, ſans aucun changement.)

2e. volume. *Copie des pièces de Babœuf.*   X

Le Directoire secret a poussé la prudence, &c. (Tout le paragraphe exact, excepté qu'à deux endroits où il y a *les douze agens*, il faut mettre *les agens*, & continuer jusqu'à la fin, aux mots : *Compromettre le sort de la liberté.*)

Les mêmes précautions. (Tout le paragraphe.)

Ainsi les agens principaux. (Tout le paragraphe.)

En général, le Directoire. (Tout le paragraphe.)

Quant aux précautions. (Tout le paragraphe.)

Après vous avoir parlé. (Tout le paragraphe.)

Les articles III, IV & V de l'organisation que nous vous avons destinée, & qui précèdent cette instruction, vous l'indiquent.

» Former & diriger l'esprit public des soldats en général, & en particulier des corps & bataillons qui vous sont assignés.

» Stimuler & alimenter cet esprit public militaire ; d'abord en facilitant la propagation des journaux & autres écrits populaires, ensuite en donnant lieu à d'habituels entretiens, & à de fréquentes discussions sur les droits du peuple, sur sa situation présente & sur la situation de l'armée.

» Tenir des notes du thermomètre journalier de l'opinion, rendre compte dans ces notes des dispositions plus ou moins bonnes, plus ou moins énergiques, de la masse des soldats. Signaler les individus que vous remarquerez les plus capables d'aider la marche du mouvement qu'il convient d'amener, indiquer le genre d'emploi ou la tâche révolutionnaire auxquels vous croiriez propre chacun de ces individus. Désigner les intrigans, les esclaves, les tyranneaux subalternes, & rendre compte des entraves & des oppositions mises par eux au développement de l'énergie, à l'inspiration des bons principes & des idées régénératrices ».

Les articles VI, VII & VIII de la même organisation, déterminent les moyens par lesquels vous pourrez transmettre au Directoire secret ces notes, renseignemens ou rapports qu'il attend de vous.

« Vous les remettrez aux agens intermédiaires qui iront
les recevoir directement de vos mains, de même qu'ils vous
remettront les instructions ultérieures que le Directoire secret se trouvera obligé de vous faire passer ».

Telle est, citoyen, dans ce premier moment, la détermination de votre tâche. Nous ne pouvons plus avoir à
vous présenter que quelques idées de détail que vous modi-
fierez même au gré de votre prudence.

En vous invitant à stimuler, alimenter & diriger l'esprit
public militaire par des lectures & par des discussions sur
les droits du peuple, sur sa situation actuelle & sur la situation de l'armée, vous sentirez qu'il est convenable pour l'intérêt de la chose, & pour votre intérêt à vous-même, que
cela se fasse sans trop d'affectation. Il est possible que vous
soyez le meneur d'une grande quantité de braves, & que
bientôt leur esprit devienne le vôtre, sans qu'eux - mêmes
ils s'apperçoivent d'où cet esprit leur vient : il seroit bien
plus dangereux que leurs chefs, & tous ceux qui ont un
intérêt contraire aux principes que nous voulons leur inculquer,
s'apperçussent de quelque partie du rôle que vous remplirez
auprès d'eux. Vous devrez donc vous observer soigneusement vous-même, & avoir la plus grande attention à ne
point vous déceler par aucun aveu ni confidence envers qui
que ce soit; ce n'est point dans cette occasion-ci qu'il est
permis de donner une pleine satisfaction à l'amour propre.
Sacrifions la gloriole de paroître, à l'avantage d'être & de
faire réellement. Rien ne garantit de grands & de véritables succès; rien ne peut donner une meilleure satisfaction
intérieure, comme de se rendre compte à soi-même qu'on est
l'instrument invisible par qui se mouvent de grands ressorts :
nous rendons alors à notre génie & à notre discrétion un
hommage mérité, bien supérieur à celui que s'attribueroit
la jactance empressée de quiconque voudroit passer pour
principal auteur dans une scène politique : il sera assez temps
de cueillir les applaudissemens de nos frères quand nous les
aurons sauvés : or donc, il nous paroît très - praticable que

les agens principaux stimulent, alimentent & guident l'énergie du soldat, sans presque en avoir l'air ; car, puisqu'il
ne s'agit que de fixer son attention sur la violation de tous
les droits du peuple, & sur l'état cruel & déplorable où
est maintenant réduit le citoyen & le soldat, les entretiens
habituels, les discussions fréquentes que nous disions que
vous fassiez naître sur ce sujet important, peuvent s'engager
par le seul moyen des journaux & autres écrits populaires,
& il ne vous sera pas difficile de transmettre ces écrits, soit
directement, soit indirectement, d'une manière sans conséquence, peu marquée & telle que vous puissiez n'être par-
tout que comme simple observateur.

La dissémination des écrits étant donc le principal moyen
sur lequel nous comptons, pour engager les discussions sé-
rieuses dans l'habitude desquelles nous voulons entretenir le
soldat, nous vous recommandons ce moyen. Le choix de
ces mêmes écrits ne vous sera pas difficile, & vous distinguerez aisément ceux frappés au bon coin. Au surplus, ce
sera le Directoire de Salut public qui vous en fera passer,
pour distribuer en suffisante quantité : outre des écrits, *tous
autres moyens d'agir & de faire agir vous seront encore
fournis quand il en sera besoin.* Ceux des journaux, dont
nous vous avons parlé, vous serviront en grande partie de
boussole & d'instructions générales après celle-ci. Ils ont
prêché jusqu'à présent nos principes & ceux de tous les vrais
démocrates ; nous croyons qu'ils continueront, & que vous
reconnoîtrez toujours dans leur doctrine notre doctrine :
l'appuyer ou l'applaudir, voilà presque où peut se réduire
votre rôle ostensible ; & pour cela vous n'avez point à sortir
du cercle des démonstrations qui ne peuvent faire voir en
vous que de simples acteurs, de simples auditeurs & assistans comme tous les autres. La partie des notes & rapports
ne devant se faire qu'à huis clos, laisse encore votre mission ignorée. Cette dernière partie de votre mission ne nous
engagera pas dans aucune observation de détail ; sa marche d'exécution est assez précisée par l'article V du régle-

ment d'organisation, & par ce que nous avons dit plus haut dans cette instruction.

En vous disant que les journaux populaires, &c. (Tout le paragraphe jusqu'à la fin, à ces mots: *L'élan des hommes libres.*)

Or, autant il est nécessaire d'entretenir les esprits à une bonne chaleur, autant il seroit inutile & même dangereux de les embraser trop vîte jusqu'à la suprême mesure. Nous sommes certains que l'opinion du peuple est faite, nous ne doutons pas davantage que celle de plusieurs bataillons soit faite de même; mais nous savons aussi qu'il est différens corps armés que l'influence de l'astuce & de la perfidie a maintenus jusqu'ici dans l'erreur. Il est donc essentiel, pour la plus grande sûreté du triomphe, que tous, citoyens & soldats, soient à-la-fois en même mesure. Donc il ne faut pas déterminer les uns vers le terme d'énergie qui doit immédiatement précéder le moment d'éclat, lorsque les autres resteroient à un éloignement considérable de cette disposition. Ainsi il faut nous laisser le temps de détromper au moins la majorité de nos camarades, de les prémunir contre les insidieuses caresses d'un gouvernement qui veut s'en servir pour les opprimer les premiers & le peuple avec eux. Ainsi ce sera faire usage de sagesse que de n'échauffer les têtes des plus avancés dans l'instruction, que dans la progression exacte du thermomètre dont le point variant sera toujours indiqué par le Directoire secret.

Nous ne vous avons point encore offert le levier que nous regardons comme le plus puissant pour élever l'ame & le courage du soldat. Nous allons vous le donner : les hommes, c'est une vérité reconnue il y a long-temps, ne se meuvent fortement que pour leurs intérêts; l'intérêt général se compose de tous les intérêts particuliers. Ce sont donc ces derniers intérêts qu'il faut satisfaire pour pouvoir opérer le véritable bien commun; & puisque ces mêmes intérêts sont le mobile le plus puissant pour faire agir tous les hommes, il résulte que lorsqu'on met en œuvre ce grand moyen, on fait en

même temps la chofe la plus jufte & la plus capable de garantir la certitude du fuccès. Parlons donc à l'intérêt du plus
grand nombre, c'est-à-dire, foyons vertueux & équitables,
& emparons-nous du moyen le plus fûr pour réuffir.

C'est pour l'intérêt du plus grand nombre qu'a été entreprife la révolution ; c'est parce qu'avant elle le plus grand
nombre fe trouvoit dans la pofition de mal-aife focial, &
qu'il voulut en changer pour fe mettre mieux. L'intérêt du
plus grand nombre fit adorer la révolution auffi long-temps
qu'on eut l'efpoir que s'opéreroit en effet ce changement en
mieux ; l'intérêt du plus grand nombre fit détefter la révolution, depuis qu'on a vu fes derniers réfultats n'offrir qu'un
changement de mal en pire. C'est l'intérêt du plus grand
nombre qui nous porte à commencer une autre révolution
que nous voulons qui foit la dernière, & dont l'objet eft
de changer le pis en bien parfait. Prouvons au plus-grand
nombre la poffibilité de ce dernier changement. Faifons plus,
donnons-lui-en la certitude, & nous verrons que fon intérêt
le déterminera à l'affurer par l'afcendant énergique & irré-
fiftible de fa volonté & de fa force.

Il eft deux rapports principaux fous lefquels on peut & on
doit parler à l'intérêt & à l'ame des hommes qui ont défendu la patrie : leur intérêt applicable à leur fort préfent,
leur intérêt applicable à leur fort à venir.

N'eft-ce point avec vérité que vous peindrez aux yeux du
foldat fa fituation préfente, un tableau où il fera repréfenté
malheureux comme le peuple, nud comme lui, affamé
comme lui, avili comme lui ? Je vois un infortuné revenant de la frontière. Dans quel état eft-il ? fon feul afpect
me feroit deviner que ceux qui gouvernent font les meilleurs
amis des defpotes qu'il a combattus. Je le vois extraordinai-
rement puni d'avoir fait mordre la pouffière à leurs fatellites.
En effet, il eft décharné, il a le teint hâve, il tombe de
défaillance. Je l'interroge ; il me dit que l'état déplorable
où je l'apperçois n'eft point furprenant, d'après les caufes
qu'il m'explique : j'apprends que fa paie eft plus vile que

celle de la plus abjecte soldatesque allemande. Avec trente sous en assignats, & deux sous par jour en numéraire, il est impossible qu'il ne meure pas de faim. En total il est plus maltraité que ce houlan, cet esclave germanique, ce sbirre abruti & dégradé, presque dépouillé du titre d'homme, & lequel fait partie des légions que François d'Autriche soudoie à-peu-près, & dont le chétif aspect m'inspiroit tant de pitié au commencement de la révolution. Le soldat de mon pays non seulement meurt de faim aujourd'hui, mais il est sans souliers, sans habits : il lui est impossible de faire blanchir sa chemise, parce que cela coûte trente francs; & où les prendroit-il? Mais il n'en est pas quitte pour être privé de vêtemens & de nourriture; il faut qu'il soit encore chagriné, vexé, écrasé sous un amas de tortures qu'on décore du nom de *discipline militaire*, & c'est au fond une tyrannie beaucoup perfectionnée de ce qu'elle étoit sous les nobles ministres de Louis XVI. Le soldat y est beaucoup plus automate, beaucoup plus assujetti aux caprices des subalternes. Il n'y est plus qu'une machine servilement mouvante qui ne doit connoître que le commandement. Le raisonnement, la parole, & même la pensée, lui sont interdits. Encore ce ne sont pas ceux qui l'ont accompagné dans les périls de la guerre qui exercent sur lui un tyrannique empire; ce ne sont point les plus braves qui sont revêtus des grades; ce ne sont point ceux qui se sont le mieux distingués contre tous les ennemis de la liberté qui sont récompensés par des honneurs : au contraire, ceux qui commandent maintenant sont pour la plupart des lâches, des intrigans, & même des contre-révolutionnaires : le vrai mérite militaire est voué à l'oubli & à l'opprobre. Ainsi le défenseur de la patrie est accablé sous toutes les calamités à la fois. Il n'est pas vêtu, il n'est pas nourri, il est sous la verge cruelle de chefs méprisables qui n'ont point combattu pour la République, qui la détestent, & avec elle ceux qui ont versé leur sang pour son triomphe. Si quelques exceptions sont faites au dénuement & aux privations de la masse des soldats, c'est dans une vue qui est le comble de la perfidie & de l'avilissement. On en amorce quelques-uns pour mieux consolider l'esclavage de tous. Ces distributions de *vin*, *d'eau-de-vie*, que l'on fait à des bataillons dont le service est plus rapproché de la garde de la ville *extra*-révolutionnaire (Paris) dont on redoute toujours les élans d'énergie pour la liberté : ce traitement beaucoup plus avantageux, splendide même, dont on gratifie les compagnies d'élite préposées immédiatement à la garde du gouvernement : tout cela est le miel présenté au bout du bâton qui doit fustiger le peuple. Si les malheureux qui reçoivent ces largesses, abandonnent à ceux dont ils les tiennent, l'obéissance aveugle dont ils exigent bien qu'elles soient le prix, on peut les regarder comme les vendeurs de la patrie & de la liberté.

Tel est à peu-près le tableau trop véritable de la situation présente du soldat, que vous pouvez chercher à lui mettre souvent devant les yeux. Vous devez rapprocher de ce premier tableau celui très-aisé à pressentir de sa situation future. Il ne sera pas, il s'en faut, plus riant.

Représentez-leur ce qui les attend en rentrant dans leurs foyers. Qu'y trouveront-ils ? la misère profonde, plus profonde mille fois que celle qui a accablé leurs malheureux pères. La révolution leur avoit promis un retour trop juste, trop légitime de leurs glorieux exploits pour assurer son succès ; la révolution leur avoit promis des propriétés nationales, suffisantes pour fournir à la subsistance de chacun d'eux. Avec ce bienfait digne de leurs travaux, ils devoient couler, dans une honorable retraite, un reste de vie tranquille & heureuse, former de nouvelles familles innombrables, élever une autre génération dans l'amour d'une patrie où ils auroient pu se flatter d'avoir eux-mêmes établi le bonheur, & redire mille fois avec une nouvelle joie, un nouvel attendrissement, à leurs enfans émerveillés, par quel concours & quelle suite d'actes de courage ils étoient parvenus à secouer le joug des oppresseurs & des riches, & à fonder leur indépendance. Au lieu de cela, que feront-ils ?

Ces propriétés qui leur avoient été promises & garanties solemnellement par une foule de décrets, que sont-elles devenues ? Elles avoient été portées à la consistance de la valeur d'un *milliard effectif*, c'est-à-dire, à 300 *milliards d'aujourd'hui en assignats*. Où sont les domaines de la république équivalens à cette somme ? On les a rendus aux traîtres sur lesquels ils avoient été équitablement confisqués. Le défenseur de la patrie, en rentrant dans sa chaumière, ne devoit plus la trouver dominée par le donjon de l'insolent gentillâtre qui, avec tout le sol en sa possession, faisoit travailler son père en esclave, le traitoit comme tel à tous égards, ne le nourrissoit pas à moitié, ne permettoit pas qu'il fût vêtu. Le défenseur de la patrie devoit trouver sur les vastes possessions accaparées par cet ogre insatiable, sa part suffisante pour y recueillir sa subsistance. Point du tout, il trouvera ce monstre dévorateur plus furieux, plus impitoyable que jamais. Celui-ci verra dans le malheureux vieux soldat celui qui l'a combattu lorsqu'il étoit émigré, qui a vivement désiré la perte entière, & qui est encore fâché qu'elle n'eût pas été effectuée. L'homme seigneurial le fera longuement repentir d'un tel crime. L'ancien défenseur de la liberté passera ses vieux jours dans un dur esclavage, & sous une affreuse misère. Plus froissé que ses pères, plus avili qu'eux, outragé par les infames expressions de *gueux, canaille, populace*, il faudra, comme l'a trop bien dit & prévu l'auteur d'un véritable journal du peuple, « ramper sous l'in-
» solente domination des riches, être leurs forçats, travailler
» pour un vil salaire, depuis la première jusqu'à la dernière
» heure ; n'avoir que ses sueurs pour humecter le demi-
» morceau de pain noir desséché aux ardeurs du soleil.....
» encore heureux ceux qui pourront ainsi prolonger leur
» existence ; le reste......... ira mendier. On verra les
» éclopés, les jambes de bois, ceux qui auront la mâchoire
» ou les bras fracassés, &c. couvrir les rues & les chemins, se
» traîner péniblement vers la porte de ceux qui regorgent,
» présenter leur humiliante requête à cent d'entre eux ; essuyer «

» quatre-vingt-dix-neuf refus avec des outrages, & recevoir
» à la centième porte une obole . la millième partie de ce
» qu'on vendra la portion du pain nécessaire pour déjeûner. »

Tel est encore l'apperçu trop sensible & trop positif de la situation à venir de nos défenseurs, que vous devez faire tous vos efforts pour les aider à l'appercevoir eux-mêmes.

Dites-leur ensuite qu'il ne tient encore qu'à eux de détourner cette effroyable perspective ; qu'il ne s'agit pour cela que d'aider le peuple & ses amis à reconquérir les droits de tous. A ceux à qui vous pourrez parler avec confiance, & que vous jugerez dans le cas de pouvoir précédemment propager ce que nous allons vous dire, *vous pouvez même les assurer que dès le jour même où ils auront aidé le peuple à ressaisir sa puissance, RIEN NE LEUR MANQUERA PLUS ! ILS SERONT COMBLÉS DE TOUTES LES CHOSES NÉCESSAIRES AUX HOMMES.* Dites-leur de plus que, *dès le lendemain, L'ABONDANCE, LE SORT LE PLUS HEUREUX SERA ASSURÉ POUR TOUTE LA VIE À TOUS LES SOLDATS.* Ce ne seront plus des promesses éloignées & faciles à éluder que nous donnerons ; ce sera la réalité simultanée & immédiate.

Pour les mieux amener aux seules dispositions qui conviennent au peuple & à eux, faites les réfléchir à ce qu'ils font & à ce qu'on veut faire d'eux ; au motif pour lequel on les a amenés sous les murs de Paris ; à l'indigne usage que l'on paroît vouloir faire de leurs baïonnettes & de leurs bras, & au glorieux rôle contraire qu'ils peuvent remplir pour leur propre bonheur & pour celui de leurs concitoyens. Présentez-leur ces reflexions, à-peu-près dans le sens qu'elles leur ont été offertes par le journaliste populaire que nous avons déjà cité & dont nous emprunterons encore ici les expressions.

« Que font de nombreuses phalanges réunies autour de
» la cité par excellence, de la ville de la révolution,
» du berceau de la liberté ? . . . . Pourquoi y sont-elles
» appellées ? . . . . . Ses habitans sont-ils rebelles ? s'agit-

» il de les subjuguer ? . . . . . Il n'est pas indifférent d'é-
» claircir toutes ces questions.

» Ce n'est pas pour le véritable peuple que les soldats
» de la liberté forment autour des murs de Paris une
» enceinte formidable : ce véritable peuple, le peuple labo-
» rieux, le peuple ouvrier. . . . y est maltraité, muselé,
» méprisé, affamé, ruiné ! . . . par le peuple d'agioteurs
» & de frippons. . . Cette dernière espèce de peuple y est
» donc bien en rebellion la plus ouverte & la plus cri-
» minelle contre le bon peuple ; mais est-ce pour subju-
» guer la partie oppressive & pour défendre la partie
» opprimée, que nos guerriers offrent un triple rang de
» baïonnettes, dans toute la circonférence de Paris ? Non,
» c'est tout le contraire . . . . . . ; on veut faire servir
» leurs armes & leurs forces à accabler totalement l'op-
» primé sous le joug de l'oppresseur, à maintenir celui-ci
» dans son odieuse domination & le peuple dans sa chétive
» langueur ! Eh ! si c'étoit le peuple qu'on voulût défendre,
» il ne faudroit pas distraire ceux de ses frères dont la
» destination est de combattre ses ennemis extérieurs ; le
» peuple se suffiroit de reste à lui-même : mais c'est quand
» on veut immoler la masse à une portion, qu'on a besoin
» de secours étrangers . . . . . . ; c'est alors qu'on croit
» les trouver dans les hommes que l'on dit devoir être
» essentiellement obéissans . . . . . ; c'est quand le gou-
» vernement & la caste perverse qu'il protège exclusivement,
» ont perdu toute honte ; c'est lorsque, sans pudeur & sans
» voile, & par la plus infâme complicité, ils ont, avec
» des réglemens atroces qu'ils osent appeler *lois*, consacré
» les injustices en tout genre ; la misère la plus épouvan-
» table, l'esclavage le plus révoltant ; c'est quand la mesure
» de leurs forfaits est portée à un tel comble & à une telle
» évidence, que la longue patience du peuple est lassée,
» & que sa crédulité également n'y tient plus ! . . . . . .
» C'est alors qu'on jette les yeux sur l'armée ! ce sont

» les bras des punisseurs des rois que l'on arme pour
» vouloir conserver, pour vouloir perpétuer une telle op-
» pression ! c'est le *gouvernement militaire* qu'on établit
» pour forcer le peuple à se soumettre à un régime où l'on
» prétend qu'il vive . . . . sans nourriture, sans habits,
» sans liberté . . . . ., & ce sont les pères . . . . ., les
» époux . . . . . ., les fils . . . . ., les frères . . . . .,
» les parens . . . . ., que l'on veut qui en imposent,
» qui frappent même, si le cas y écheoit, leurs enfans,
» leurs femmes, leurs pères, leurs frères, leurs amis,
» leurs parens ! ! ! & ce sont les soldats du peuple, qui sont
» eux mêmes peuple, que l'on oppose ainsi à une autre portion
» du peuple ; c'est par eux que l'on veut consolider cet
» état de servage, d'avilissement & de famine . . . . . .
» mille fois pire que l'ancienne servitude contre laquelle
» on s'est insurgé avec tant de raison il y a six ans.

» Non, les soldats français ne seront point les vils satel-
» lites, les instrumens cruels & aveugles des ennemis du
» peuple & par conséquent des leurs . . . . . . ; ce n'est
» que dans les occasions ou l'autorité s'est rendue coupable
» & où elle a voulu se le rendre encore, qu'elle s'est en-
» tourée de baïonnettes . . . . Quand le pouvoir est juste,
» il est toujours assez fort de la force du peuple. Capet
» s'étoit fortifié d'une armée avant le 14 juillet ; on sait
» quels étoient ses desseins, & de quelle somme de crimes
» il vouloit s'assurer l'impunité . . . . Seroit-on coupable
» pour examiner si ceux qui l'imitent ne le font point parce
» qu'il y a exacte parité de motifs ?

» Nos soldats se souviendront que cette armée de
» Capet, quoiqu'élevée à l'école de la discipline monar-
» chique, s'est parfaitement bien conduite ; elle s'est res-
» souvenue qu'elle étoit du peuple ; les gardes françaises,
» baissant leurs faisceaux devant les sans-culottes, c'est
» là un exemple qui passera à l'admiration de tous les
» siècles . . . .

» Non, non, il ne sera point dit que les défenseurs de la
» République auront été moins grands, moins magnani-
» mes. Il ne sera point dit qu'ils auront tenu cet affreux
» langage! Gouvernans! usurpateurs de tous les droits du
» peuple! soyez paisibles, ne craignez rien; méprisez le cri
» unanime qu'élèvent contre vous & ce peuple indigné & ses
» hardis tribuns: fermez l'oreille à toutes les plaintes: fou-
» lez aux pieds ses réclamations importunes contre votre
» oppression, qu'après tout il est fait pour supporter. Tyrans!
» nous sommes vos soldats: nous soutiendrons votre despo-
» tisme & tous vos brigandages: nous écraserons, s'il le
» faut, nous foudroierons nos pères & nos frères !! nous
» éventrerons nos sœurs & nos mères!! nous exterminerons
» nos fils . . . . pour maintenir votre do-
» mination insupportable & sans exemple!!! Nous devons
» vous aider à consolider l'esclavage de la patrie! nos pro-
» pres fers doivent être rivés par nos mains . . . . .

» Non, non encore, il ne sera point dit que les défen-
» seurs de la République auront consenti à n'être que des
» machines mobiles, des pantins vivans, des marionnettes
» insensibles, qui obéiront aveuglement à toute impulsion
» de leurs conducteurs. Il ne sera point dit qu'ils ne feront
» plus d'usage de leur jugement, ou que, captés par de
» fausses & de vaines caresses, par d'avilissantes distribu-
» tions de *liqueurs*, ils auront aidé un gouvernement usur-
» pateur & oppressif à bronzer à jamais l'esclavage de 24
» millions de leurs compatriotes «.

Et vous, citoyen, à qui nous adressons ces premières
instructions, après vous avoir insinué la manière à-peu-près
dont nous croyons que vous devez catéchiser nos frères
armés, nous n'ajouterons rien pour vous pénétrer, vous,
de l'esprit de nos principes & de l'extrême importance de
la tâche que nous nous imposons. Nous ne dirons également
ment rien de plus pour vous indiquer les moyens de nous
y seconder. Votre zèle, vos lumières, votre civisme, supplée-

pour &c. (Reprendre & dans la même décoration que dans l'instruction pour les agens municipaux.)

Le Directoire secret de salut public a choisi pour agent principal auprès des bataillons d'

le c.

Paris, ce .... l'an 4 de la
Rép. dém. à venir.

FIN

Dépôt légal : 4ème trimestre 1973